蒙特梭利的幼教体系

王镇华 / 著

图书在版编目（CIP）数据

蒙特梭利的幼教体系 / 王镇华编著 . -- 北京：华龄出版社，2022.10

ISBN 978-7-5169-2418-1

Ⅰ.①蒙… Ⅱ.①王… Ⅲ.①幼儿教育—师资培养 Ⅳ.① G61

中国版本图书馆 CIP 数据核字（2022）第 219609 号

策划编辑	青　元	责任印制	李未圻
责任编辑	郑建军	装帧设计	肖晋兴
书　　名	蒙特梭利的幼教体系	作　者	王镇华
出　　版 发　　行	华龄出版社 HUALING PRESS		
社　　址	北京市东城区安定门外大街甲 57 号	邮　编	100011
发　　行	（010）58122255	传　真	（010）84049572
承　　印	水印书香（唐山）印刷有限公司		
版　　次	2023 年 11 月第 1 版	印　次	2023 年 11 月第 1 次印刷
规　　格	880mm×1230mm	开　本	1/16
印　　张	17	字　数	284 千字
书　　号	ISBN 978-7-5169-2418-1		
定　　价	138.00 元		

版权所有　翻印必究

本书如有破损、缺页、装订错误，请与本社联系调换

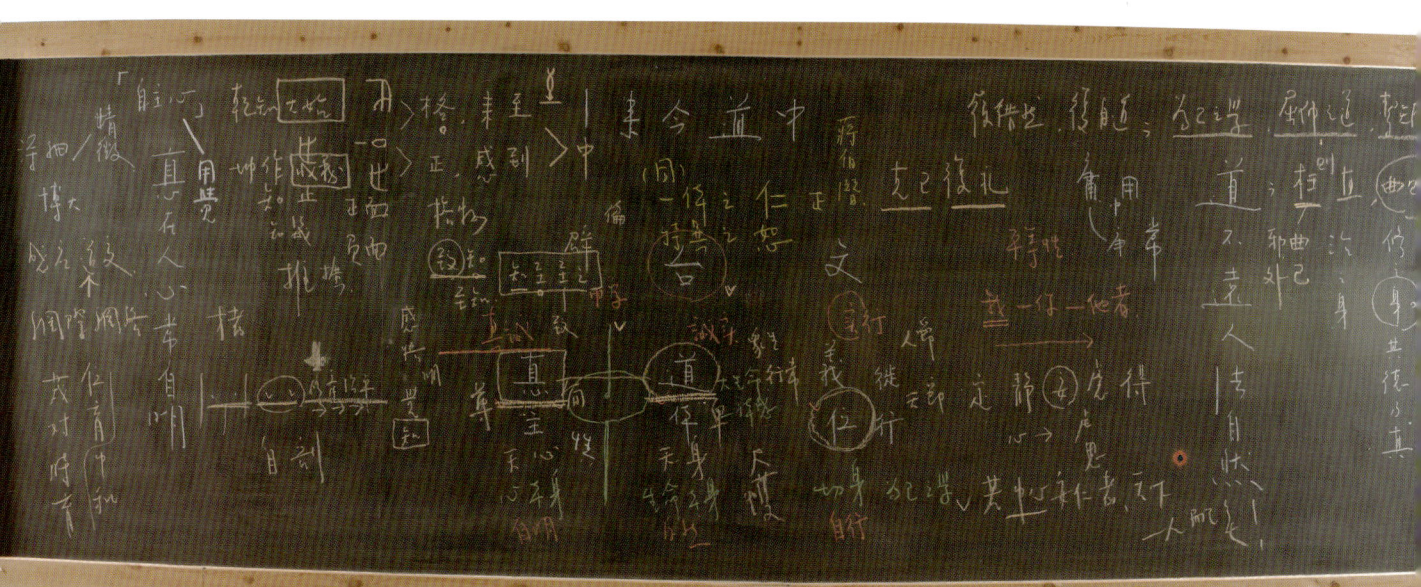

直心・活

只需真誠愛自己 是天恩！

主你的特質之一.
秀芳選的.
九十三年四月九日
恩生筆

以愛自己代替怨恨

鎮華收筆
五三

目录

代序一　醇厚和易的实践分享 ... 001

代序二　平芜尽处是春山，行人更在春山外——面对人心的复杂、成长的曲径，始终看得见起点的老师 ... 003

自序　蒙特梭利幼儿教育的精华——幼儿的敏感期与偏态 ... 008

导　论 ... 001

第一章　幼教的成见与阻力 ... 007

（一）幼儿——事实非如成见所认为的 ... 008

（二）育幼的错误观念 ... 013

（三）学校制式教育的问题 ... 017

第二章　人格发展的四个阶段（教育或学习的阶段） ... 023

（一）婴幼儿期 0-6 岁 ... 027

（二）儿童期 6-12 岁 ... 030

（三）青少年期 12-18 岁 ... 037

（四）成熟期 18-24 岁 ... 040

（五）独立性 ……………………………………………………… 042

"心量放大，就是爱"（柏拉图）………………………………… 045

第三章　基本的核心观念　051

（一）内在动力（潜能）………………………………………… 052

（二）无意识的觉知（主）……………………………………… 053

（三）天性的法则（体）………………………………………… 057

（四）"创造"的敏感期 ………………………………………… 059

（五）环境 ………………………………………………………… 060

（六）工作 ………………………………………………………… 061

（七）肉体化（身体基础并完成）—（八）心智建构 ……… 065

（九）正常化 ……………………………………………………… 069

第四章　敏感期　073

（一）语言 0-2 岁 ………………………………………………… 077

（二）秩序 1-2 岁 ………………………………………………… 078

（三）细微观察 1-？岁 …………………………………………… 079

（四）脚走 1.5-2 岁 ……………………………………………… 080

（五）手 1.5-3 岁 ………………………………………………… 081

（六）写与读 ……………………………………………………… 084

第五章　正常化与偏态　091

（一）正常化 ……………………………………………………… 092

（二）偏态 ………………………………………………………… 092

（三）幼儿偏态与成人社会化的关系 …………………………… 105

（四）偏态的利用 ………………………………………………… 108

第六章　过错的对待　111

（一）原则 ………………………………………………………… 112

（二）初步过错的对待 …………………………………………… 113

（三）改过的过程　　113
　　（四）二度过错　　114

第七章　幼教老师的素养　　117
　　（一）原则　　118
　　（二）一种意愿　　119
　　（三）教师工作三阶段　　121
　　　　脱序状态的儿童　　125
　　（四）课堂上，教师的能耐（人格感召）　　127
　　（五）蒙氏的经验心得：能让的老师　　132

第八章　幼儿园设计　　135
　　（一）蒙氏幼儿园设计的原则　　136
　　　　大自然在教育上的地位　　140
　　　　照顾动、植物　　141
　　　　有关花园的偏见　　142
　　（二）依学校建筑的架构　　142
　　（三）一般幼儿园之缺点　　145
　　　　为儿童创造一个适宜的环境　　145
　　　　适宜儿童发育的学校环境　　146
　　　　适宜儿童成长的生活环境　　147
　　　　预备好的环境的重点　　151
　　　　环境　　154

第九章　蒙氏幼教的议题与过失　　159
　　（一）议题　　160
　　（二）过失　　170

第十章　结语：跟她学习"真正的希望"　　177
　　（一）蒙特梭利人格特质　　178

（二）承续与开启的子题 179
（三）经验谈记 180
（四）振奋的献身 181

附录一　蒙特梭利幼教读书会 183

附录二　人格的形成与正常化 185

附录三　"蒙特梭利的幼教体系"学员听课回应 189

附录四　蒙特梭利生平大事记 196

附录五　儿童读经的实行 201

附录六　幼教：三个心得 202

附录七　朝闻道，夕死可矣！——生命的九把钥匙 203

代序一　醇厚和易的实践分享

王采元

　　1992 年，爸爸在中国建筑师徒班出了一道设计题目：自行找一个幼教理论，并以该理论为基础，在假设的基地中发展幼儿园设计。借由学生邱创益选的《蒙特梭利幼儿教育法》，爸爸大为震动，一口气买齐当时市面上所有蒙特梭利著作的译本，开始了他长达几十年的蒙特梭利幼教研究。

　　由于蒙特梭利有许多非一般使用脉络的名词，往往读完一段话，明明每个字都看得懂，却无法真正理解她想表达的意涵。爸爸埋首消化完蒙特梭利女士所有的著作后，将它融入"心－台－主－体－位"的体系中，贴紧人生各阶段经常的困境，用很生活化的方式讲述，深刻而简明。

　　爸爸常感叹，蒙特梭利女士说的不是理论，"敏感期""吸收性心智""正常化""未正常化""偏态"等，这些都是她在幼儿之家的"观察"与"体证"！特别是在姐姐的女儿"阿个"出生后，爸爸借由观察自己与我们周遭大人的起心动念与行为如何影响阿个，更是深切体悟到蒙特梭利女士所说的一切是多么鲜明而真实。

　　陪同爸爸上课录像，听了蒙特梭利幼教体系三四遍，直到自己生了孩子，在实际落实蒙氏幼教的生活中，才真正"看见"我们大人的"成见"是多么粗糙而固执，要贴紧真实，明彻如实地观察婴幼儿，需要随时保持自我观照，忍住随处升起的"习惯""任性"与各种因自己情绪状态而产生的"念头"，真的是扎扎实实的"在家修行"！

蒙特梭利幼儿教育，帮助每个人了解自己，走出人生各阶段困境的实践分享，面对书中可能一时不太理解的部分，建议在心里留出一个空间，不要急于下判断或结论，仔细观察自己平时做人遇事的状态、情绪起伏与处理善后的程度，相信"时间"会让你豁然开朗，进而感受到蒙氏深厚而温暖的力量。

代序二　平芜尽处是春山，行人更在春山外
——面对人心的复杂、成长的曲径，始终看得见起点的老师

王学梅

如果看父亲手稿纲要心得的人想着是概念，请看两段生命故事，再感受他文字所包含的。

一

关于本书与父亲，我跟随父亲十年多负责帮父亲整理所有文稿的助理鸿群讨论。她说这是我父亲最想出的一本书。

他读懂蒙氏主要著作，从生命累积出发，在精选的蒙氏原句旁，附上自己阅读时的直观纲要式心得。(《觉者之路》这本书也是父亲以类似方式，整理古今觉者原句的著作。)

我浏览时发现，跨不同分类，蒙氏原句有重复收录现象。猜父亲为了研究"随主题"想找到的句子并陈。有时标注相应的中西原典句。咖啡色字区域是父亲的整理笔记。与本书另一部分，父亲自己写的蒙氏幼教精华重要文章，二者合一阅读，有助于真正的理解全书。

父亲最后几次去辛庄村（辛庄师范）讲学，重病回家，康复后再去。他喜欢那里整体氛围朴实自然。在师范学院埋下文化的种子是他的心愿。

父亲的助理鸿群，来书院上班前，会计出身。短暂交接后，开始摸索文字工作。有些重复粗心错误，王老师没有情绪，轻轻一句提醒她。到老师走，没有凶过她，（即

使中风后左脑受伤，直觉反应的父亲，面对她跟学生、朋友，都特别温柔）所以她从不害怕王老师。她说书院薪水不高，帮助她的是人性。（老师坐身旁，每天聊天很多体悟，能懂的，不艰涩的，内容有各种类型，他研究或正在经历的事，）宗教、家庭、教育、男女、哲学、文化、艺术……老师走后，很难有机会有人可以跟她聊这么多有深度的内容了。她一直渴望老师骂她关于做人的部分，想听对她深入批判剖析，但没有机会，父亲没骂过她，给了她自尊自重。王老师给出充分的空间跟弹性，让她自理生命态度与工作秩序。

她第一次带七岁小孩来书院，父亲当场送孩子一本他写的书：《生活卡片》。

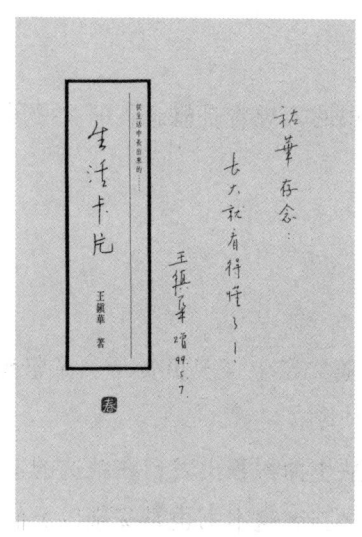

题字"祐华存念　长大就看得懂了！"落款认真，过程像对待大人一样郑重，她很感动。（以上跟助理讨论关于本书出版，与本书精神相关的王老师。下文回长女视角）

二

儿时的父亲忙于研究，说要做我的朋友，平常不会处处管着我们。儿时一天看卡通有半小时额度，不是每天可以看。他以为我们不诚实的时候，态度严峻，由此印象是，教育里他认为诚实非常重要。

父亲阶段性先天下之忧而忧，一段时间后严峻，然后又周期性会来到他的婴儿再生期，那时他柔软幽默。如同季节交错、轮替的成长，贯穿了他的一生，他的生命学问与人的状态，共同生活的日子里，一直看到他的进步，朝向他所追求的成长在努力。

他左脑失去文字语言能力后，在一个大学老友社团聚会里，相较现场菁英，我看见他脸上的纯净、风骨，保留着少年的神采。当时我读到：他一生从未扭曲过自己。失语在家时，部分学生、鸿群跟我，有时能听见他用禅师般，简单如诗的用字，讲他对生命的洞察。他是特色鲜明的人。热忱、耿介、自律、大气。

我怀着女儿，跟父母同住。在生女儿前，全家都各自看蒙特梭利的著作。孩子来到，作为初次阿公的疼爱，教养上我们有矛盾，交集是蒙特梭利学校。有次为了进修，我把2岁的女儿临托给蒙特梭利学校六个上午。女儿进学校时，头也不回的离开，最后一天回家后，女儿主动要求以后都去上学，最终她从2岁开始上到入小学前。蒙氏学校学费高，我开始长期进入相关学校，教老师学生雅乐舞的身体还原法、即兴舞蹈、发声方法、传统民歌，折抵学费。有一次"家长观察日"，学校邀请父亲，让他有完整时间观察老师、学生的工作与互动。

来往蒙氏学校，课前课后（我下课常留校一对一跟或学习有障碍，或特别有兴趣的学生互动，发展适合他们的课程，待的时间比一般才艺老师长）感受到：孩子对量体，透过操作模具，实体感官肉体化经验概念的过程好幸福。会一直想到父亲的基本设计课。早期看蒙氏的书，有想过，是否有人看了感到绝望？看书的人敏感期过了，来不及了？父亲孜孜不弃，想引导的，包含在洪流下东倒西歪、快失去传统失去力量失去希望的一般成人，当然也包含孩子。在他基本设计课里，我们一群过了敏感期的偏态成人，到他手上，先听明自己的力量在哪。再面对有趣、整合、关键、落实的习作，我们不能写一篇概念报告回答他，让课程仅流过大脑，而是要透过我们手作，处理他丢出来的练习。

像光荣的参赛选手一样，我们面对自己的兴味！（参与严格的设计课，是我们自己选择的，如同蒙氏学校的孩子，选择他的"工作"。）王老师出题的自由与空间，挑战学生发现自己，在操作中真正对实作理解。从尝试设计，寻求想法落实。透过解决问题，正视整理我们所处的环境与需求，重新真正认识了关于"提问"。我们都没有意识到，父亲成为我们的生命教练，肉体化他对整体与传统的把握。我觉得父亲的专业，基本设计课，有蒙氏"操作"成人版的旨归。他讲课后，每堂课都会提出有意思的"题目"。学生动手、动脑处理问题，完成"设计作业"，解决内、外需求，并接受评图、改图，学习才算完整。整个上课过程，每位学生所付出的，重新整合、镌刻他的生命。

爸非常自律。生活上，桌上所有东西有定位，从不乱放。从起床到睡前，基本上他都在书桌前阅读或写作。非常勤奋，充满对研究的热情。跟到访的学生、朋友、家人、助理讨论他生活、关系、阅读写作的心得。讨论前后笔记，重新剪贴、分类整理，记录过程中得到的灵感。（他很多讲纲都这么完成）

他观察孙子的成长过程，记录心得，跟我们分享。演讲前，观察宝宝一阵，然后笑着说"谢谢老师！我懂了。"带着婴儿的柔软，出门上课。我感受到他全身心地跟宝宝们（豆与艾）学习。这时期的他最为可爱，较以往上课的严厉、批判，要柔软、温暖、幽默、自在。相处授课如沐春风。他先有系统的阅读蒙特梭利本人幼教理论，之后孙女在他身边长大，有机会感受完整人之初身心各方面的成长过程，他对一切感到好奇与认真，把这个机会，视作珍宝。他很会跟两个孙女玩（另一个是几年后妹妹生的孩子），常主动跟两个孙女游戏。我印象里，他讲过不少小男孩、小女孩，有身心寓意的故事给小元、阿个、小艾听（"三个永远可爱的方法"也是这么来的。他让小阿个帮忙画插图）。他跟妈妈，给家里带来稳定温暖上进的气息。他们在书院的生活，就是孩子明亮的背景色调。母亲在家角落养了苔的石头上、盘子里，嫁接了路边散步带回的，水沟边的点点蕨类，盆儿里不时放个小房子。石头、瓶儿都是她跟爸散步时会留意的趣味。母亲安置的花草没有任何刻意的痕迹，倒有"一方天下"小山水自然灵动的空间感。她运用处理家务的零碎时间，以喜欢的书法字体，誊写正在阅读的经典或有启发的诗词。她自己每天的行事历是搜集着大量她以彩色铅笔悉心手绘的传统图案。手工剪纸、彩绘、书法也出现在她特意为孙女们制作的小诗本子里。对着宝宝，我们拿起不同有趣的小乐器，和着诗的韵律，变化着节奏击打，每天为孩子念各自感兴趣的篇章。在家里母亲适时关心、理解人，正直的给出意见。准备着携带爱的健康食物分享她的温暖单纯与丰盛。她跟外婆都搭配花色亲手剪裁、缝制衣服分送给孩子、孙子，分享属于她们的生活，与对美的分寸。

回到基本设计课时见到的父亲作为老师，跟家人相处非常不同。他59岁时，对大学基本设计课没交作业，作业质量敷衍的同学，耐心到了无以复加的地步。循循善诱，没有一点火气，真正做到一个蒙特梭利老师要求的教育态度。作为一个出色的老师，他曾被中原大学学生票选为全校授课最精彩、最有内容，也是最受欢迎的老师讲课的深度与精彩我知道，但不知他对学生可以这么耐心引导。（他最后一年在华梵大学教基本设计，我第一次跟他到大学课堂上整学期的课／以前都是在书院或各机构座谈）

常有不认识的学生来书院请教，他花很多时间，把累积心得，无偿倾囊相授。他一生涉猎极广，终身认真整理累积，著作等身。31岁写《台湾现存书院教育与建筑》得到报导文学奖。在中原建筑系任教十三年。终生心系教育。《中国艺术的特质》《洪流中的自我》《明珠在怀》《做一个完整的人》《设计的原生状态》《主体性设计》《易经的文化体系》《蒙特梭利幼教精华》《中国庭园与合院空间》《古迹的价值与欣赏》《茶道文化与空间》……曾是他的演讲主题或发表过的论文。他也开过儿童文化班，写过关于儿童读经的文章。以上是写，编本书的背后，他生命里有个"一"。

关于本书，当初整理好到可以出书的阶段，因为父亲的修改拖延了出书进度。母亲走前叮咛过，跟《中道今来》易经丛书一起要帮父亲完成出版。期待在书里，咀嚼他累积多年愈见通透的心得。他晚年常发出感叹，说整合的能力，越发强大，凝聚的跟过去不同。他渴望跟珍惜这份凝聚的朋友，分享这些。对文字美编他有要求，合作的对象，一直宁缺毋滥，从不降低标准。期待编辑能忠于父亲的构想，他留下的心血能如实呈现。

写这些，看似离开了书序。他原非幼儿园的蒙氏老师，回看他一生，待人、处事、基本设计课的上课方式（他原本的专业）均暗合蒙氏精神。也许这些就是他深入的原因。父亲对成长的"曲"，明亮看待。发自内心的信任，他相信主体的完整。尊敬谛听大自然与天道。他信任曲径蕴积转出的学习与力量。仅仅是面对自己，也推荐打开这本书，感受起点。

自序　蒙特梭利幼儿教育的精华
—— 幼儿的敏感期与偏态

呼吁在前

这两篇文章是根据蒙特梭利的九本书，以及四五篇论文整合出来的。蒙氏的书是出名的难读，我却以为扎实可喜，她与市面一般泛论截然不同；长久以来，蒙式幼教老师苦无可靠架构，归放实教经验，这应是高难度的一项整合工作。但请注意：真正的理论在孩子身上，这只是随时待修正的暂时性参考架构。

这两个主题，我曾受邀在台湾地区《蒙特梭利教师协会》的两次大会上做过主题演讲，之间也曾为协会带过读书会，并开课《蒙特梭利的幼教体系》，编出讲义上了十六堂课。这里刊出的是在紫藤庐《文化讲座》发表的社会通俗演讲稿，虽未引经据典，确全是上课讲义的重点。有几句话必须呼吁在前。

都说幼教是良心事业，其实幼教也是赚钱事业，这几年少子化或有影响，但针对父母的各种偏差倡导影响更大（如双语、才艺、计算机、主流化等）。1907年蒙氏的两个伟大发现，即吸收性心智与敏感期，居然就是我们传统文化的核心——德与道，也就是良心觉知与天性成长时机。与大人不同的是：婴幼儿是天赋的、有时机性的、无意识的，而大人却需靠自我意识努力学习，才能成长。所以幼教不能只是事业（career）而必须是天职（vocation），从事该项工作的人，必须了解心本身与生命本身，对自明的觉知与自然的人之天性有了了解，还必须"归依信行"，即在每个当下"依觉行义"。所谓"上帝临汝，无贰尔心"《诗经》你若口说良心事业，心未归依，而实归依的还是自己"自以为是"的厉害心，追求的是社会台面的名与利，那么你就不适合从事蒙氏幼教工作。

当前资本主义的消费生活，每天都在加重蒙氏所谓的"偏态"，如占有欲、权力欲、自卑、焦虑以及大量的说谎，她说"凡是不能自我控制的人，容易被别人控制"，变成

"屈服于感官，任环境摆布的奴隶"。人类已无退路，再不挣脱自制的心牢，苦闷正在变成悲剧。我没有敌人，我不放弃任何"未正常化"的迷路人；我愿在此表明我的心迹，我以至诚相信——婴幼儿的吸收性心智与敏感期是人类人格的母型，欢迎大人、父母、教育工作者、真想做人者，加入德与道的主体人行列，做个人格者！婴幼儿的"羊我义行"，是我们精神的老师！

今天我们要介绍的是"蒙特梭利的幼教精华"，下星期是从婴幼儿的教育再延伸到24岁，也就是人格发展前四个阶段，之后完全要靠自己的心，而不是在一个自然自发的脉络，去发展自己的人格。

我研究这个题目蛮偶然，就是在书院中国建筑师徒班，带同学做幼儿园设计，我指定他们每一位选一个幼儿教育的教育家，把他的思想消化了做报告。其中有一位介绍蒙特梭利的思想，他找到一本书里面，提到一般人对小孩有10个成见，而事实上婴幼儿并不是这样，我听了那10条，我就决定要读她的书，因为我听到真正教育的思想了。

婴幼儿带来上天的全部信息

等到我再拿起书来已经是5年后，因为要讲生命课题，第一课就面对婴幼儿的教育，所以花了两个月时间，把她的四本最基本的书消化了，讲完以后，没想到这个录音带流到台湾地区蒙特梭利教师协会，他们听后，找我去大会演讲，从此就跟幼教有了很深的因缘。

我在读这个书的时候，感觉到：有心灵的人会看到心灵的世界，一个重视内在生命的人，也会看到内在生命的光辉。1911年到今天，我们很少再听到精神世界，其实，要有精神生活才看得到精神世界。

通过婴幼儿，我再一次的发现：生命就是需要心灵、需要内在、需要精神，你才能看到生命真正的内涵。否则的话，都睁着眼睛面对大自然、面对人世，可是很奇怪就是看不到什么，总觉得社会可悲、世界很乱、充满着黯淡。当我们在宣泄、否定周遭的时候，其实也是在暴露自我，自己没有心灵，自己没有内在的生命光辉，也没有精神的世界。所以，你看到的尽是人心人为的那一套，已经厌烦得不得了的那一套。

重新面对内在精神的世界

幸好大多数人都会结婚,都会生下可贵的新生命,每一个婴幼儿的到来,都等于提醒我们人类,重新面对内在精神世界。

我们以前一再地画这个表:

〈内〉　　〈外〉

〈人〉　(己) 心　(为) 台　(时) 文
〈天〉　(良) 主　(身) 体　位 (行)

〈普世的天人架构〉

你的"心"面对现实的社会,我称它为"台"面,你要在心里面找到自己的觉,也就是你内心的"主"。当你要用心的时候,觉让你做主;但是你自己用心用到做不了主,那个时候你不要忘记,其实你的内心还有一个觉可以帮你做主。这个觉呼应万物,本来就默契万物的天性,我们称万物是一个整"体"、生命的整体,这件事情也是真的;如果你发现万物都割裂,人跟人都疏离,那大概就是浸泡在现代社会太久了,否则的话,人类真的是一体的。有了主体之后,你才知道自己生命的定"位"。

那精神世界在哪里呢?你的心在这个现实的社会,要怎么讲话、怎么想是自由的,只要不犯法,或者你愿意付出犯法的代价,你还是自由的(代价若包括良心的代价,那还自由吗?),可是一个真实的生命场域,你这颗心怎么去掌握这个真实,因为这个真实可以被我们人类扭曲、异化、割裂,甚至用人的一套把这个天赋自然的一套整个架空、淹没,它明明在我们眼前,我们却被人的一套阻隔了,看不到天赋的、天然的、生命的场域——中间这个落差就是精神。

心灵看到心灵

当我们没有精神的时候,我们就跟现实的社会苟合,社会都这样,讲来讲去就这样;你真有精神的时候,你又不屑这个一再重复、重复到很腻很腻的程度。有精神的时候,你就不愿意妥协、苟合,苟就是苟且。我在读她的书的时候才发现,婴幼儿一点保护自己的能力都没有,可是奇怪的就是,我们对于婴幼儿却愿意给出一种前所未有的心态,这是我读蒙氏的书一个很强烈的感觉,原来——心灵看到心灵,内在看到内在,精神看到精神，而婴幼儿实证了这件事情。他使我们不能忘记，如实地让你感受到那个主体的世界。

你就想想那个小孩，为什么你一天累下来，回家看到小孩，你有一种说不出的被还原，心头变得很轻松、释放、还原。其实，小孩他也没做什么，可是就是能够让你好像碰到明矾一样，整个生命重新澄清、还原。

后来，跟幼教界接触多了，我居然还给他们开课，讲了16堂课，那个过程对我自己也是很好的体会。如果说生命像一座山，婴幼儿这一头他是用无意识的觉知，从无意识的这一头深深地打进生命的深处；我读中国的经典，它是有意识的，是通过意识的修养，所掌握到的生命的内涵，我等于从另外一头也往生命里面打进去；所以上课的过程中，像洗三温暖一样，像又要用无意识、又要用很强的意识的意志力，两头打进这个生命的大山。

回首蓦见，婴儿正在阑珊处

我们这一次，在这边介绍蒙特梭利的幼教精华，心里面是有很多强烈的感触。有个朋友说，王镇华大概经典教不下去了，最近听说都在弄幼儿园的东西，事实上是：回首蓦见，婴儿正在阑珊处。

整个中国文化弄了半天，就是在追求德跟道，也就是主跟体；天赋的人格主体，一个就是内在的直心，觉，就是德；一个就是你的身体，身体是诚实的，身体与自然万物有生命过程，那个就是道。中国文化之所以在人类文化史上，很难被说清楚，连我们自己的历史脉络中，对德跟道也语焉不详，孔子就感叹多次，老百姓了解德的太少了。其实，德就是自明的觉，日常生活的觉知；心里面有思想，心里面也会觉知，你懂不懂得捕捉稍纵即逝的觉知，那就可以看出你这个人的血性、精神、灵魂状态。那道呢？就在你眼前，每天万物在变化，没有东西会停下来的，你要是有了孩子，更是发现他每天在长，睡觉就洗牌，完全把他洗净，第二天你以为他跟前两天一样，结果马上又不一样。生命在你眼前的变化是很惊人的，他没有一刻停留。

吸收性心智与敏感期

这个德跟道，跟婴幼儿有什么关系呢？婴幼儿最重要的两个核心观念，一个就是吸收性心智，小孩子0到3岁基本上是无意识的，两三岁之际才开始有他的自我意识，这个无意识就是觉，也就是0到两三岁是老天爷在带他，否则怎么会1岁多就开口讲话，有人说是魔法，如果魔法有这么厉害，我们各种语言他都应该会了嘛，是不是？为什么只会你们家讲的那种语言，所以小孩子一个就是吸收性心智，在我们的文化上就是道德的德。

另外，他那个红通通的身体，每天都在长在冒的身体，他有敏感期。敏感期是昆虫的一个专有名词，毛虫从茧出来以后，它有向光的敏感期，它会沿着树枝一直爬，爬到树梢，其实它是向光，但是这一个本能让它能够吃到树梢的嫩叶，它只要吃几天，身体茁壮了，向光的敏感期消失，它就到处爬，也就可以到处吃了，这个特性，荷兰的一个昆虫学家建议蒙特梭利对其在小孩身上发现的敏感阶段也叫作敏感期。譬如说语言的敏感期、动作的敏感期、秩序的敏感期、社会行为模仿的敏感期，有八九种之多。

良知与良能

蒙氏这两个发现，我非常惊讶，没想到和老掉牙的圣贤古书所说的一致，居然同是天赋的生命体，人本来生下就带来的两个东西：其一为吸收性心智，即良知，学习吸收像海绵一样；其二为身体的敏感期，即良能。良知良能，我们很熟悉的两个字，在我们生活中却越来越依稀，也就是（若尊重良知良能）生命本来是活得好好的，是不是？曾经每一个人都很神，怎么活怎么舒服，可是开始用这个心，用得很厉害，就越活越辛苦。

我最近眼睛有一点不忍看外面，我常常看到一个老人坐在那边，没有东西挡他，他却被自己的观念，认定在他自己的位子上，他也不想理别人，别人也不想理他。各位要是不好好用自己的心，有一天也是那个样子，谁都一样可以被自己的观念捆得死死的，然后坐在那边。

那时候，我就想到佛教的苦、业力的深；其实看穿了，只是他把他的良知良能疏忽得太久、丢弃得太远。我们就算是自己的心用到再偏离，你那个良知良能还是好好的在心里，你还是自由的，你还是可以没有事情仍然欣赏着万物的丰美；问题是当你用二分的思想，觉得我的心已经是这样，我认定的观念是这样，大概我已经离开那个天赋的自然很远了。

主体这件事情，中国圣贤的经典，从有意识的方向讲透的时候，居然碰到婴幼儿，他是天赋带来的吸收性心智与敏感期，刚好碰头。

※　　　※　　　※

下面我想念几段蒙特梭利的话,让各位体会一下。你要去捕捉心灵的语言、内在的世界、精神的世界,它是一种很熟悉的感觉,但是却不容易捕捉。比如说,每个人要讲真正的自我,只有在你最放心、最敞开的时候对着知己讲两句,讲完以后,说不定要你再讲也不容易,除非你好好的捕捉,讲完以后觉得刚刚自己讲得还不错,把自己讲得蛮清楚的,赶快写两句。

蒙特梭利理论被误用

我们对于内在的自我,只有"偶开天眼觑红尘",偶尔看到一刹那就过去了。蒙特梭利这位罗马大学第一位女性医学博士,同时是一个很虔诚的天主教徒,她有科学家的精神,又有宗教家的深刻,所以她讲出来的这些婴幼儿的科学知识,在教育界大家都心照不宣地经常取用,大家对她有一种很特别的信任,但是,又不是很慷慨地面对她、宣扬她。她的孙女来台湾地区,就很埋怨美国,都把她祖母的东西局部膨胀,发展出很多套幼教的理论,那个反而是把人给切割(局部化)了;虽然每一块更精致,但是整体模糊,那是有危险的。我们大人要去接近孩子,很容易用我们大人的自我意识,然后疏忽了小孩的脉络。

进一步说,大人是意识的脉络,有意识的教法,像美式教育,他是一种科学科技教育,你要在孩子懂的时候教他,他就会吸收,但这是科技的意识教育;小孩子不是意识的,他是无意识的,是觉知,所以你可以教他现在听不懂的东西,只是不能勉强他背,他可以把他吸进去,等到他懂的时候,他自己在里面发酵(自己领悟)。所以,用有意识的科技教育,来教育无意识的婴幼儿,这是一个很大的一个偏差。

生命何其精微

还有就是,当你有一种眼睛,懂得阅读婴幼儿的生命成长,你就会开始对我们大人的心态,有一种"重复的可怕、粗糙的可怕"的发现。年初二我们家也来了一个女儿的女儿,从那一刻起,我才发现我自己有多粗糙,我连讲话大声一点,她都会吓一跳;然后,她看你的样子、她睡觉的样子,她用她的左手玩着右手,右脚搓着左脚,甚至哭……你如果已经打开你某一个心灵的眼睛,你所看到的是完全不一样的世界。我自己两个小孩长到这么大,我都没看到,两夫妻都在忙,反而孙女儿来到的时候,看到的是生命极为精微、动人的一面。总之，我们大人要小心用自己替代婴幼儿的脉络，她是随时在成长，而我们却一直想停在"好乖喔，给我亲一下，又抱一下"，所谓爱她的状态。

你千万不要乱抱，我告诉你我就犯了很大的错，因为我很懂得怎么样用我的节奏、气氛让小孙女入睡，结果就错了，因为应该让孩子自己睡在固定的床位上，我每一次看到她吵着不好睡，因为睡觉近乎死亡，都有情绪的，她也有，但是如果你懂得很精微地处理，她应该可以自己睡，偏偏我这个外祖父不太懂事，想发挥爱心猛抱，而且我抱得不错，世界民歌一放，一摇她就睡了，不超过两首歌，结果坏习惯被我养成了。等到让她自己睡，她就哭给你看；有各式各样的说法，让她哭三天，我们怎么舍得让她哭三天，有的说慢慢减少。不过还好的就是，生命的考验跟挣扎，就是一种一种来到，什么事情都是很有意思的，但是也都是生命性的考验。

对婴幼儿的看法，考验你的成熟度

好，我念几句蒙氏的话，作为一个开头的体会。蒙氏说"教育只有一个祖国，就是这个世界"。还分这个国、那个国的教育，那就糟了。联合国应该注意这件事情。耶稣说"谁能像这个小孩，谁就是天国中最伟大的"，他还说过"谁像小孩才能进天国"，到了天国，像小孩的就是天国中最大的。其实，对于小孩的看法，是考验一个人真正的成熟度很好的标准。

在中国的圣贤里面，孟子说过"大人者，不失赤子之心者也"，老子更说"专气致柔，能婴儿乎？"专气就是专注，致柔，心不要那么刚硬（理性、执着），新时代就是柔性思维，心灵是最柔的，这个柔不是软，而是对任何主体的尊重，所以老子又进一步"专气致柔"，他把婴儿达到的生命境界点出来了，专注而柔软。《老子》另外一章"含德之厚，比于赤子"，说一个人修到德很厚的时候，就可以用赤子（婴幼儿红通通的，那个婴幼儿叫赤子）来形容。原来一个人德高了以后，他的慈祥、柔软，充满着对你的专注、倾听、接纳，可以用婴幼儿来形容。

儒者之道，若保赤子

有比这个更直接的，在《诗经》里面出现三次，"其德不回"，就是婴幼儿他每天在成长，他不会回头看他得到了什么、老是眷恋自己的拥有；他来看你，你以为他对你有兴趣，看不到几秒他移开了，你蛮失落的，其实他来看你并不是爱你，他移开你更不是丢弃你，他只要看新东西，当他看到够了他就移开，这就是孩子一颗成长的心，不会眷恋，停在某一个点踏步，不会的。这个，又把小孩子的这种成长的心，真正敞开面对新东西的心也点出来了。

《孟子》里面还有一句话，"儒者之道，古之人若保赤子"。我们对待自己的良心，对待自己找到生命的道，这都是儒道两家所教的东西，你对待自己的天良、对待自己生命的道就要像"如保赤子"，就像妈妈带小孩的那种呵护，亦步亦趋，不能有一刻放松，对不对？这就更有意思了。原来生命的德跟道、天良跟怎么活，不能那么粗，说我得到就得到了，反而要像带小孩这样，没有片刻离开你的视线，总是全心在陪着他。你有没有全心陪着自己的觉、觉知、天良？真的得道了，你有没有真正地贴紧生命本身，呵护着偶尔掌握到的道？可是，到底哪一位圣贤教我们怎么带小孩？佛陀有吗？耶稣有吗？孔子有吗？这个值得我们想一想！他们都有肯定喔！可是并没有教妈妈怎么带婴幼儿。

生命从平静状态出发

蒙特梭利对于个人方面，她说"诚实胜于一切"；"当一支军队丧失英勇的精神时，赏罚只会使他腐败而灭亡"；"真正的进步，乃在于发现某些潜在的事务"，反过来说，我们老百姓最担心的就是，台面上有权利、有财力的领袖人物，一直还不面对真正的事情。蒙氏说"从平静状态出发，从事某些自己想做的活动"，生命从平静状态出发。"一个人如果缺乏自制力，这个跟无助状态是并行发展的"，你不能够自制，自我节制，其实你自己就暴露在一种无助状态；这个就像"愤怒往往伴随着怠惰而生"，会生气的人他不能自制，他会去生气，因为生气比较容易，是一种怠惰行为，也就是无助状态。

人跟人之间，蒙氏也有几句话，一个被扭曲的生命，我们有很多补救动作，譬如说上班有压力，那么总要去纾解压力，她说很多这种纾解压力、解放的行为，其实"不属于正常生活的一部分"。比如说小朋友上课很僵直的坐在那边一直听，所以英国有一位教育家发明了韵律舞、韵律操，韵律操毕竟对僵直的上课有帮助，他对人的人格也比较尊重，可是跟这个人格、这个身体到底该怎么动并没有关系；韵律舞跳多了膝盖会坏喔，我最近才听到一个朋友，因为他并不了解身体在关节上、中心轴的使用，一直乱跳操，就过度地磨损。

会成长的人不需要娱乐

她说"娱乐,并不属于日常生活的一部分",这跟我们的常识相反,谁不需要娱乐?一个会成长的人不需要娱乐,娱乐好像纾解你的认真、用功、紧张,那是偏离了自然生命,在人为的一套里面,紧张压抑久了,你才需要去娱乐。要不然你每天自己在成长,成长就是最大的娱乐,工作就是休息。

蒙氏说"能够自我控制,也因此能够免于别人的控制",反过来"屈服于感官,是任环境摆布的奴隶",已经在说我们今天消费生活了。"没有人能通过模仿而专注,模仿使我们受到外界的羁绊"我们,现在资本主义大量的教我们不要落单,跟着时髦的节拍走,都是模仿,你在模仿中你根本不能做到精神的专注,因为那个不是你内在自发出来的,整个心灵、整个内在意愿要作的,不是!

真实的事物显得渺小

最后她对于教育也有一些话,"虚假看似伟大,真实的事物却又显得渺小,因此,我们在世界上浪费许多的精力跟时间",我们都在作虚假的事,真实的事看来都显得渺小。"我们一直想要旧的,因为我们并不了解有新的……新芽初吐必定是卑微、单纯的。"她的话像诗一样,触到我们心灵底层的一些感觉。我们今天教改都是伟大的概念,却还没有整合好,我仔细地看了那个总报告,大概全世界伟大的概念都被我们收来了,但是没有整合好。更重要的是:人家那个概念,里面都是生命卑微的工作。

刚刚这些话,你真的要捕捉还真不容易,就是会有感动,可是你如果活得太粗糙的时候,就又没有了,真的要像妈妈那样"全心呵护着那个小孩",用全心宝爱我们心灵的发现,不能有一点点懈息。那个妈妈带小孩的神情喔!你不会忘记的。

※　　※　　※

婴幼儿是上帝的选民,其实他就是上帝的使者。蒙氏的教学,它并不是一种方法,这一点很重要。蒙氏最后,把她第一个科学的报告定名为"发现儿童",人家都说"蒙特梭利教学法",她否认,她说我只是去发现天赋予人的一些成长内容,你说它是一种教学法,对不起,我们老师都在学,老师顶多在引导,是一个引导者而不是一个教育者。

蒙特梭利"发现儿童"

事实上，蒙特梭利她自己都很难接受她所发现的，她是在意大利一个贫民区，建造商发现儿童到处涂鸦，结果建造商拨了一栋四楼的不太好的房子，说你就把这些小孩集中起来，结果蒙特梭利也没什么钱，请一位中年妇女帮她带，这个阿姨动不动就告诉她说，小孩子有天使在教，肚子里面一定有一个上帝，蒙氏说你少跟我多说，可是多几次以后她自己也发现了，没有人教孩子，孩子怎么这个也会了那个也会了。她成名于世的就是她发现孩子在书写上有"爆发现象"，全班像爆米花一样，一个孩子说我会写了，别的孩子看看他，一急也会了，不是你的压力喔！是他们自己之间良性的触动；大小孩最会带小小孩了，比老师还会带。最后，蒙特梭利她双手抱住孩子，她问那些婴幼儿说："你们到底是谁？"天主教徒这样子是至高的虔诚，是礼敬的意思。

1914年，美国请蒙氏演讲，几千人在卡内基大厅，听不到多久，有五百多人站起来就离开。那时候，美国是以他们的实验主义、实证主义为主流。后来一跳35年，1949年联合国大会请她去演讲，她才被美国接受，从那一年起，把蒙氏所有的著作很认真地一本一本的翻译。最近几年，美国政府拨钱调查各种婴幼儿教育法，发现蒙氏的教育法最有均衡的效果，所以国家就出钱，鼓励幼儿园往这边调整。

早在1907年，她就发现婴幼儿吸收性心智与敏感期了，这一位女士的行动力非常强，两年后就出书，然而没有用，虽然很多国家都有赏识她的人，像研究儿童认知的皮亚杰，就是国际蒙特梭利协会的发起人之一，大家都非常欣赏她，可是她的内容到目前，没有一个国家敢面对。

双语将造成严重问题

最近的双语的问题、英语的问题，它将会付出极大的代价。幼儿阶段是语言的敏感期，到了小学刚好是想象力跟文化的敏感期，如果你母语没有学好，用蒙氏的说法"两副假牙"，后面那个文化的敏感期会中断。更可怕的是它会带来语言的优越感，我们在禁止讲闽南语的时候，小朋友回家跟父母亲说："闽南语很难听。"现在已经有小朋友回家告诉父母说，国语很难听。我有一个朋友是语言学专家，他到一些学校去，他碰到一个小孩就说："你英文说得不错。"那个小孩用英文回答他："比你还好。"

所以双语的问题，如果用语言的敏感期，不要说双语，三语小孩都可以学会，问题是：

（1）你教的是什么英文？你教的是什么中文？如果都教得不好，怎么办？（2）而且没有那个环境，没环境一放几年就等于白学了。（3）更重要的是没有精致的母语，文化吸收会有困难。（4）然后他又有文化优越感，单一价值的优越感。怎么办呢？这倒是政府要负责的，因为对小孩学外语的规定大陆都有，我们没有！我们光在那边说可以、不可以、禁止……有什么用呢？人家还不是照样教，很多蒙氏老师说他们都边缘化了，原来，有些财团针对家长自己的需要出招，完全把教育这件大事给淡化，简化成外语教学、计算机教学。

幼教是"内发生成"

婴幼儿的阶段，是成人的形成部分，如果没有正常化，问题依旧存在于成人社会，只是换一个形态。比如说小孩有八种偏态，第四种就是占有欲，第五种就是权力欲；长大以后，大人的社会就把这种偏态加以合理化，成为社会化的内容，我们上班的苦都从这边来的。

幼教是帮助他"内发生成"，而非用一套方法"外加塑造"，当然更不是填鸭。你要懂得阅读生命，真懂了，你才能为生命而工作。这个内发生成很重要，我们大人已经养成习惯，都是用自己的理性，把一个幼儿当对象，我要教他，如果是这样子，你怎么教都伤害到这个小孩的成长，因为教育是内发，而且是一个生命形成的过程，他内发生成，你要去外加的时候，你就干扰他了。你是爱他，你是善意，但是没有智慧的话，仍然是伤害。

给予正确帮助，胜于安慰鼓励

给予儿童正确的帮助，胜于给他安慰。其实小孩子不需要你太多的鼓励，他要你的是：正确地对待他。只判定而非帮助，不适任教育工作；以前我们最讨厌就是训导人员，可是现在我发现有一些老师喔，他自己的成长没有得到满足，他也有善念，想要当老师，结果当了老师以后，他在班上做判断，这个孩子很棒、这个不行，这种老师其实正在做教育最忌讳的事情：判定而没有帮助。我自己在初中，就碰到一个数学老师，他很喜欢两个数学好的，有一次他问谁会？当然就等那两个举手，他们没有举我举，他说"你放下你放下，你不会的啦"，深受重伤。

小学是正义感最强的阶段，我们的资优班、放牛班是反教育的行为，其实孩子他并不在乎这些，反而大人在那边搞这些的时候，他们深深地受伤。当大部分的孩子都觉得（正常化）大势已去的时候，他也开始用大人的方法在欺负着同班同学，他们已经是大人化了。

真正的教育工作一定是双性的：就是爱和智慧兼而有之。通常家里面有智慧的，就是父母比较能干的，爱都少一点；那个爱很多的，通常智慧又少一点。如果你贴紧生命在带小孩，你这两个一定是兼备，缺一都不能完成好的教育。

（一）幼教成见

我们下面分六节：第一节，就是我被触动到的十点，幼儿的事实，非成见所认为的那样。你会觉得很奇怪，跟我们的看法刚好都相反，这是因为我们现在不容易体会到正常化。先看纲要右边这一段："生命自然开展着，精神提升时，他拒绝一切无用外美之物（像玩具这些东西）；散发着精神的温馨"，条件是大人没有不当的干扰，而让小孩自己找到他的敏感期切入点。

孩子不需要奖惩

首先，就是他喜欢自由选择，他不喜欢上课，不喜欢考试，因为他无所谓考试；他找到自己的兴趣点，他就不断地做，做到会为止，那你考试有什么意思呢？

第二个，他不在乎糖果、玩具。有一次蒙氏到家庭访问，那个孩子从房间拿一个盒子，满盒子都是老师奖赏给他的糖果，他全部没吃，端出来"老师你吃"。一般人就说学生爱我，他珍藏不吃让我吃，那你只是一个有点爱吃的老师，还有你是喜欢被学生喜欢的老师，蒙氏马上有眼睛看到，孩子不需要奖赏。

第三个，也不需要惩罚。有一次一个小朋友被处罚"隔离"，他大概会去捣别人的蛋，就坐在椅子上，只能看别人活动，然后那个时候，他们也有好学生的奖牌这种制度，一个好学生进来，一不小心奖牌掉在地上，坐在那边被处罚的人……〔这种处罚是很高明的，里面有四种功能（章后注1）〕他看到这个掉的，他就跟好学生说"给我"，被奖励的好学生就拿起来就给他，他就把它挂在胸口，被处罚隔离的人挂一个"好学生"，别人看到就觉得这很好笑。

蒙氏看到又知道了，她马上把那个好学生制度作废，因为那个好学生，不在乎这一块，你要你就拿去，而那个坏学生呢，根本不知道这是矛盾的，他只觉得挂上去反正好玩。这些都在告诉我们，孩子不需要过多的奖励，更不需要处罚。他们最好的奖励就是：不要打扰我玩下一个教具。我们真的有在成长的时候，别人太多的赞美，反而是一种阻碍。你们不要讲话，让我继续追求更丰富的我，那就是最好的奖励。

喜欢宁静、重视尊严

第四，他喜欢宁静而不是吵闹。我们都觉得孩子很吵，都是吵的，错了，孩子对宁静的渴望，超过我们的想象。蒙特梭利有所谓宁静游戏、深度宁静游戏，那种宁静游戏，连我看了都有点像折磨人；如果全班很吵，老师只要一个钢琴声音，全班就静下来了，然后，他说小朋友把椅子排这边，人通通站到那边，然后一个一个走过来，不要出一点声音，小朋友就那么有耐心，一个一个等。另一个活动是"在线走路"他要顶一本书，或手里面拿一杯接近满杯的水，他们可以等全班全部做完，做完大家都很高兴。他没有所谓你做到我没有做到，我就怎么样，没有，是全班都在做那一个动作。宁静，是精神的常态气氛。

第五，孩子是有尊严的，而不是可以随便让你骂的。有一次，蒙氏教小朋友擤鼻涕，她发现小朋友突然间很专心，教完以后小朋友热烈地鼓掌，然后蒙氏要先离开学校，他们居然跟在后面列队欢送。这个时候，蒙氏就知道又有东西在里面，原来贫民窟的孩子，脏，常常有感染呼吸道，所以鼻涕都是一条一条的，妈妈呢？只是说脏死了，去擤鼻涕，从来没有教他们如何擤鼻涕，擤鼻涕对他们来讲，是经常被骂、被屈辱的一件事，他学完了正确的擤鼻涕，他就能够不被妈妈骂。所以，对他们来讲是一个尊严的事情。

不自我中心

第六，沉着自若，优良的社交态度，不胆怯、不自我中心。连幼教专家都会说，孩子没有办法压抑他的情绪，他是自我中心的，错了。小孩子他自己在活，是顾全大家一起活。

有一次，一个美国的教育家，专门去拜访幼儿之家，结果刚好礼拜天，在门口不能进去，碰到一个小朋友，小朋友说"你要参观吗？""对对对！""你等一下。"他回去把左右邻居小朋友通通叫出来，知道钥匙在哪里，打开就进去，再打开橱柜，教具拿出来，像平常上课一样；那个教育家吓坏了，没有老师他们自己可以上课，你们就是这样上课吗？是啊！我们每天就是这样子上课。

有一次意大利女王（埃琳娜）去拜访他们学校，她看到一个小孩在拼字，女王讲了一句话："你能不能拼意大利万岁"，这小孩看了她一眼，就把每一个字归位，这时候旁边人就很紧张，归位之后，很从容地把意大利万岁拼出来，哇！旁边就很热闹，他看看大家，低下头去再归位，继续玩他的拼字游戏。这里面有很多内容！他没有紧张，他看意大利女王跟看一个普通人是一样的。

重视秩序

第七，她重视秩序而不是脏乱、放肆。孩子捉迷藏，你们看过吗？就是一定要躲一定的地方！然后找到，大家还是很开心地笑。有一次，蒙特梭利也加入捉迷藏，她说我要躲一个别人找不到的地方，后来时间越久就越安静，她探出头去一看，所有的小朋友不知道跑到哪里去了！因为你没有躲在那个该躲的地方，你既然让我找不到，我就不理你了。捉迷藏对孩子是确定你该躲哪里，是一个秩序敏感期的需要，根本不是捉迷藏。

还有一次，她跟一群太太去参观那不勒斯一处罗马皇帝尼禄的洞室，有一个妈妈抱着小孩，因为穿越隧道很闷，她就把外套脱下来，这个时候那个小孩开始哭，一岁半，所有的人都来安慰，都没有用，蒙氏便想试试看。她走过去就对这位太太说："能不能请你把你的外套再穿回去。"那个妈妈外套一穿回去，这个孩子就不哭了！很简单，这个孩子刚好在秩序的敏感期，她每一次跟妈妈出去，都是穿这件外套，现在明明在外面，你怎么可以脱下来？你要脱可以，要告诉孩子，这里面很热，妈妈要把外套脱下来，她还不太会听你的话喔！你要好好地跟她讲，她可以接受你的改变，要先讲，要不然在她的观念中，秩序，这件外套是穿在妈妈的外面。

这个秩序的敏感期，说来严重，将来这个孩子的适应力、安全感，都要从秩序的敏感期建立。我们现在很多人很大了，在家里面吃便利店买回来的东西，吃完以后摊了一桌子，有没有？自己的房间很乱，讲话也蛮乱的，这都不是偶然的。

读写都有爆发现象

第八，他自己学会写跟读，他不喜欢图画书。当然，不是说所有图画书都没有好的，不是这个意思，我是讲一般小孩子的那种很贫乏的图画书，彩色很亮丽的。如果这个孩子正常化，他4岁半到5岁，他自己就学会写跟读，先会写，半年后会读。这个时候，他心智的发育是形而上形而下、具体抽象一起来。如果你过早给他阅读漫画书，他就太快的在具象上短路，将来对于抽象的发展有阻碍。蒙特梭利之所以会轰动意大利，就是她报道了孩子在写字上有爆发现象，阅读上也有爆发现象，语言更早，语言就是1岁到2岁，1岁能够发有意义的单音，2岁连文法都会了。

喜欢重复练习

第九，重复练习。有一次，一个大约三岁的小女孩在玩圆柱体，非常专注地、仔细地、一直重复把粗细、高矮不一的圆柱体放到合适的洞里面去。蒙特梭利看她那么专心，想要试试她，就把她的椅子轻轻地抬起来，然后放到桌上，结果这个小朋友只注意她的教具（他们工作用的器材是经过设计的，都叫教具），她把它们放膝上，然后在桌子上继续重复玩了42次，然后她抬起头来很满足，开心地笑了，她的眼睛亮晶晶。

这件事情（重复练习）看起来很平常，其实是学习成长的关键。我记得我们大女儿出生以后，我还在成大读研究所，要回高雄，有一次我们大女儿在练大肌肉的跳动，就是蹲下去跳起来，台南上车一直跳到冈山，跳半小时，我就在想：跳有需要这样子练习吗？后来就想到我们大人，练打乒乓球或语文，好像一下子不会就不好意思，不练了；这个都是把自己看得太高，而慢慢忘记了最原始的学习，就是一再地重复。自从我懂这个以后也有烦恼，有一个小朋友到我们书院来，他妈妈跟我们讲话，他还是要玩嘛！他钻到桌子下面去，我呢！想去逗逗他，低下去看到他，跟他打一个招呼，这下子糟糕了！42次！因为我知道他的需要。

常生病是因内在精神严重缺乏

最后，身体健康。他的成长能够造成身体的健康，孩子本来不应该面黄肌瘦、老生病。所以蒙氏说："生病是一种内在精神严重缺乏的现象。"那个贫民窟的孩子，每天吃的还是一样，可是三个月以后，每一个孩子都恢复他们所有的健康；其实我们大人是不是也一样？工作是一种精神的粮食；一个人长久不工作，就会处于精神的危险状态。如果你嘴巴厉害、脑袋厉害，那个病情就比较深，因为你自己会把自己解释得密不通风。不要以为家里面可以养你就没有问题，工作，工作里面的成长是我们的精神食粮。

（二）人格发展的四个阶段

第二节人格发展。发展，而不是说开始服务社会，一共有四个阶段。

从创生展开

第一个阶段0到6岁，他又分两阶段，0到3岁，3岁到6岁。0到3岁他是用无意识的吸收性心智，他是一个"创生者"。创造是人的心对外的创造，创生是他内在、内发的一种创造性。0到3岁的小孩，他不只是那个器官还在发育，他还要把器官的功能练就起来，这是双重的忙碌。譬如说，他的声带还在长，可是他已经开始要发咿呀，那些母音（编注：即元音）就开始了，所以他的结构跟功能是同时发育。

我们人类发明的东西，结构跟功能是分开的，天赋的东西这两个结构及功能合一，这是我们比较难以体会的东西，所以我们特别用"创生"去形容他。这个阶段是人格的生成，范围：全人格。每一个孩子天赋的，要把所有的人格内涵在3岁建立，这个时候人类无法接近，当然不是绝对的，而是大体上，主导他最主要的力量，是这个吸收性心智，是他身体里面的敏感期。你呢？只是必要的条件（喂奶、换尿布…为他服务），你想怎么教、怎么弄，是教不过他内在的那个伟大的力量。

3岁自我意识萌芽

3到6岁，他的自我意识开始了，早发一点2岁就开始了，这个时候你对他的影响才开始。那他这个自我意识出来以后，他在干什么？作人格的统整。请看下面那一句："所有精神发展，都是将从前在意识外的东西，带到意识的层面，那是一种意识的胜利。"3岁前，是无意识练就的，这个时候开始他要用他的自我意识，通过工作，把无意识会的转化到意识层面，作一种意识的拥有，那是一种意识的胜利。（蒙氏的书之所以难读喔！就是她都是贴紧生命本身在讲话，而用的是西方理性的语言，一般做妈妈的想要读她的书，很辛苦。）这个时候他是一个忙碌的"工作者"，他的自我开始发展、性格开始形成，3岁前是全人格，这个时候就看他的自我意识，能够把多少无意识的都练会，如果越多，他的人格就越稳定，近乎完美。

同时，在这个时候他开始有记忆，"跨过遗忘河"，这个之前的事忘记了，这个之后的事他都记得。我们在座的，有没有谁记得两三岁之前的事情？这是有点意思的，上帝不要你记得他曾经怎么教你，却通通被蒙特梭利发现了；科学家可以通过精密的纪录把它记下来。然后，因为有了自我意识，所以开始受父母的影响，那父母呢，又有祖父母的影响。我想大家都有过"两代之间的纠缠"，我们身上不管你喜欢不喜欢，都有我们父母的影子，在你自觉之前都已经造成了。

原罪、业力，蒙特梭利的看法是：小孩子的时候不存在，0 到 3 岁她看不到小孩有什么原罪、有什么业力，但是 3 岁之后，父母亲如果没有"他自己自觉的成长经验"，他一定把他父母怎么带他的那一套来带你，历代祖先带孩子的智慧、偏差，就通过你的父母，一点一点在你很小的时候，注入你的生活习性里。

（三）基本的核心观念

第三节有一些重要的核心观念，要先介绍一下。

内在动力

首先是"内在动力"。孩子他的精力这么大，到底有多大呢？蒙特梭利经常用胚胎比喻，我是喜欢用种子，植物、动物都可以形容。小小的一颗种子它的内涵、潜在能量，已经决定整个生命过程，你只要给他必要的条件，他就会顺着生命的过程、生命的道往前开展。她说那种能量是星云般的无限能量。这个话听起来有点夸张，其实是真的。有科学家在埃及金字塔找到一颗莲子，3000 年了，他说种种看，结果有一期科学杂志的封面，就是那个莲子开花了。生命的潜力，跨越 3000 年，还是活的，你一定要相信没有力量比"孩子要成长"更大的能量，那个能量是跟宇宙无限的能量一体的。

吸收性心智与生命体

第二跟第三，就是孩子有他的"主"与"体"。那个吸收性心智，也就是无意识的觉知，是他的主，蒙特梭利的用字，"精神胚胎""自然意识""吸收性心智"她都用过；然后那个身体，那个生命体，身体他有生命过程要发出来，在动的时候，都是"感官－动作－工作"三者，就是他必须具有感官的精密，动作的协调，然后才去工作；他是通过工作成长他自己。

请特别注意这个，因为我们长大以后，成长居然可以用嘴巴讲，也可以用脑袋想的，但是，真实的成长状态，只有我们自己关了门，一个人的时候才知道。有的人从小家里面的呵护不让他动，成绩最漂亮，他就养成一个习惯：解决问题时动动脑、动动嘴，他不知道成长是要通过手脚、感官——在工作中成长。如果是我们自己，不要怕，赶快补救，把那个坏习惯剪断。我身上就有那个坏习惯。连教育家身上都有那个坏习惯，自己也没成长过，却在教人家怎么长；两个都没有成长过的人，用思想在那边辩！你成熟还是我成熟？很荒谬吧！谨慎选老师、伴侣。

在生理上，他就是"感官－肌肉－神经"，所谓的"反射弧"，在感官的控制中，你的心通过神经指挥你的肌肉，这件事情听起来再自然不过，可是，很多人没有这个精密的协调能力，所以他害怕活动，他的精神是虚弱的，他的身体也是虚弱的，结果呢？越虚弱越怕动，心智就越来越强（反常的）。我记得成大西格玛社，有一个朋友画了一张画像，很大的一个头，很小的身体，"我是一个心智的怪兽"，其实知识分子，不用客气，多少都有一点，我们一起来反省，免得自己痛苦，还带给别人痛苦。

身心在工作中成长

第四个"创生"的敏感期，不是创造喔！刚刚那个内在的动力他自己要往前生长、成长，蒙特梭利说"这是一种穿透整个生命的热忱"，像我们现在懂得一个观念，觉得这个观念真的很棒，可是呢？就缺少热力去做它，小孩没有这回事，他那个内在的动力，要去创生的时候，从来没有这种欠缺，他是内发的。

第五个你却要给他一个好的"环境"，待会我们会提到。第六他开始在这个引发他的环境中"工作"，工作是一种精神生活，能不能得到现实的报酬、别人的称赞，那是另外一回事，你在工作中，已经得到该得到的报酬，我们每一个人都渴望流汗，真正地剥自己一层皮，就是辛苦用心投入过，至于外面能不能得到什么？次要的，她说"怠惰是一种精神上的疾病"。

第七跟第八也就是你在工作中，身心都得到成长，在蒙氏的用字里面，她这个心跟身总是合起来的，譬如说"智能肌肉""身病心因""过欲内缺"，都是她的句子里面的形容。譬如说，你要是让你的孩子3岁就学完所有该学的名词，这跟我们长大以后，背字典用力记下来是不一样的，因为你记完了很容易忘，他不会忘，因为他在记的时候，他的细胞也有记忆，所以他的心长大被社会冲击、动摇，他等一下自己又稳定下来，因为他的细胞有稳定的记忆，那个时候他的心跟身是一起的，所以才叫作智能肌肉，你的肌肉也有记忆。身体要动，有动作、活动、劳动，其实有很多性质的动。

心智建构的六个内涵

"心智建构"倒值得一说，有六个内涵，现在都被简化了。首先就是观察跟记忆，我们有的时候记不清楚，就是因为没有仔细观察，不会观察，就是因为以前观察过的都不去记它。你越会观察，越容易记忆，你记得越好，就越会观察。

进一步，理解跟想象。理解力对前面两个：观察跟记忆又有帮助，你只要反省一下，从小到大的笔记，有没有去整理，如果你经常把你观察记忆的东西，都有在整理，你的理解力很高，少少几张笔记够用了，要不然一大迭资料看了就愁，等到去看东西，还是不知道要看什么。想象力更有趣，蒙氏特别把幻想跟想象分开，想象力是为了深入生命的内涵，看不到的部分要用想象力，而不是乱想，是为了西方所谓的 metaphysics，形而上的层次，你要用想象力去开发。所以这两个又可以背起来了：理解力、想象力。

再来，就是选择判断力跟意志力，这两项极为重要，因为我们现在都没有在培养这个能力。选择判断，有人很喜欢选择，但是就没有判断力，有人很喜欢判断，但前面都没有选择；一般来讲，我们讨厌（逃避）判断，判断容易暴露出我们的知识是不是可靠？是不是扎实？是不是深远？其实，选择判断之后，还有认同的问题、信念的问题。很多人每天做判断，但是呢？判断完了就算了，他并不认同他的判断，更不会把它当成一辈子的信念去活；开始有新的生命感，那就是靠信念。所以选择跟判断的下面，你最好再加上认同跟信念。有了信念，要开始付诸实践，那就是意志力。

意志力的内容，我也特别把它列出来，有自律的问题、纪律的问题。自律是自己对自己的反省、认识、控制，这是教育上最重要的。蒙特梭利她还特别说："自我控制跟有节制的活动，才是有价值的。"这个话讲得极到分寸，你能够自我控制跟有节制地活动，它才是有价值，也就表示这个能力是你的自我意识做得到的，它不是侥幸、不是靠天分，是靠你的自我意识锻炼出来的，是你真正的拥有。

传统所谓的德行，不是天才的挥霍，所以在自律里面我们分两层，反省跟自知，自制跟自胜，这都是老子的思想（章后注2）。然后，在纪律里面也分两层：低度的、低标的就是法律，高标的就是礼俗，礼是大传统，俗是小传统。最后，一个人有自制力、有遵守戒律的能力，你才谈得上服从跟责任感；否则的话，那个服从是屈从，是被别人控制的屈从。

自信在于自持

这六个全部都面对叫作自信，我们后面的字用"自持"，这个自持就是：有所为有所不为，你可以做可以不做。你现在对周边的消费品，能不能不要？甚至对台面上诸多的权力、财力、知识力、控制力，你可不可以不要？你有自己的自我生命的成长，你就都可以不要；如果没有，你不能没有权力！你不能没有财力！你不能没有知识力、媒体力、公关力！原来生命本身那种自足、成熟，已经被人类边缘化了很久。

蒙特梭利在她的书里面，是非常谨慎地编她的章节。像意志力、服从都放很后面，因为这种东西如果放得太早……一个人的固执不是意志力，一个人对于外在社会的就范、屈从，那个当然不是服从，那个是委屈自己的内在。所以有关意志力的问题、纪律的问题、服从的问题、责任的问题，都是人格成长比较后面的。

我觉得我们现在，不管你外表怎么样，在社会的观感怎么样，那跟你的内在世界精神状态其实是没有关系的；你就检查一下自己在日常行为中，意志力的状态。我们前面有谈过，这一百年来的反省、调整，特别提到软弱这个观念，我们在消费生活里面，到处都充满了软弱，那就是意志力不够；我们对人给予太大的否定、肯定，其实都没有什么意义，比较重要的倒是：在每一个当下，自己的意志力有没有软弱掉。

正常化

最后一个重要的观念就是"正常化"。当孩子在成长上正常化了，他就有活力、热情，做什么事情都蛮容易。然后他在安静中，总是深思熟虑、很沉着，包括贫民区的野小孩他要跳车，他也是很沉着，他不会随便乱跳，跟自己的安全过不去；小孩子甚至玩水、跳水、跳车，他都有秩序。一般家庭的小孩，你看他从桌子上跳下来，那个母亲就吓坏了，其实你没有看到的就是，他从低的练习，练到高的时候，你以为危险，他是很有把握的。这都是指孩子有他自己的深思熟虑，我们大人却没有耐心陪他看到。在工作中神采奕奕、不屈不挠；不工作才累，真正工作的累，精神反而好。你工作得到的满足感，会给身体修复的能量，所以孩子做完工作抬起头来，仿佛是刚休息过，醒过来，充满着活力。

（四）敏感期

接下来，就是要看这个敏感期了。敏感期往下发展出教具、幼儿园的环境，往上可以整合出四个发展阶段；我们下个礼拜就是要讲，往上整合的发展阶段。如果这个敏感期不能满足，他就有挫折，孩子才会哭、才会生气。所以，奶嘴像退烧药，并不好；你要是发烧，一定要找到原因，乱吃退烧药，对自己的生命都有危险。那孩子这奶嘴蒙氏不赞成。敏感期如果没有满足，她说就像漏针的袜子，平常没有关系，受到一点压力，那个洞就越来越大，如果太多敏感期没有满足，最后这袜子，只是一团乱掉的毛线。

这里面有两个观念，一个叫"退滞现象"，这个敏感期没有满足，你就会一直想要满足，你的生命的个性，好像停在这一点上，叫"退滞"。如果，太多的敏感期没有满足，叫作"挤压现象"，一个人会对自己放弃，就是因为整个生命的秩序乱到他只能放弃；如果放弃只是他自己的事，也就算了，通常一个家、周边的朋友、整个社会，都要一起付出代价；所以你绝不能放弃任何人格未正常化的人；所有眼睛前面看到的"不堪"，甚至罪恶、邪恶，都是人格未正常化在呼唤"请帮助我"，没有人例外。蒙特梭利从来不说别人不正常，她坚持用很复杂的一个词"未正常化"，这个也让我感动莫名。

感官、动作、说写读

A. 感官

第一个敏感期感官的发育，当然从0岁开始，3岁嗅觉，4岁触觉，5岁味觉，前面不是说没有，而是到那个年龄他特别的敏锐、需要。举个例子，蒙氏因为她是科学家，所以她讲话都不仅止于口吐真言，而是真的归纳出来的，有一次一个小朋友在黑板上写字，4岁多，忘记了，老师说没有关系你回去看看，他回到他的座位，不是把那本书打开来，而是伸手进去摸，摸完再出来再写，蒙氏吓坏了，那个字只一点点变化，他可以用摸的，可见他的触觉敏锐的程度。

1岁开始，还有细微观察，他看所有细节组成的整体，换句话说巨细靡遗，全看。我们大人的看有三重阻隔：目的性、分析性、概念性的限制。从此以后，各位应该对自己的目的性、分析性、概念性深具警惕；"上帝只让小孩的眼睛丰富"，因为他不用概念，也不分析，而更没有目的，这样子你才能敞开你的心，如实看到那个事物的真貌。

感官精密度的敏感期也是1岁半到4岁。有一次蒙特梭利看到一个小朋友，1岁多，在花园里呵呵呵的一直笑，她觉得这里面又有事情发生，她就跟在后面看，她什么也看不到，她就问这个小朋友你看到什么？小朋友说你看！她还是看不到，再问他，你看那个草里面有一只小瓢虫。对小孩子来讲，草就是世界，瓢虫就是恐龙。

B. 动作：脚与手

再来呢？动作。脚，在1岁半到2岁，他已经会走了，但这个时候呢？他每天要走两英里（1英里≈1.6千米）路，不过要注意是按他的走法！他是一边走一边细微观察，是你忍不住一把把他抱起来，显示老爸的爱，你就已经干扰到他的敏感期了。人最难的就是放弃自我意识，以对方的意识节奏为节奏，你跟他走走看，是不是？有的时候我们的自我意识，快到对方还来不及讲话，你都帮他讲完了，而真正的教育是要尊重对方的节奏，不是用你的节奏去拉、去推、去赶。

脚，有两件重要的事，对他来讲，他以前一直坐在摇篮里面，只能看别的东西，现在他跟万物有新的关系了，能主动到那个东西的前面，所以小朋友有一句话："我会走了，再见。"他一旦会走，你们家就要进入战备状态。那个脚，更是意志力的锻炼，你要是不让他走，他走不够，他的意志力就没有磨炼出来。他常常要搬重的东西，还要走，你说太危险，你让我帮你吧！你已经干扰他。其实，我们大人的意识节奏、目的跟他的节奏、目的，是歪斜线；你还未请教他、问问他，然后就贸然地介入，那就是干扰。

手更重要，他跟环境有了新关系"学习关系"：要拥有一个东西，就是用手充分把玩。譬如说一个杯子，他会一直玩、一直玩，42遍，玩完以后，他把那个东西推到前面，你可以拿走了。那没有学习力的小孩，他不会玩，他不会用他的手，去把玩、拥有一个东西；结果他看别人玩他就去抢，这个就是占有欲。

占有的悲哀就是，他从来没有拥有，他只要看到别人专心他就去抢，抢了以后他又不能拥有，他就放旁边，再去抢，再去打扰别人，这个就是小孩占有欲偏态养成的原因。他"学习的拥有"障碍了，请问我们大人有没有这种相同的现象？完全一样，小孩的敏感期不满足，一定延伸到成年；那大人在追求的东西，却不一定是小孩要的。你要把这种生命的关系弄清楚，小孩子的时候欠缺，会贯穿到你的大人时期。而大人玩的那一套，本来不是他要玩的，包括玩具，包括一大堆的漫画书，包括买这个买那个。

这个手，除了建立学习拥有的新关系，更是自我的表现、心智的表现。所以，当一个人要改革自己的时候"金盆洗手"，判耶稣有罪的那个法官，他先说不是我判的，可是下了庭他赶快洗手。那个法官觉得他自己手上有罪，他说他没有罪，其实他内心还是有罪。原来，手就是自我的代表，做出来的坏事，用洗手、洗澡来净化自我。

手跟脚是属于动作的协调，以前，只要一下课你就找不到我的，反正回去就准备被骂就对了。我都很奇怪，我的爸爸怎么都知道我到处玩，后来我就知道，他都看我的膝盖，两个膝盖脏到那个程度，不在外面野才怪！可是那个时候，我觉得我们的感官跟手脚协调很棒，我不是孩子王，我是跟着另外一个叫陈某某的，他总是不知道把我带到哪里去，从水沟里面挖一个泥丸子，然后要"周游列国"去找不同的沙，一层一层的包，你知道，全部包完回来开始撞，看谁最后没有破，都十几层啊！你不要担心，一定是撞到最后刚好四点差十五分钟，因为布袋戏院要开门，最后十分钟可以看，我们小时候是充满了这种"脚手足密"（闽南语：很灵活）。而现在，你在公寓你就小心了，现在父母亲没空，小孩他的感官失衡，手脚也不协调，还要花钱训练，越来越多。

C. 语言、写与读

个人除了这两个必要的配备，再来就是语言、写跟读，这算是文化的配备。讲话，它不是表达思想、感情的工具而已，语言它就是能凝聚社群，根本影响思想的根本的东西，语言就是思想。所以，如果我们看连续剧看太多，好莱坞的电影看太多，你想要多一点深入的都很难。说"其实人家那个电影不错""那一个电影还蛮深刻"，我告诉你，那种深刻的观念，一个电影里面不会超过三个，而生命里面的深刻——几百个，你要用电影的观念来过生活，就手忙脚乱，还一塌糊涂。

我经常在那边怀疑，这种电影怎么会有人看，现在我不怀疑了，每天喂养这种资讯、过这种生活，看那种电影刚好。可是，我们的孩子何辜？父母看也就算了。孩子跟在旁边看；他成长的那一套，已经放旁边了；不是"绝对不能看"，而是看完以后要跟他谈，在谈话中，再回到日常生活、生命的场域，回不来的就小心；吃多了就是短路，就是太过简化的生命。

写跟读是4岁开始到6岁。蒙特梭利建议3岁到6岁，要把所有的单词，包括科学，你就教他，他不用力量都背下来。中国文化让小孩背经典，吻合吸收性心智的特性。儿童读经威力之大，在哪里呢？不是说他背的比我多，这个没什么，最厉害的就是他背完以后，他也不当一回事，重要的是生活的处境，哪一天把哪一句话领悟了、复活了，他是从他里面自己觉知的，对不对？自己觉知，那个东西就长在他人格的内在。如果老师来教，他还要信不信，叫他记牢喔，老师要你一辈子记住喔，事实上是不可能。但是如果他自己内在去觉知，已经跟他的人格长在一起，他不用力气就已经在内在建立了一个信念，有比这个更难而更容易的方法吗？

写，给他三个条件，他就会写。第一，握笔的能力，你叫他画一个大象（轮廓），把中间涂满，不是为了画图，而是让他有握笔的能力。第二，教他读字母（英文）或者注音符号，或者是中国的单字，你就这样一个一个好好地教，最好旁边有一个认识的图形。第三，就开始带他读书，甚至读报！你不要教喔！就用读的；然后，你要有耐心的期待、信任，有一天他就爆发了。绝不能教，所有的解释都是你在对牛弹琴，因为他不知道你那些抽象概念是什么？他发挥的不是理解而是记忆力，你就好好地具备这三个条件，有一天他自己就会。到目前，孩子写的能力如何形成的？还是个黑箱。他会写以后，经过半年他自己就会读。一定要记得：先说，再写，再读。说是1岁，写跟读差半年，4岁、4岁半。好，这三种敏感期是身为一个人必需的，感官、动作、文化的说、写、读。

秩序

第二类秩序。刚刚我们提了不少的例子，我现在再举一个蛮可怕的例子。有一次，一个小朋友把一双鞋放到白棉被上，蒙特梭利就大叫一声，把鞋子拿起来，手掸一掸床单，鞋放回鞋柜。那孩子他吓一跳，蒙特梭利又是他景仰的老师，所以这个孩子，开始有一些怪异的行为；他只要看到鞋子就拿起来，放到床上，再拿起来，再掸一掸，再放到鞋柜。这个时候，蒙特梭利知道自己闯了祸，这个叫"人格替代"：当你给孩子的讯息太强，他就把他自己的意识放掉，以你的意识为意识，这个叫作人格替代。他没有理解你（教他）的行为，反而造成放弃自己，以你为准。

蒙氏在他的书里面，就暴露他自己闯的祸，这就是教育家。她常常……这个不是说糗糗自己更凸显自我，不是啊！这里面是扎扎实实的认错，却带给无数的老师、家长教育。这个秩序是指大自然的法则，生命的秩序，如果人为的这一套，真真假假的人为的秩序，那就要小心了，难免人也有人定的教条，但是跟自然的秩序不同，自然有物有则，有物必有则，万物有它自己的生命法则、生命过程。那个道，当然有道之理，为什么加一个"之"呢？人之爱讲道理，常常把道之理淹没了，尤其概念的语言，它会淹没真理。

适应自然的法则

"适应"，以后你看到任何字，马上要警惕，指的是自然的、天然的，还是人为的、人工的，适应当然是适应自然的法则，而没有那个道理，要我们适应大人社会的这些教条，这些力量的法则，你要懂，但是不一定要适应，你可以选择。适应自然秩序，那就是意味着行为的目的，是可以预测的；一个孩子的安全感、生命的定位，是这样子建立。如果他不懂得自然的法则，没有适应这些法则的能力，他对做什么事情都没有把握，都是不可预测。我想，我常常在社会，被"高明"的人指点："你要早一点开窍，认识现实的法则。"我总是不妥协，经常头破血流，但是现在我知道了，那当然也该面对，但更重要的是，我们不要让生命本身头破血流。赢得现实台面，未必面对生命时可拥有什么。

适应生命的秩序

有些人啊，真的，在社会风光，可是面对真正的生命，他却麻木，往往处在"你是在讲什么？"的状况。那种人喔！想帮他都很难，他儿子会不喜欢他；你千万不要跟儿女玩力量的控制，免得有一天，你变成他的拒绝往来户，他不理你，他不跟你谈道，他不把你当知心对话的朋友，他早已经跟你说再见了；想要挽回他也很简单，跟他认错，跟他道歉，彻彻底底的认错，你就可以重新得到一位朋友，也重新得到一个儿子，要不然就是分道扬镳。

但是，这个儿子将来会把他的孙子教好吗？不一定，如果他自己建立他自己的生命经验，那就很棒，如果没有，他又跟他爸爸一样，开始对他自己的儿子一模一样，甚至连利息都加上去，这就是两代之间的纠缠。有人说，我恨我父亲，但是慢慢地我越来越像我父亲，没有新生命，只是一些僵化的经验，一代不如一代地僵化下去。"秩序"，我们要适应生命的秩序，对于人工的，你要谨慎选择，不要就范，保住正常化。

社会行为与模仿

第三类社会行为与模仿。你跟一岁多的小孩说再见，他很高兴跟你再见，你等一下一走，他开始哭，因为他根本不知道这叫再见，他只知道大人跟大人会这样，意味着社会关系,所以他很高兴,可是你走了以后他开始哭,这个就是"社会行为"。你对孩子,该有的一份,完全要给他,不要把他当孩子不懂,只跟大人讲话,把他撇一边,是不可以的。

"模仿",2岁起,一群大人站在那里,对孩子就是一个精神的力量,这群大人在搞乱讲话,综艺节目胡闹,小孩子就以为人生就是这样胡闹,"认认真真"地胡闹,小心,他有一天把这当成生命的常态。在模仿里面,我们整理出重要的法则,就是你在孩子面前讲话做事,要清楚、缓慢、正确,这是最起码的,清清楚楚,最好慢一点,然后要正确。这个秩序经过深思熟虑。因为你不慢,很可能你一开始就做错,老师给学生最不好的影响,就是他自己常常错,学习第一次就要学对,老师经常错,学生脑袋里面就是,第一个想到的都是错。

从容、信任那个是高的要求,比较优雅,赋予孩子的信任。就是你做到前面三个,再做这两个。面对模仿要切忌不当的刺激:快、多、强、乱。你太"快",如讲话太快,他跟不上,他敏感到他跟不上讲话,口吃就开始了,口吃就表示父母讲话太快。"多"也是学习不好的现象,少一点,适当有效最重要。"强"刚刚提到,人格替代,当你太凶悍的时候,孩子会把他自我学习放掉,以你为准,所以父母亲能力太强,都会压到孩子主体的强壮,很自然就发生了。"乱",就是一个最无效的学习。

第二个切记:不当的替代,那些帮助,都是伤害性的压抑行为。譬如说,他该走的时候你抱他,他在宁静中想着他自己,看着他要看的东西,你去亲他、去逗他,都是伤害性的压抑行为,因为他自己要满足的被你压抑。所以,我前一阵子忍功不错,就是我那个孙女儿,我尽量在她专注的时候,我在旁边看,真的;最近有点忍不住了,实在太可爱了,这个亲的动作要检讨,要彻底反省。你要忍住自己,这个没有客气的。她也想疯啊!那你们两个疯的很高兴的时候就完了。因为生命的节奏、敏感期的满足受到压抑。

心智结构

最后落点在"心智结构"。个人的条件、生命的秩序、社会的模仿,最后的目的是:要建立他自己的心智结构,0到5岁。一个"正常化"的心智:工作、专心、纪律、合群。他看到工作,马上就专心,就投入进去了;他非常喜欢纪律、秩序;然后,跟别人是合群的。能够尊重自己工作的人,一定尊重别人的工作,同时也尊重工作的环境;他自己都不工作，他当然教室、办公室不懂得尊重；都是从工作的尊重中建立起来。

"未正常化"：他看到工作就退却，该专注的时候他懈怠，该遵守纪律他脱序，跟别人相处他任性。所以一个正常化的，不断地成长、优秀、超社会；而未正常的，他就会反社会或者外社会。

所谓反社会就是犯罪，犯罪的人，他内心知道对错，他控制不了他的行为，去伤害社会。而那个外社会呢？就是被关在疗养院的人，他不是去伤害别人，他伤害他自己，所以他已经不知道是非对错，想象的世界跟真实的社会已经纠缠在一起，他每一次都用想象，想象久了，连碰到最真实的，他还是用想象，这个时候就是分裂的前兆，严重一点，他开始幻视、幻听，这时赶快看医生；一旦分裂，就像那张纸已经有一个折痕了，再次受到压力就容易复发。所以有幻视、幻听是一个指标，赶快看医生，那个就像感冒一样，可以治疗；不要把它当成是可耻的事情，因为每一个人的心都可能走到一个死巷子，走不出来。

（五）偏态

我们再讲"偏态"，这八种都是大人也有的。

遁走、障碍、依附

首先"遁走"就是他把他自己放弃，他的心啊，对他自己不负责任。从大人来讲就是玩世不恭、潇洒得很，原来他不面对自己，所有的自己都丢给家人、朋友去消化。第二种他不是不负责，反而是深入自己的内心，去跟自己过不去，这个叫"障碍"，陷溺于内在。悲剧是玩不腻的游戏。一个人痛苦，全家痛苦。第三种"依附"，譬如说父母忙，没有时间带小孩，没有时间留给小孩，却发现这个小孩也蛮懂事，每一次看到你都是楚楚可怜，你呢？就给他过多的呵护、补偿，这个时候其实你已经被他控制了，3岁的小孩，甚至2岁，甚至吃奶的时候，都已经有过意志力的较量，你不要以为小孩都是一片纯真，也没有人教，他就会依附你。尤其强悍的父母，就会被小孩的那种弱控制得死死的，他也不是故意，而是里面的那个"觉"的误用，再加上天然的关系所造成。

所以这三种都是他跟他自己的关系异常，或者是跟别人的关系也异常。人跟人的关系都是一体的，然而又是独立的，这个关系是不能动摇的，是天赋的。你不要以为这个陌生人他发疯了，跟我无关。人跟人即便不认识，都是人类一家的。孔子在路上看到别人出殡，他都会非常肃穆，站立一边，那天他就不唱歌、不欢乐。过犹不及，也不要老是看到别人……一天就不吃也不睡，这就是刚好的一个分寸，那个觉所照顾到的整体感。

占有欲、权力欲、自卑、焦虑

第四到第七，四个偏态，大人更明显。"占有欲"，因为他不会通过学习拥有，所以他就用占有。"权力欲"，玩东西已经不够看了，他开始玩人。我常常说那几个政治的野心家，如果让他们读哲学、变成画家，大概天下就太平；逃避自我的成长，想用控制千万人证明自己是成熟的，那就是别人的悲剧。教育是人类一体的事，没有谁一定优秀，也没有谁是该死的罪恶的邪恶者，大家是一体的；你不管，你还是会遭殃。荣格跟蒙特梭利都说：一个人只要启动权力欲，就是自卑的开始，占有欲他本身就是悲剧感，他只能占有而不能拥有，这不是悲剧是什么？

你们碰到过那种权力欲很强的人吗？帮了你一点忙就要你涌泉以报，所有的关系在他手中都是工具。这种人喔！你会怕他，你没有想到他的内在是自卑的。更可悲的是，他绝对没有办法从别人对他的屈服，得到存在感的满足，他得不到，原来他的人格早就停格在少年、童年的某一种欠缺上，到底是什么呢？不知道，要做心理辅导。自卑当然就是焦虑、恐惧。

说谎

最后"说谎"，所有的偏态都是以说谎为基础，同时以说谎为外衣。偏态一定有说谎，说谎不是一件普通的事。我常常在想，人健康的状态也会有合理化，对不对？合理化再严重一点就是说谎，当这个谎圆不起来，就只能硬说了，这时说谎就接近犯罪。不往外犯罪，也会往内分裂，所以合理化、说谎、犯罪或者是分裂。

这样一个生命的异常发展，值得大家注意，不是说"我没有"就完了，因为整个家、整个社会要付出代价。打开第四台呢？就看到他们的商业广告，在加重病情，尤其是占有欲、权力欲，本来人都没有的那种情绪，会被连续剧、综艺节目一再地唤起。所以，我常常说资本主义这一条路是走不通的，它将来要付出的代价太大！我一点也不嫉妒它的赚钱，但是我强烈反对——出卖人类的正常化，把它当成商品的牺牲。

一般性说谎

说谎有三种，第一种就是一般性的。蒙氏反而反向说了三种不是说谎的状况：第一种小孩子会编剧，当他想要一个弟弟的时候，他就告诉别人，我妈妈生了一个弟弟，当他想要吃妈妈做的菜的时候，他就跟老师说："我妈妈做的菜好棒，那个沙拉又怎样，那个热狗又怎样！"是真的喔！这个时候他不是说谎。还有一种就是，他会根据大人的逻辑说谎，有一次一个小朋友告诉妈妈，老师很坏，妈妈一去，那个老师是公认最好的，你为什么说他不好呢？"你怎么不说校长呢？""校长比较大不敢说！"小孩子有的时候，是被大人的逻辑吓到的，那个也不是说谎。第三种就是为了保护他自己而说谎也不算。这个就是一般性的说谎所要排除的三种。

有系统的谎言

第二个有系统的谎言，刚刚提了，把人格偏态合理化的那种社会化。譬如说，资本主义常常用商品来赋予人格地位，你要买这个名牌、住名人巷、开高级的车子，这个就是把偏态合理化。资本主义的发展，要控制别人，附带的一个动作就是：不让你多想生命本身要做什么，甚至让你也没有时间想。敢说这个话的也是蒙特梭利跟荣格，有系统的谎言与社会化，谨慎区分！我们要跟别人合群，这是健康的，我们要接受这个社会，千百年来所造成的习俗，里面部分合理的也是正常的，但是目前，有太多人工打造的，甚至牺牲正常化的社会化，你千万不要迁就、就范，免得命都没有了。

潜意识的欺瞒

第三种潜意识的欺瞒。大学毕业进到社会，三番两次被考验，要不要诚实？要不要坚持生命的法则？有一天想想也蛮累的，我尊敬的老师都放弃了，我想我还是聪明一点的好！那一刻起，你已经为了适应社会，把自己的真心压抑到潜意识，这个叫作潜意识的欺瞒。当然，我们现在又都知道，如果哪一天你想要恢复身为一个人的轻松、真实、自然，你必须把那一些压抑的东西全部一个一个找回来，重新面对，重新唤起。我看到这边，有点不忍心的。偏态八种有些已社会化。

（六）过错

第六节"过错"。我称她伟大的教育家，就是因为我看她说过错怎么改，受用很大。

第一次如烙印

第一阶段，第一次是"烙印"，父母亲在第一次千万不要做错，也就是不要说孩子"你好笨"，不要说"你错了"，免得他以后做到这个事，第一个想到的就是我错了。那该怎么办呢？第一次他错了就不说，来！我再做一次给你看，不说你错了，如果做了七八次他还是不会，就表示他现在还不适合学这个，你就安安静静地，叫他"去玩吧！"等他找到他的敏感期，自己要学再说。所以才艺班，小心把你儿子的天才，一项一项破坏。

我记得，我们孩子到儿童店要买玩具，"我要这个"，我知道第一次要小心，我看看他，然后我再看看玩具，"嘿，350耶！"我就跟他商量，那个表情，不能演戏喔！要真诚！我跟他说："350很贵！我们再看一看！"好了！走吧！他第一次就学会，原来看玩具可以用心看，但是不必买，对不对？他如果想要考验你的耐心，我不走，哇！哭！你只要一买你就完了！你也不能把他当成意志力较劲的对象，对不对？这里面就是生命的真诚，你千万不要偏离那个存在状态，真的喔。

总之，一个好的妈妈绝不说"你错了"，多说几次一定有效，因为孩子看到你说他"你错了"，他用他所有的潜力对付你，我不错我也不笨，这不就是浪费吗？潜力应该开发他的兴趣，而现在用来对付你，我不笨！那不就真的笨了。他以后变成一个对自我很敏感，自我保护太强，尊严也太多的一种孩子。我们老师已经做错很多事情了，常常为了表示自己很厉害，"你这个样子做，我二年级的时候就比你四年级做得好"，自己讲得很爽，这个学生，就变成失败主义者，他根本不知道成功有望，成功的阶段是什么，他只知道老师说我很笨！

改过错的四个步骤

第二阶段是关键。第一步"不要敌视自己的过错"，会跟自己的过错捉迷藏的就是自己，要善待自己的过错，一旦捉迷藏，就完了嘛！它一直存在那边，又改不过来。第二步，承认就是一大步，要面对（接住）它，你千万不要跟儿子说"你承认多少次了"，对小孩而言，每一次承认都要有勇气，大人有策略性的认错，小孩没这个，他是真的跟你认错，即便有一点坏你还是要相信他。

第三步，错在哪里。蒙特梭利的教具，它会让孩子自己发现错在哪里？譬如说，由小到大一排圆柱体，只要排错一个，最后一定暴露出有错，错在这一格跟那一格。所以，带小孩改错，你不要帮他分析，要让他自己去反省，错了就错了，那么错在哪里？这一步是关键。

可是呢？擤鼻涕的故事告诉我们，光说错不行，要教他如何擤鼻涕。聪明的孩子，甚至不要你告诉他错，只要你告诉他怎么做是对，就够了，前面三步都省掉。如果，家长日常生活都是对的，都是健康的，你什么都不用教，已经在教了——怎么做才对，是不是？所以这四步让我很佩服。我曾经用它来整理心理辅导的步骤，还是这四步，我用来反省历史的悲剧如何抚平，也是这四步。原来从一个过错的改，跟整个人类悲剧的修复，都是这四步；这就是成长，谁都有过错，谁都需要的一种修养的能力。

隐瞒是二度过错

第三阶段隐瞒。我们都以为，保护过错就是保护自己，其实是更丢脸，这叫作第二度的过错；一个人老不认错使人分离，认错反而使人结合。有一次，一个小朋友去跟老师说，门上面那个板子三个字多了一个字，拉开、放回、关好，那个关好是多余的，结果那个老师看着他，想想对啊！他真的把它改过来，结果那个小朋友不是看不起老师，反而是跟那个老师更亲。这不就说明，我们跟职员、我们跟兄弟、我们跟亲人之间的改善法，亲人之间，啊！什么都不用讲，几十年来，彼此认识颇深啊！那个颇深是什么呢？就是"老不认错使人分离"，你真的认错，你会发现你的儿子是你最好的朋友，他早就在等你这一刻了。再提醒：不要做策略性的认错！要真的！

（七）老师与父母

第七节，是幼儿园老师与家长最需要知道的（章后注3）。婴幼儿是人类精神的救赎，因此，正常化的少年、青少年也是人类的救赎，不要利用他，要尊重他真诚的一面。"不逆寡，不雄成"，这是消费生活最缺乏的。我们让青少年只相信力量，我们让青少年不懂得认同少数最优秀的文化者，这个形势一旦形成，他就会产生反淘汰，都是跟着多数走，慢慢越来越偏离稀有的真挚文化。

刚刚叙述的东西，要请各位把它当成"生命工作"去体会，而不是一个概念；能够贴紧生命本身，对生命过程有所叙述的，真的不多。目前的大众心理学，都是把生命切割成一片一片，一个问题一个问题，它比较难整合，人的确有"见树不见林"的问题，当你面对自己的婴幼儿的时候，他就是一个整体生命。前三个月妈妈会跟婴幼儿一体感，是母亲再度自我成熟最好的时机，你可以看到三个月后的母亲，她仿佛又一次成长了，老师在带婴幼儿也是一样。

第二种爱

我们大人所熟悉的爱，是我对这个特定对象的爱，而真正你面对你的婴幼儿需要的是第二种爱，就是为他效劳，换尿布、哺乳，该做得很累啊！父亲都不知道妈妈累到哪里去了，我只记得我被打扰十分之一，然后我看到母亲喔，十分之九的时间都进去了，甚至整个时间跟孩子是一体的，第二种爱就是你在为人类的精神效劳，请注意他不是你的儿子而已，他代表的是整个人类的精神，你在为他效劳，在这个过程中你尽量敞开自己，让自己有所成长，最好能够进入婴幼儿的境界，这是另一种爱。

我自从外孙女来了以后，在人间难得感觉到：生命是这么可喜。我去参加儿童读经的师资训练，一个妈妈说：孩子读经懂事很快，家里面喔"出好子弟"（闽南语），她说她还要再生一个。我看很多新女性，只想恋爱不想结婚，只想有孩子，不想用家来拥有孩子，我要在这边说，孩子是你生的，不是你造的，是上帝造的，孩子来不是要让你爱的，是要让你发挥第二种爱，"在为人类的精神效劳中，你敢敞开自我，自己有所成长，慢慢进入孩子的境界"，这就是你对他更难付出的第二种爱。

生命的魔术棒

我们希望所有的老师都能听到这个呼唤，我不是为我的小孩，我是为真正的新人类；否则人自己搞出来的一套，实在是太枯燥了。我们家，现在大家一累，就会跑到婴幼儿的面前，她很神奇，这个觉啊！就是生命的魔术棒。我只形容一段给你听，我常常在小孩子面前跳舞给她看，跳、跳、跳，我就把我跳到她的面前，她就伸出她的小手，贴紧我的脸，既不是抚摸，也不是离开，她的手上有觉，孩子全身都有觉，所以那只摸着我的手啊！我突然间发现比疼我、爱我的抚摸还厉害，因为有觉的一只小手，这么轻柔细微地触动着我，它让我可以涌现爱，那只手就在告诉我，一个生命体跟另外一个生命体，完全、全然的爱在之间流动。

当然，我也学会了，以后对别人，不要谈太多那种粗糙的爱啊！恨啊！你就用觉看着周边的人类，很轻盈、专注、细微、大气，觉照着周边的一切，这是我外孙女教我的。

一个人的完成

我们后半部分，介绍蒙特梭利人格发展的四个阶段，后面中年老年不是说就没有变化，而是，主要的教育阶段是在前面。我们已经介绍了0~6岁婴幼儿。人格发展，依循生命成长的脉络，有四个阶段，它有连贯性跟累积性。连贯就是前面的阶段，不管满足与否，都会影响下面一个阶段；累积是指很多敏感期，会有相互的相加、相乘，或是相减、相除，相互之间有基础关系。如果没有完成，它就会有退滞现象跟挤压现象，刚刚提到。

生命的目的，活一辈子到底目的在哪里？我这边三个目的，是从蒙特梭利的文字里面整理出来。

生命的目的一：开展创生

第一个，整体的生命历程，生生不息地开展创生。就是每一个万物有它自己的生命过程，所有的万物又交织成一个生态，大家都要生生不息地活下去。这里面，除了生命过程的开展，也有创生，人的心是有创造性。生命万物它多多少少会有一些创生的变化，有新的品种，新的变种都有，但它不会乱突变。在人类，就是人有自己的人格发展，前面，我们多少讲了一点，既然是万物生生不息，这个不只是你自己的生存啊！人格发展它也不是私利，甚至不是互惠。我常常觉得美国这个经济上的互惠，他是吃大的，你是吃骨头边的碎肉；更重要的是，为了一点互惠，却让你幻想你可以依靠他，却让你忘记了人格的独立性，忘记了人原来要完成的事情是什么，好像，人只要活着，尤其是靠老大哥活着，那就是有意义的，不然！

生命的目的二：自然众生的和谐

第二个目的，就是自然界的和谐。蒙氏讲人际的和谐，讲的跟别人不太一样，她说，你要是不独立，你是缺乏社交的基础。你看！我们用理性思考，独立跟社交怎么有关系呢？她反而把它内在的关联说出来了。譬如说，我们现在要跟朋友做朋友，就是讲几句好话，做几件真的对你不错的事，问题是你要是不回报他，他生气了，请问，这是交友之道吗？就是我对你好，你要对我好，你不能不回报我，这个显然不一定。一定要先从人格的独立谈起，否则的话，那个社交是有问题。

她又说，依赖的人没有能力去帮助别人，也不会跟别人合作。就是你个性上总是靠父母，总是靠一个大哥，或者是靠一个权威，那你要小心，你没有真正帮助别人的能力，也没有真正跟别人合作的能力，因为，真正的合作必须是独立体，他有责任感，他自己会去探索该做的内容，尤其是两个人之间无人地带的工作内容。

所以这个和谐，绝对不是中国人的以和为和，知和为和，不是，而是从人格的独立谈起。《论语》里面的那句话，还有下面一句，就是不可以为了和谐而和谐，前面要有原则。但是反过来讲，我们刚刚提到，两个人争吵，吵完还是要和谐，甚至两个人恶斗，斗完，还是要和谐，这个话，对不对？这个是对的。

我这个窍开得很晚，因为我始终是以真、很认真、很理性的态度，后来我发现太理性……刚刚我们吵过一架，说我们还要和谐，好像有点难，但是很多民间的人，真的是这样子，吵完，还要拍拍你，很大力的，还是朋友，这个态度是对的，认真吵，吵完真和谐，不要觉得矛盾，因为你的心跟别的心当然有摩擦，尤其是牵涉台面上利益的时候，但是主体，不要因为吵完就不存在了，对不对？我刚刚这么重地批判你，但是我有格，我还是肯定你的格，你也一样啊，刚刚我被他纠正得很痛苦，但是我有格，我还是跟你是好朋友，这样子人间吵得也痛快嘛！要不然啊，什么话都不讲，小心中风，我告诉你。所以这个和谐跟我们一般的理解不太一样，是独立的和谐。

生命的目的三：服务于一统的整体

第三个，服务于这个一统的整体。这想起来容易，其实不容易，你要有三个条件，第一个要有融入自然的能力，而不是光站在前面说，很美喔！很美喔！你的心要真的能融入大自然。第二个，你能够配合自然，我们现在为了解决问题，常常制造更多问题：缺水，地下水乱破坏，你缺水怎么弄啊？台湾中部现在的状况，其实跟地震有关，地震的状况跟乱抽地下水有关，不完全是天意。你要服务这个生命整体，你先要有融入他的能力，然后要有配合他的能力，所谓配天。

最后才是天功人代，就是物种改良，那是比较危险的动作，比较智慧的动作。开物成务，天功人代，这都是要有智慧的。因为，人的心是天把他自己给你，所以你有创造力，但是这个创造力如果不了解自然法则，就会破坏，虽然有的时候，创出很棒的东西，但是时间一久，发现它有副作用，那你就未必能用，对不对？尤其像基因，你乱弄的话，已经不知道卖到哪里去了，自己还不敢认，不是我做的，不是我做的，因为那是很可怕的事情。

开物成务就是，做陶就是开物成务，你可以把泥土做成陶器，你要懂得土性，懂得高温煅烧之类的，釉怎么上，然后天功人代。这就像李冰父子，对不对？他可以引导这个水，然后造福这么多的众生，这个不能乱来的，你乱来就是灾难。

我们不了解生命本身

好，这里面生命的目的之所以难回答，就是因为我们还不了解生命本身，我们只会用生命，但是不了解生命，用自己的心，但是不了解自己的心，不是吗？这是很吊诡的一个现象，就是，等于"骑驴数驴"啊，老是忘记自己这一头，本身这一头。所以，有一个形容，叫作"靠船下篙"，你这生命的船要往前进，千万不要拿那根杆子，到处去戳别人的船，今天影歌星她又交了什么男朋友，跟你有什么关系啊！你每天去谈别人，用生命去谈别人的花边，多无聊的生命。

要爱自己去爱，真的。你的心不要光往外看，我们刚刚说：不要看电视，要自己去体会，甚至不要想太多，幻想不是生命很自然的现象，先体会——在做里面边做边想，那个想才不会乱想，对不对？你去做了，它有一个生命的情境在那里，否则，想想想，会想出问题来的。"思而不学则殆"，光想，不好好学前人智慧的结晶，是危险的；"学而不思则罔"，你光学，自己回去没有反刍、咀嚼、彻底消化，那听久了，还是别人的。所以，生命本身，他会讲很多，心要如何厉害，生命要如何变十二招，他会讲很多招数，讲了半天，就没有讲到"生命本身"到底是怎么回事。

体就是活

我想了很久，活着，就不容易，活好，那就叫好汉了，是不是？活着的重点在前面那个字：要"活"。我们前面有一次讲完，一个听众过来说，你讲的主体，那个体，其实用一个字代替，就是活。嘿，我觉得很棒，我们现在科学什么都研究了，就没把这个"活"讲清楚。就像庄子讲的，七个孔窍都弄清楚了，结果生命死掉了。是啊，到底活是什么？（口水战就是活）口水战就是活？（哈哈哈）这个不能说不是，对不对？不过，口水战刚好是死得快，因为，嘴巴里面舌头的水越来越少，而人却没有长进，又伤害到朋友。

什么时候你能够舌下生津啊？安静、无言、无念、敞开你的觉，呼应着万物，下面的水就上来，心火就下去，坎离相交，才能长命。自然界的活，一个字，在我看，就是上帝的秘密。了解上帝本身就是觉、自明的光，你要了解他所造化出来的万物，一个"活"字，科学家到现在还没说完。好的医生一定会告诉你：我们看起来很厉害，但是对于"活"会生什么病，我们还是知道得很少，而且最好的医生都是要你用自然、自己的方法治疗恢复健康，这都是活的内容。

生命本身是核心，也是人类教育的盲点。把幼教称为学前教育，就是证明，哪是学前？根本是小学、中学、大学的基础。这个不会教，你后面教什么？后面一定是把它（教育）知识化、职业化、能力化。要不然就是台面上，公民教育、国民教育，公民跟国民都是一群人的内容（法治），我们现在要面对的是天赋予我们的生命内容，这两个是不太一样的，这两个都要面对，不能偏废。

（一）婴幼儿期

好，上次我们介绍的就是第一部分：婴幼儿期0~6岁，他的主体，就是吸收性心智跟敏感期，这两个如何把它诱发出来——在适当的"环境"中，藉"工作"开展。不能没有环境引发，所以，蒙特梭利的教具，全球各人种都一样，它能够诱发孩子潜在的敏感期。第二个"工作"，她起点不是理性的认知，她起点就是工作。你没有活动，没有做，你那思想跟语言有问题。像我们现在碰到问题就先读书，读完了以后，去跟人家谈，都假设自己真懂了，其实，你叫他做做看。这个地方有模糊地带，也就是僭越地带！真正大家诚实的话，就说：我有这些知识，但是我还没有做过，这样讲，就清楚了。所以，主体、环境、工作这三个大环节，缺一不可。

四类敏感期

接下来有9种、10种敏感期，我们把它分四类。第一类就是感官跟动作，然后还包括语言、写字、读书，这是身为一个人该有的配备，他有感官、他有动作，然后对文化、文明有吸收、沟通的基础，那就是讲话、书写、阅读。

第二类，秩序的敏感期，你要有适应力，并不是适应社会不好的，而是了解自然法则，了解生命秩序。

　　第三类社会行为跟模仿的敏感期。我常常说：要带动一个风气，是要靠一群大人，站在一起，有相同的心志，孩子看到了，喔，生命是这样子，就被带动。我们现在，很多像样的大人站在一起，接着却在搞笑，把人带到另外一个人为的讲究里面去，不敢面对生命本身，让我们以为生命就是这样的。对孩子，你讲道理是一回事，你的行为，尤其是群体行为，他都以为生命就是这样子，所以，这个影响是很严重的。

　　前面三类敏感期，落点在第四类心智结构。我们东方喜欢讲性情，顶多说"心性"，西方它就是"心智"，可见，他们理性的基础很深厚。我常常讲话，也是去敏感他的是非对错，我们先面对事实，然后再去斟酌他的过犹不及之类的，这已是西方进路。心智结构，上次介绍过，最少有六个内容，观察、记忆是一组，理解、想象是一组，然后判断跟意志力是一组。

　　目前，社会上在开班授徒的都是偏前面四种，判断力跟意志力，请问怎么教啊？常常老师的判断力太好，一定压迫到学生的判断力，因为他忍不住。蒙特梭利的老师最重要的一个修养，就是让学生的主体自己能够发展，所以老师喔，当你看到学生在专注的时候，老师最好不存在；可是，反过来，老师却随时在注意每一个学生，这个中间就是艺术。你自己的主体收敛不住，会压到孩子的主体；通常说聪明的父母喔，孩子的发展都蛮辛苦的。

双语教育的扭曲

　　好！这个是上次我们讲的，目前呢，有一些重大的伤害跟扭曲，第一个就是双语教育，因为师资不对，没有那个环境，他花了这么多力气啊，环境一停，就等于白学了。教育部应该对英文师资老师分等级。尤其要弄清楚，外国人学英文跟一个本国人学英文是不同的，不是在那边打迷糊仗；连大陆都知道要分等级。

　　因为，本国语文没有学好，你的母语不好，学外语会遇到阻碍，语文本身就是文化水准。你没有一个很好的语文能力，你怎么能去学外语呢？你根本不知道生命内涵有这么丰富，那你怎么学？才艺班当然更是，他现在敏感期还不要嘛，你说，学钢琴的孩子不会变坏，每天就逼迫他去弹钢琴，搞不好他是一个天才，就被你毁掉了。人最特别的就是，他的自我意识有他自己的节奏，节奏是独特，你就看家里面好了，谁听谁的，我们现在的标准都是家长嘛，其实，应该是德行，是啊！更应该的是，尊重每一个人自我意识的节奏，让每一个人都舒舒服服很自在；只有在平等的气氛中，他的主体、自我意识才能够抒发。

大量的干扰

第二个现象就是大量的干扰，严重地缺乏自由的环境；然后，孩子必须有的帮助，你又很冷落。我有一次看《读者文摘》有一篇文章，当孩子把麻雀当神奇、把蒲公英当传奇，而这时候，你不带他去公园、去山上玩玩，等到他有一天，神奇、传奇都没有了，你说：儿子，我现在有空了，我们到草山去爬一爬，你儿子会告诉你：对不起，我现在没空。

更可怕的是自由，如果你用权威去压制孩子，有一天，发现他没有办法跟你谈真话的时候，你就变成他心灵的拒绝往来户。可是，儿子也不要太得意喔，你常常拒绝父母，没关系，有一天，很可能你就学你父母的样子去对待你自己的儿子，那么，你又变成孩子的拒绝往来户，一代一代都是重复一些刻板的一种模式。就因为人大了，自己不成熟，他就想用一种形式上的方式去掌握优势，这个时候，你不敢敞开自己的心，跟孩子沟通。其实，解决的方法很简单，你要面对孩子，像面对一个大人，很真的跟他讲，该认错、该忏悔，就说，你会重新得到一个知己，得到一个孩子，这个都不是几句话喔，这里面都有生命性的一种魄力在里面，勇气在里面。

（二）儿童期

好，我们看这些东西如何延伸到小学。我们把第四个心智结构提到第一个，那是每个人一定要有的内容；第二类、第三类会一直延续下去。空出的第四类，谈情绪。

心智

首先，心智，6岁到12岁，他有"文化的敏感期"，跟"想象力的敏感期"。前面，他总是问具体的事物，这个时期，他开始问抽象的。譬如说：6岁前问是什么，6岁后问为什么。然后，他对于运动有迷恋。他身体变细长，腿变粗，他的心性比较鲁直，他开始要走出家庭的敏感期。也就是他正在发育了，他对运动，有一种天生的兴趣。

请注意，现在，绝大多数人都停在这敏感期上，凡是崇拜运动员的，都在这一步上，因为你自己没有运动嘛。如果，你家里佣人很多，你就变成一个肌肉虚弱的人，意志力虚弱的人，你变成奴隶型的人，所以家里面不能不让孩子做日常的劳动。你去欣赏球员，你要动，重要的是你自己的动，而不是太崇拜乔丹喔，就会被乔丹的骄傲屈辱到，我看他来的时候，又是大帝，又是神，结果，人家来到这边，当众屈辱你，就那么简单；我们连抗议都后继无力，原来，我们的意志力都已经薄弱掉了。

道德

第二个，道德是从秩序出来的，道德，不是做好事，因为，做好事可以假装啊，人的心就是会刻意、做作、标榜。所以，道德很难从做出来的事来判断这个人是道德者，他做好事，就说这个事是好事，但人不一定，因为动机不同；你有没有标榜，不知道。真正的道德，就是对于自然生命秩序的尊重，那小学生呢？他很重视行为标准，他总在问，为什么？就是行为标准，是非对错，他很重视。

日本的学校都知道，小学要建立好习惯，如用的东西归定位，你不要小看这个事情，这个事情是生命的事情，秩序是生命的法则，它不可能没秩序，当你自己的房间，或者在家里面没秩序的时候，有人的腰就酸了，总要有人收嘛。

道德判断，小学生最在乎公平，他最讨厌资优班、放牛班，我帮小朋友的心声说话，你们大人在搞什么？（笑声）我们很想听他说点什么？其实，是那些教育主持的人对父母做事，孩子他并不要这个东西，这么简单的事喔会变成一个教育问题，是自己制造出来的。你现在说，好，那我们就变成混合班，什么叫混合班，大自然有混合班吗？本来就是一体的嘛！你真要说混合制，好了，家长又要反对，现在我们官员做事，他在担心得罪老百姓，结果那件事情的原意却没有了，模糊了。

注意了，道德感，我彻底地说，一个人不面对自己的主体是不可能有道德，你只要愿意认肯自己的主体，你一定是一个道德者、人格者，而至于样子是不是很有道德，有没有做道德的事，那个都比较末端的。我是不喜欢把事情简化，你做好事，我肯定你是好事，但我不需要肯定你是好人，这个分寸要很注意。其实，一个人如果为了虚荣，一直造桥一直做好事，这做到最后很多的假也变成真啊，是不是？那也值得肯定啊？那有什么不可以呢？但是在政治上，在国际的资本主义，他们的策略上，你可要小心呐！索罗斯他也帮非洲的村庄装设自来水管，是啊！但他却可以去动摇一个国家的金融制度啊，他讲了一句名言：我不道德，但是我合法。他敢讲这句话，就知道世人心头还有没有道德。

社会意识、情绪

第三个，社会意识。他开始从家里面走出来，非常重视同学、同侪。

第四个，我们增加了一个项目，就是情绪，因为成长都会有障碍，都会有困难，多少被情绪显现出来。前面0~6岁，他的情绪是不能等的，小学生开始可以延后满足，这个牵涉自制问题。

（三）青少年期

再看青少年，他的身体成熟，具有生殖力，他的心理，下面第四点再来看。这是人格特质的敏感期，前面都讲性格，为什么这个时候叫人格特质呢？原来，最重要的是第一点，他期待创造性的工作，以能力增强自我信心。这个要注意喔！很多家里面低估了青少年自尊心强，他用他自己的方式、自己的经验，去磨练自己的能力，那就是他的人格特质。

追求独特的生命经验

前面都还在天赋的，文化学习的，这个时候，是靠他自己独特的生命经验。有很多家长搞不通，你要学艺术，我老师帮你请好了，但是他不要，他一定要自己乱逛，逛到一条街，说这一家不错；或逛到书里头去了，连带着那个人不错；甚至逛到非洲去，说这个巫师不错。你们现在有没有发现，这书本就有这个现象。因为，他要自由的精神、自由的爱，他要用独立的方式，他自己独特的方式，找到生命的答案；还不是知识上的，是能力上的。所以，这一点非常珍贵，而我们呢，每天让他上学，让他补习，让他考试？嘿，这么壮观的一个能力磨练的阶段，却被简化为考试制度。

小学生迷恋运动，中学生他更严格，他是尚武精神，他要通过身体的锻炼认识生命，这个时候，他会认真地去学一个拳，喔，就是学一个从身体切入，了解生命的技能。

第二个道德，他们的正义感、使命感最强。要建立国家观念、宗教信仰是在这个阶段。

强烈的社会意识

第三个社会意识，到了中学生啊，是最强烈的，他有很多称号，"社会新生儿""大地之子""宇宙之子"，因为他要的是自由的爱，甚至，历史上的精神人物，他毫无阻隔，超越时空，就可以跟那些人对话，他绝对不要有目的性、刻板性的东西或爱，他不要！你跟中学生谈说：你给我读书，考取的话，我给你一部摩托车，他如果点头的话，他违背了他的本性，他已经被资本主义腐化得差不多了，否则，他的那种血性、本性喔，一定会抗拒这个东西。

这个时候，社会意识有三个特征；通通被资本主义利用了。

第一个，**吸引异性**。因为他具有生殖能力，他当然要打扮自己，吸引异性；资本主义就利用这个，你要打扮自己，好！产品就来了。而现在的导向呢，实在是不太雅观，裤子怎么穿一穿，裤裆低过膝盖，是不是？那么，上面（乳沟）越来越低，下面（股沟）也越来越低；怎么动，就怎么露。以前的美感，跟一个人格的美感，不是这样子的。我最生气的就是那个球鞋，他全身有的时候还蛮酷的，可是，那双球鞋很呆啊！鞋子，美的这么多，一定要穿那夯头夯脑的鞋子吗？当然，你还是可以选择你爱穿的啦，但是你的选择，不要被资本主义帮你选择；独立你的美学，自我选择，大家都穿，那个是依附群体。所以这个吸引异性，资本主义利用的就是装扮自己，通通是产品。

第二个，**行为楷模**。我记得我们的行为楷模：丁文江、蒋廷黻、潘光旦、傅斯年，很多啊！胡适之，这些都已经名气太大了，现在的偶像只有两种：运动员、影歌星。这个偶像是人格典范，你是跟他模仿，然后将来你要变成这样子；现在典范心理被利用，然后，引导到集中的两类人：运动员、影歌星。你真的要变成影歌星那样的生活吗？水银灯下，以为是色彩灿烂，如果从精神生活来看，如果从意志力来看，我倒希望影艺圈的人，有人站出来写写这种文章，把他们生命的真相写出来。

其实他不写，我们也看到了，影歌星他周围都是俊男美女，照理说，应该找得到很多好的终身伴侣啊！为什么他们的分合、离婚这么多，还要玩一大堆的游戏，然后，完了以后，最重要的就是跟观众道歉。嘿，道歉我们就原谅他了，谁来原谅我们？我们学着他们的行为模式，谁来原谅我们？生命不会降低标准，每一个人内心有主体，你真知道你里面自己怎么看待自己？我比较紧张的就是，将来大家都要当运动员跟歌星啊，这个社会会变成怎么样，难以想象（章后注2）。

第三个，**适应环境的能力**。他前面的人格配备，到这边都差不多具备了，最后一个阶段的学习，所以他要了解现实社会。蒙特梭利就建议，高中生到城市的边缘、郊区，最好就是杂货店、手工艺店，因为在那里面，你可以接触到现实的语言、习惯、法令种种。然后，你也可以部分的经济独立，这个就是美国的打工。到我们今天呢，打工纯粹为了经济性，而又是为了买他自己心爱的产品，而不是真的要了解现实社会的各个面向，我想大家都已经体会到那种误导是什么了。这三点是关键，已经全盘地被资本主义渗透、利用。

青少年，心理的危险期

第四，要建立自己的人格特质，是一种能力的确定，而现在呢，充斥着知识，很多吸引、刺激，所以当他不能满足的时候，他是一个危险状态。首先，变化太剧烈，他有心理的危险期：猜忌、困惑、犹疑、暴力倾向、沮丧气馁。同学都公认他是大家的偶像，因为他很像刘德华，可是他自己，其实，里面很剧烈地在扰动，因为他不是，那也不是他内心要的。他遇到大挫折的时候，常常会有突发性的智力衰退，这些都是他的情绪。因为，这个阶段，他要用能力建立人格，是最大的考验，而偏偏我们现在周边……

他的自我意识，这个意识也很强，要工作的内容也很强，但是旁边的引诱、扭曲，刚好是最大的。我要帮青少年讲一句话，他很喜欢跟异性在一起，但不是说就是要上床，他就是要吸引，那是真的，了解吗？这个是他的本能。你要是了解他们的本能，那你就知道，对他们这种打扮自己喔，是要非常尊重的。我刚刚那个批评，刚好是尊重，因为我只是戳破了别人帮你做的包装，而不是你自己用你的心去穿，你只是在别人给你的里面有一点点选择的自由而已。我记得我们那个时候，什么都没有，但是，各种人的穿法非常丰富，而现在怎么看，差不多就是那几个 style，别人帮你打造出来的个性、人工美学（一种主流价值的宰制，这违反自由的成长原则）。

（四）青年成熟期

好，如果前面三个阶段，敏感期都满足，人格已经基本上成熟，你对自己有把握。到了青年，精神力量充实，有担当的责任感；这两个，在蒙特梭利当时也已经式微了，她非常感叹，意大利的年轻人能具备这样的不多了。

再来，因为你知道自己的自我完成，所以，具有世界的胸襟跟机会。你不是只在一个地方，欺负自己的老百姓，你是放怀面对世界，不是做生意，是你知道你的精神心得是面向人类；而你也知道有些国家的机构，他就是等待杰出的青年人的心得，他帮你推展出去。我非常在乎像法国那样的国家，他们每年用在赏识年轻人的实践心得、文化心得上的力量很大，因为这个是正面诱导，大家愿意埋头很冷的一些题目；那说不定这个冷门，是因为大家疏忽它，反而是内心最渴望的题目。我觉得一个大国他就能做到，给机会给年轻人。

人格成熟

具体地说，三件事情：（1）他人格成熟了，成熟是"为生活本身，而非文明"。原来，学术只是生活的一部分，要传延人类的智慧结晶，那是学术、教育，但是，成熟根本上是为了生活，所以他，大学生有充分的精神力量，他当然可以带给大家一种生活上的感受，是很丰富的。

然后，蒙特梭利特别把读书跟活着的关系正确化了，她说："活着，是能读书的条件"，我们一般说读了书再去生活嘛！蒙氏是特别强调，你一定要有生命的体验，自己去做过，然后，你就懂得充分读书，而不是认知上、概念上的读书。这个跟我们传统的态度是一样的，像孔子说："行有余力，则以学文"。就是你先去体验，先去实践，有了问题，或者有了剩余的时间，再去学文，这个文是指文化，就那几本经典，所以，第一点，精神成熟的人，他是要过自由、独立的精神生活，这个是直接体现在生活里面。

了解自己的价值与道德责任

（2）第二点，他了解自己的价值跟道德责任。首先，文化跟学术，他会以这个为责任，文化就在我身上，学术我是最尖端的，这个责无旁贷；而不是说，让一些学校里面的老教授苦苦的找不到接班人，不会的。

我有一次到牛津剑桥去，看到非常动人的一幕，就是那些非常青春的男男女女，就是围绕在一个像工友的老头周围；如何可能让年轻人把青春放一边，然后，愿意亲近一个老人，我想只有精神跟文明的感动才能够做到。真的，我看了非常感动，在旁边就是安安静静的。

他们的一个学院，一楼基本上是交谊室，二楼也许是教授的办公室跟图书室，三楼跟四楼是他们的宿舍，他们上课没有教室，就是在一楼的交谊室。我常常探头探脑去看，嘿，都在那边聊天，我们大一读过一篇叫作"smoke at them"，是用烟去熏那些年轻人，意思就是一种精神的陶冶、熏习，而不是一种知识的沟通而已，它是一种气氛，是每一个人都是独立。

第二个，艺术跟公共活动，就是学校里面的同乐会啊，它能带动周边社区，甚至社会向它学习，而不是学校向社会学习。我们现在在系里面的迎新节目，越来越学电视上的那一套，这个是反过来的，学生应该有自己的作风。第三个，媒体与大众传媒的能力，他因为有智慧，所以他懂得运用大众媒体。

面对邪恶挑战，并战胜邪恶

（3）第三个，面对邪恶的挑战并战胜邪恶。蒙特梭利是用耶稣基督，在旷野中40天的考验来形容。年轻人当然有能力，尤其你真的是杰出的时候，现实的力量就会来，想要利用你，那这个时候，你能不能经得起考验，是非同小可的考验，像一些权力、占有、情欲都是考验。

下面有一行，"战胜安逸生活"；我很想这四个字不要写，我第一次就没有写，可是第二次啊，明明文章里面有。我到底在说什么？记得《论语》里面，孔子跟弟子们的一番谈话，一个君子如果在乎吃得不好，穿得不好，不足以为君子（章后注3），那个是从反面讲过来。一个成熟的大学生，他的意义感、价值感，会使他连过安逸的生活都是不好意思的。其实，真的，不要"陈义"太高，我的意思是说，如果我们心里面老是盘算自己这一辈子喔，讨个好老婆，过个好日子，在社会的峰层、最高级的一层，就这样活着也蛮好的；我可以告诉你，这就是梦。

活着，永远有那么多的考验、血泪、痛苦，你一定要看到，就有那么多人的扯烂，然后，还有这么多人积极地去面对它、平衡它，甚至扭转它，这才是生命的本色。不可能相安无事，他烂他的，我高尚我的，不可能！安逸，就没有办法把上述的责任肩负起来。

（4）他也有第四个情绪，性格上的需求，情感上的抒发，都有！

自由、独立、责任

好！基本上，我们已经介绍，我现在稍微再把贯穿的部分谈过来。你就注意，自由、独立、责任，这三个精神或原则。这三个精神的贯穿：0~6岁，他在环境中工作，他需要自由，他需要自己做，所以，婴幼儿他很专注地在玩一个东西的时候，你千万不要干扰他。你不可以走过去亲一下、抱一下，因为，他的专注就在成长。工作就两个字，跟我们大人的工作不同，他是成长，专注于成长，专注就是成长；所以，这个自己做，也可说是独立。

到了儿童期阶段，当他要问为什么的时候，他在培养他的独立思考，他不要你告诉他什么是对，什么是错。如果父母没有耐心，啊，这是坏人，啊，那是好人，这个才造成小朋友经常问你好人坏人，否则，小朋友应该抽象具象、善恶，是整体面对的；你要很有耐心地跟他去剖析，生命不是这么简化、二分。所以，当他在问你为什么的时候，其实，你要给他生命的呈现，而不是一个简单的答案，说，这是坏人。孩子一直会这样子问，是你已经造成这样，是我们大人把他简化，他本来是要你跟他谈谈整个生命的感受。

心与良心的纠结

他离开家是他活动的独立性，他开始跟同学在一起，谈谈运动员，也很自然。他原来是以父母为偶像，到了小学，是以老师为偶像，但是，慢慢地，再从学校移开，以整个社会，甚至历史为偶像，都有可能。目前，就是都被运动员、影歌星给简化了。在这个阶段，童心被粗暴中断，我们刚刚有提到这句话，后面写说它变成潜流，变成一种良心的逻辑，这我没有时间仔细分析，就是说一个人他不可能没有良心，而是他的心跟良心纠结起来，有一套逻辑，譬如说：父亲老是欺负母亲，小孩再小，他会替代父亲的角色去保护母亲，抗拒真正的父亲，这个时候，就有一种家族之间的纠缠。

有一种"家族治疗"会让人惊心动魄，就是说，人在自我完成的过程中，父母，甚至上面更多代的关系，会一直纠缠下来。就在家族排演，请陌生的人来排他自己家里面的关系，很奇怪，这个良心喔，好像自己会去找到那个家族的纠结；那个时候，我看到其实每一个人，再坏的人，他有一套良心的逻辑，当然，不是真正的良心，是他的心认为良心该这样。譬如说加入黑社会，说不定，他也是为了公平，你们白道不讲理啊，我就走黑道，这也是他一种良心的逻辑，但没想到，这整个都黑掉了，他去捅人的时候，他良心在哪里？（手段违背了目的）好。

自由的爱

再过来，青少年的时候，他的独立变成"独特的经验"那种独立性，他不要家里面安排，他比较喜欢自己去找到。他的爱又叫自由的爱，就是说，人类精神最无限的爱；而不是一个特定对象；他可以出入历史，甚至跨越所有的人类。有人现在会喜欢唐望（编注：墨西哥一位巫师），喜欢非洲某一个部落的一个巫师，绝非偶然。他也不会一直停留在青少年阶段，我这样子讲，有一点文化批评的意味，我不是说不可以，是正常的，但是，不会停留在这一刻，偶像会随着你自己的开展变化。譬如说：听音乐，从重金属到古典，再到心灵音乐，还到哪里？最后，他什么都不听，专门听天籁，是有可能的。

我们希望看到是真正的丰富，而不是被垄断、简化、控制的。所以青少年这个阶段，他的自由是表现在爱上，是真正的大爱，那他的独立是表现在他独特的能力经验。你看每一个字都一样喔，但是，一直这样过来，内容是不太一样的。那现在青少年，他的主体慢慢模糊，所以他只能顾眼前的功课或者是快乐。

浮动之失

到了大学，放下主体，学会"浮动"。尤其上班三年左右，他觉得很多内在的追求，算了！我没有那么多的力气，上班要学的蛮多的。结果呢？开始浮动，我觉得我们现代社会一个是浮动，一个是软弱，是严重地摧毁我们的精神世界，也就是摧毁每一个人的主体。

如果说专制时代是愚民政策，那今天的时代……你被愚民，反而有抵抗意识，对不对？听到几个有骨气的一讲，大家更气！所以愚民政策是不可能成功的，专制下的愚民政策，谁都有抵抗意识。嘿，现在好像都不抵抗了，原来他不只愚民政策，他是反主体化的策略。资本主义为了一些生意，也没有太恶劣的心，却搞出厉害的一套，把我们每一个人的主体给模糊掉。

你看看，这么多的教育重大原则，他都利用，而我们的官员喔，还在那边咬文嚼字，把全世界的教学法、新的观念凑一凑，还没有融合喔，然后就要教了。很多老师怎么办呢，小学二年级就要增加三种语言：电脑语言、当地语言、英文，他的国文喔，就开始缩水；国文没有学好，其他的语言都不能学好。台中国小的老师告诉我说，不知道怎么教。

※　　※　　※

天赋主体

你看右上角，主跟体是天赋的天命，那个觉就是主喔，一共有七个特性，我们以前讲过，最主要他是自明的德；整体呢，它有六个特质，七跟八是指它万物的和谐、一体。人对于这个生命的体，你只能去配合它，所以叫配天的观念，它比创造重要。

生命的铁三角

下面我们就要点出主体人格，就是很难回避的生命基础。首先，那个主就是自明，那个体就是自然，你自己有主体，接下来就自己活，不跟别人纠缠，不依赖外界，不从别人的眼睛看自己，而自己直接跟你自己内在的神、佛、天对话，你自己知道自己是谁。

其实，这三个就是天、地、人，也就是你的主、体、位；传统的用字，德、道、行。这边我们出现了两个字，一个是"活"，一个是"行"。因为万物喔，都在活，人的身体也是万物之一，当然，他也要活活泼泼的，问题是你的心要"会活"就不容易了；而且他随时处在十字路口，古代，行为的行就是象形文：十字路口，也就是你的心不可能抱着一个教条，一个真理，每天就这样子活，不可能！若这样子活，失败的状况很多。生命是每一个当下，都要你用心去活，随时随地、时时刻刻很真挚地、真诚地用心活，你一边活，一边就长进；所以这个行，德、道、行是一样的（紧密关系）。

再来佛教，法身、报身、化身，也就这三个。小朋友呢，吸收性心智、敏感期与工作。如果用一个字形容它：觉、活、做；用最普通的话讲，诚、实、做。请注意，单字跟复词不一样，单字每一个字都很有力量的。

从生命起点寻回迷失的主体

好了，我们今天的目的啊，就是要把蒙特梭利对于婴幼儿的教育如何贯穿到大人，而成为一个人，这一生的人格完成介绍一下。后面，当然，还有一道一道生命的门可以打开，尤其在帮别人服务的时候，会有很多新的课程出来，但是如果这些没有面对，可能就是打乱仗。我一个在书院教经典的人，会以蒙特梭利的教育理念来作为一个主轴，并不偶然；就是因为我看到，它是一种原初的教育，它是一种生命法则的教育，这个跟我们传统文化的德跟道是完全吻合的。

所以，接下来，就看我们的社会，懂不懂得有智慧去尊重婴幼儿，重新确认生命的起点，重新找回我们这一百年迷失的主体。一个人如果没有格，其实，活再久，没有太多意义。台湾其实是一个福地，是一个宝岛，但是开放后，被整到这种状态，也没什么话好说，他们乱整，还是有人要来整理。我希望大家能够对这两次介绍的教育内容，深入地、彻底地把它弄清楚。不彻底，浮动，做再多也是落空，彻底了以后，一步一脚印，我们对于文化、学术、教育都可以做一些脚踏实地的贡献。

局部与整体的拉锯

文化就是要传这个道；学术就是用学术方法，把道弄得更清楚，或者对于未知的领域去探索，这就是学术；教育呢？就是要把文化跟学术已经有的结果，传给新一代。所以，文化、学术、教育三环重叠，但是，它们各自的职责是很清楚的。

目前，资本主义丢出来的，政客们愿意讨论的，都是很局部性的东西，但是，生命的考验是很整体性的，这个中间，好像在拉锯。这个虚虚实实的人为系统，在生命面前，也是个拉锯；局部跟整体，那是一个封闭的系统，生命却是这么无限。上帝、觉是无限的，大自然万物、宇宙是无限的，天给我们两个无限，而我们却反而在那边讨论人生是不是宿命。而偏偏人真的还喜欢算命，直接告诉你里面有个觉，是最伟大的生命引导人，却不要，还去请教别人。

我会有一点着急，就是在生命面前，局部的封闭系统，一直跟那个整体的需求在拉锯。再来，就是浮动，浮面的这些动作，浪费资源，又浪费生命。然后，从长远来看，我觉得台湾现在的力量，如果拿去做有意义的事，真的可以是很精彩的一个生命的呈现。

章后注1：民主多数决的精神在少数优秀意见的出头。缺乏公听、舆论俗化，就是庸俗化的假民主。

章后注2：小歌星的跑场；运动员的转业……辛苦谁人知。

章后注3："子曰：士志于道，而耻恶衣恶食者，未足与议也。"——《里仁》

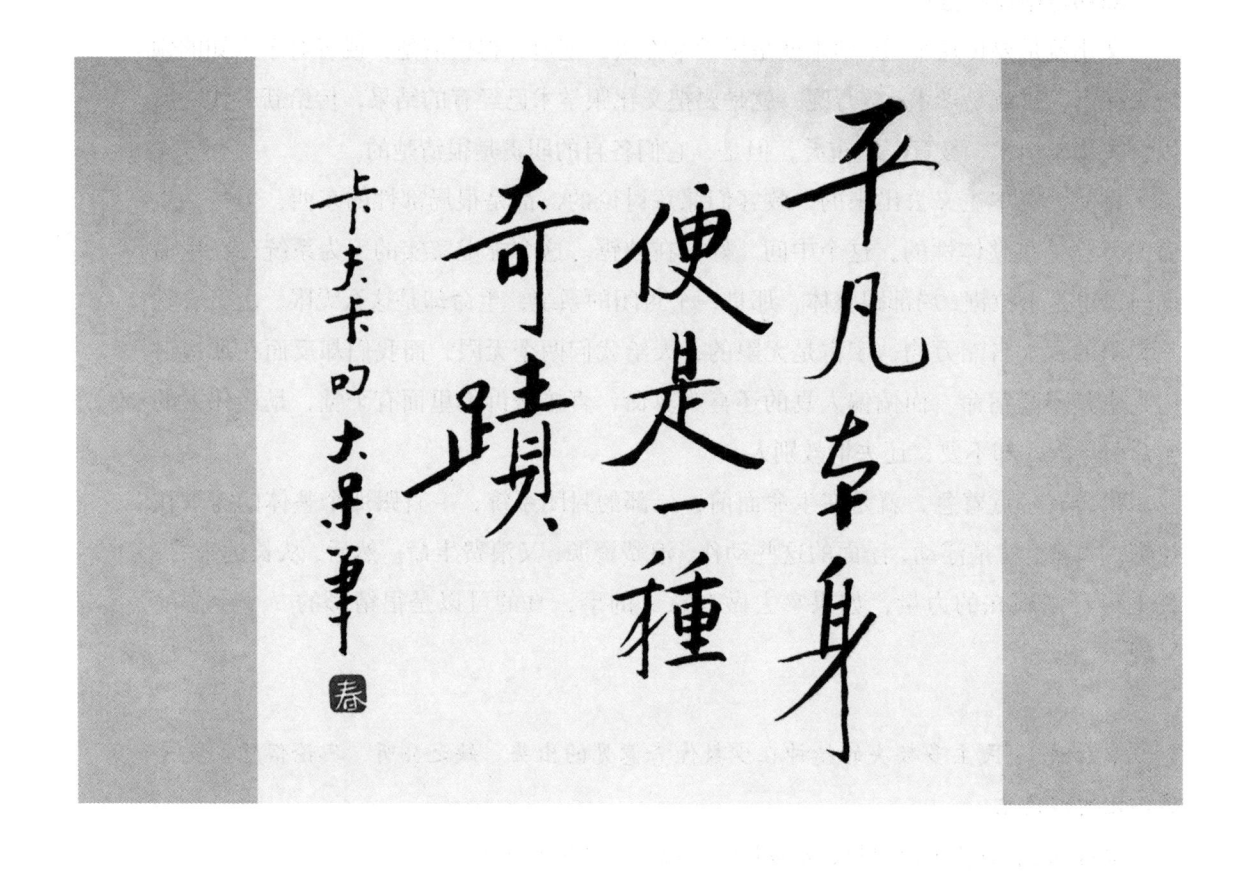

> 平凡本身便是一種奇蹟
>
> ——卡夫卡《大件事》

导　论

从心台看主体，
盲点：生命本身的成长
所以：知道自己不知道

（一）心
文明适应人心
而非心去适应生命。

以大人想法
加诸小孩

（二）台
权威、权力、控制

激化、武断
专制、暴力

经济：低智慧
　　　人工性

（三）主
心灵即吸收性心智、
良知、觉知

自主性：自由、独立、
　　　　责任

"人的心中有一种说不出道理的无知，一种已深入个人精神和整体文明的盲目。就像视觉上的盲点一样，人们对新生儿的盲目无知，正是人类对生命的一个盲点。"（5-17）（章后注）

"但是现在面对成人残忍的挑衅干扰，孩子实在是无力招架。小男孩最后落得黑白不分，每样东西都闻都亲，旁边的人笑，他也跟着笑，孩子独立发展的道路因而受到钳制。"（5-102）

"因为大人在帮孩子做手和脚的运动时，明显地将大人的动作方式套用在孩子身上，这是一个普遍的错误。大人绝对不应该把孩子塑造成小大人，而是应该不加干预，让孩子依着对自己深刻的了解去工作、活动。"（5-38）

"大人自以为是的态度和不当的行为，其实孩子都看在眼里，这些隐藏的冲突和矛盾，终于引发孩子和父母之间的真实战争。孩子和我们之间隔着一道鸿沟，无人能够跨越它。虽然在孩子和父母的战争中，胜利的通常是占强势者，但是爸爸妈妈的胜利，经常还是不太能让他们的小对手信服，因为大人的确做错事了，最后他们只有采取说服的手段。在这些情况下，爸爸妈妈倾向于采用独裁（authoritarian）的方法来解决。他们强迫孩子服从，保持好孩子的完美形象。为了达到唯父母独尊的胜利，爸爸妈妈命令孩子闭嘴，因而确保了'和平'。"（5-92）（1-65）（1-87）

现在的玩具大多数都缺乏刺激孩子精神发展的功能。（5-97）

"早期实验最先引起社会大众注意的就是孩子'书写爆发'的现象。……穷困、无知、缺乏老师，没有课本、教条，背景几乎是空白的；就是因为一无所有，孩子的灵魂得以无拘无束地展现。所有的障碍无形中都不见了，也没有人知道障碍是什么。在此要强调的是：这个爆发不是任何教育方法所引起的，因为'方法'那时还不存在；心理学追踪、研究它，才建立了方法，是孩子内在爆发后产生的'结果'。报纸的头条把它标为：'<u>人类心灵的发现</u>'。"（6-86）

"我完全能够了解热爱大自然的英国诗人<u>渥兹华斯</u>（Wordsworth）的心境。他想从大自然万物的运行中找寻所有生命的奥秘，最后，他看到了一个异象：万物的奥秘就在儿童的心灵中。"（1-331）

（四）体
天赋　生命交响曲
　　　整体性
　　　脉络性
　　　活法性

从无数个动物选择食物的例子所得到的结论应该是："动物不仅是为满足它们自己而吃，而是为着完成<u>一个使命</u>；不论<u>生物或无生物</u>，<u>借着所有成员的合作</u>，<u>共同为整个造物的和谐</u>。"（6-34）

"动物的行为不仅趋向美感与优雅的动作，还有更深的目的，就是协助整个大自然的运作；所以人也有一个目的，不仅要比别的生物更纯净、完美，还要运用他丰富的心灵、崇高的德行为他人服务。"（6-60）

"<u>教育只有一个祖国，就是这个世界</u>。"（1-6）（1-18）（1-202）（1-211）

（五）位
　　自主性
　　脉络性

独特性
　　孤独 / 整体

"但是孩子也有个别的内在需要，因为当孩子埋首在自己的工作中时，必须和周遭的一切人与事完全隔开来。我们在神奇又丰富的秘密世界中找到了<u>亲密的孤独</u>，这是无人可以帮我们感受到的。如果受到干扰，这个感觉就会破坏。我们从外在的世界解放出来后所形成的<u>思想</u>，必须仰赖内在精神的喂养，<u>周围的环境没有办法影响到我们</u>，<u>只得让我们安心独处</u>。"（5-58）

两兼·合一：
　　工作─专注
　　具象─抽象
　　活动─思想
　　身─心
　　劳动─精神

"许多伟大、超群的人物都能够如此沉思入定，而这正是他们内在精神力量的来源。有些伟大的人物透过<u>思想</u>的力量，以静思和无比的<u>慈悲</u>，得到了感化众生的能力。还有一些人离群索居长时间以后，忽然觉得自己有义务来帮忙解决人类所面临的大问题，这些人帮助自陷于仇恨、侵略的同胞，对于他们的缺点和毛病都以无比的耐心<u>包容</u>。"（5-58）

※※※

源自　内在精神、意志

自然　主体

用心　觉知
活出　实践
心得　精神粮食

"劳动和精神的专注之间，有着严密的关联。这句话乍听之下好像很矛盾，但是两者相依相赖，相辅相成。内在精神决定人们在日常生活的能量，反过来说，日常生活也以一般性的劳动活络脑部的思考；体力的消耗会不断经由精神的支持而得到补充。一个了解自己的人，对他的内在精神所需，会像他对吃饭、睡觉等生理所需的反应一样，尽量使其得到满足。忽视了精神需求，就像一个对饥饿、困倦毫无反应的身体一样危险。"（5-58）

※ ※ ※

据蒙特梭利的孙儿小马利欧·蒙特梭利在《人类发展的教育、了解蒙特梭利》一书中说："蒙特梭利未曾建立一个属于她的教育理论架构，以便后来的人容易遵循应用。……她的结论单纯又迷人，她坚持说：她只是'发现了儿童'。"（1-0）

蒙氏心灵
看到"精神世界"

"当一个正常幼儿被一件物品所吸引时，他会全神贯注并且集中所有注意力，毫不停歇的工作。等到完成了他的工作，他便显露出满足、安静和快乐。我第一次从那些小脸蛋上安静的表情中看到了这种安静及满足的感觉，并且眼里闪耀着一种完成自发性工作后的满足。"（2-135）

幼儿，是一群上帝选民

"当我们出现在儿童面前时，让我们经常记得他们是'一群上帝的选民'"。（3-326）（2-135）（1-10）

"就像爱默森（Emerson，1803—1882）所观察的一样，幼儿像是弥赛亚，他下降来到堕落的人类中，为了要带领他们回到天国。"（2-239）

幼儿期，是成人的形成部分。若未正常化，换一型态，相继影响。

"幼儿构成了成人一生中最重要的要素，因为一个人在他生命的早期就已形成。"（2-20）

"不论是治疗身体的疾病或是精神疾病，现在都认定应该把那人幼年时期所遭遇的事列入考虑。那些可追溯到幼年时期的疾病一般都是最严重而且最难治疗的，原因是成人现有的生活模式早在幼儿时就已定型了。"（2-29）

"如果我们能在婴儿身上发现形成人的要素，我们也能在婴儿身上发现这个种族未来的福祉。"（2-43）

澄清：
　　非方法
　　也未曾建立理论 ※
　　（1-0）

"蒙特梭利不希望她所进行的工作被称为'方法'（the method），她说她未曾发明以她的名字命名的一种教育历程。她不喜欢'方法'这个字眼，因为它在我们一般人心目中所代表的是学校制度和教育的机关。"（2-5）

勿篡改　稀释

要成功地研究蒙特梭利的方法对当今的美国幼儿，无论是残障的、穷苦的，还是富裕的、正常的幼儿是否有价值，有多大价值，只有蒙特梭利博士的工作所依据的原理没有被篡改或稀释才能成功。（2-7）

接受上不易：蒙氏自己

"不知多少次，每当教师告诉我幼儿们正在做什么！我就不断地严厉谴责她说：'不要来跟我讲那些幻想。'我仍记得她并不生气，却总是流着泪回答说：'你是对的！当我看到这样的情况时，我就想着一定是有个天使正在鼓舞这些幼儿。'"（2-135）

美国

蒙特梭利刚抵达时，对于热烈的欢迎场面有些震惊。她被告知的第一件事是，他们已为她在卡内基大厅安排一场演讲。五千名观众出席（有数百名中途离去）(生-56)

一般人　新事物
　　　　真实性

"对我们而言，感知新事物是困难的，而要让我们相信自己所发现的事物具有真实性，更是困难。因为我们的感官大门在面对新事物时，正是关闭的。"（2-132）
　　　　打开的是概念，人心信法。

章后注：在本书中，凡如"（5-17）"，均表示摘选自蒙特梭利的相关著作，即本书 P200"参考书目"中的相应图书编号及对应页数。

乾坤的孩子不忘本，
惪道的大人有性情。

德道罪 主人中道，息生筆春

七月工地，九月開幕，十月進退
元首消息，十五綱要，今天是時

第一章　幼教的成见与阻力

（一）幼儿——事实非如成见所认为的

（1）喜欢自由选择
非上课、竞争

有一位教师前一天忘了把橱子的门锁上，当天她又晚了些到学校，发现幼儿已经把橱子的门打开，许多幼儿站在橱子旁边，其他幼儿正在把东西从橱子里拿出来，并且拿到别的地方去。教师认为这是一种偷窃行为，并认为幼儿是因为不尊重学校及教师，所以才会偷拿东西，应该严厉处理，并且训诫他们一些道德原则来引导他们。但是我却将这个事件解释为一种显示幼儿现在对这些物体非常清楚，所以他们有能力<u>自由选择</u>的征兆。最后证明事实上就是这种情形。（2-141）

（2）重复练习
不在乎占有

我首先特别注意到的，是一个大约三岁大的小女孩正忙着把一些圆柱体放进装它们的木块中，再从木块中把圆柱体拿出来。这些圆柱体大小不一，另外有大小不一的洞与这些圆柱体相配，就像瓶子的软木塞子一样，圆柱体可以紧紧地放进木块的洞里。看到如此一个幼儿这么兴致高昂、一再重复地做着这个练习，我非常惊讶。不论在速度或熟练程度上，她在做这件工作时都没有表现出显著的进步：这是一种永恒运动。由于习惯使然，我开始计算她重复练习的次数，然后我决定看看她做这件奇特的工作时有多专心，我告诉教师让其他幼儿唱歌，到处走动。但是这样做完全没有干扰到小女孩的认真工作。然后我轻轻地拿起她坐的椅子，把它放在小桌子上。当我拿起椅子时，她抓紧手中的圆柱体和木块，把它们放在腿上，继续她同样的工作。从我开始计算起，她一共<u>重复练习了42次</u>，然后她像从梦中醒来一样，停止了工作，快乐地笑着。她的眼睛发亮，四处看着，甚至没有察觉到刚才我们做了什么事去干扰她。（2-139）

(3) 不在乎玩具、糖果	"他们自己表示,他们喜欢彼此做伴胜过洋娃娃,他们喜欢这些小的'真实生活'用具胜过玩具。"(3-208) "由于他们从未自己选择这些玩具,我了解到,在幼儿的生活中,玩耍也许并不是重要的事,它只是幼儿在没有其他更好的事可做时才做的事。"(2-142) "当我们有一些重要的事情要做时,就会忘了桥牌这回事。也由于幼儿手中总是做着一些重要的事,因此他对玩耍并不特别兴趣。"(2-143)
(4) 无须奖赏、惩罚	"去奖赏或惩罚这些似乎对两种处理方式同样无动于衷的幼儿,甚至令教师感到惭愧。更让人惊讶的是,他们通常会拒绝接受奖赏,这件事显然说明了惩罚与奖赏是人类良知中尊严感的一种觉醒,这种觉醒在以前是不存在的。"(2-143) "当一支军队丧失了英勇的精神时,赏罚只会使之腐败而灭亡。"(1-18) "我们不须要威胁或利诱,我们只要让儿童生活在'正常化的环境'之下就可以了。"(3-242)
(5) 喜欢宁静／吵闹非常态	"有一天,我在院子里由一位母亲手中接过来一个四个月大的女婴。我把她抱在怀中,走进教室。依照这个地区的习俗,婴儿身上用布包得紧紧的。婴儿的脸蛋饱满而红润,她是那么地安静,令我印象深刻。我希望幼儿来共享我的感觉,'她没有出一点声音。'我告诉他们,同时开玩笑地加了一句:'你们没有人能像她那么安静。'我很惊讶地看到幼儿非常紧张地看着我。看起来他们像是紧紧盯着我的嘴唇,想清楚地感觉我说的话:'注意!'我继续说:'她的呼吸多么轻柔,你们没有人能够像她一样静静地呼吸。'幼儿惊讶而且一动也不动地开始屏住呼吸。就在那一刻,教室里出奇地安静,平时难得听见的时钟嘀嗒声可以听到了,像是这个小女婴为教室里带来一种安静的气氛,这是在

日常生活中没有看见过。

没有人做出任何可以感觉到的动作，他们专心地体会寂静的经验，并且一再地练习。每一个幼儿都参与这个工作。这并非出于狂热，因为狂热意味着某种冲动，且是公然表现于外的东西。但是在这里，却是一种由内心深层愿望中产生的。所有幼儿都完全安静地坐着，尽可能安静地呼吸。他们脸上的神情安详而专注，就像那些静坐沉思者脸上的表情一样，在这个出奇的寂静中，渐渐地我们可以听到最轻微的声音，像是远处一滴水落到地上的声音，及遥远小鸟的叫声。

这便是我们'寂静练习'的起源。"（2-144）（1-60）

"他们会从自己所熟知的平静状态出发而从事某些自己想做的活动。"（1-60）

"没有人可以透过模仿而专注。事实上，模仿使我们受到外界的羁绊。"（1-105）

(6) 有尊严感觉
    /非不在乎打骂

"有一天，我决定为幼儿上一次稍带幽默趣味的课，教他们如何擤鼻涕。我教过他们用手帕以不同的方法擤鼻涕后，最后我告诉他们怎样才能最谨慎地擤鼻涕。我以一种他们几乎没有察觉到的方法拿出手帕，尽量轻柔地擤鼻涕。幼儿全神贯注地看着我，一点也没有笑，我不明白为什么。然而在我就要结束示范时，他们爆出一阵鼓掌声，像是在戏院中克制很久才爆发出的喝彩声一样。我从来没听过如此小的手可以拍得这么大声，也从未想过这么小的幼儿会如此热情地鼓掌。因此，我想到也许我触碰到他们小小社会生活中的一个敏感点。幼儿特别觉得擤鼻涕是一件困难的事，因为他们总是为了这缘故而被责骂，所以对这件事觉得敏感。成人对幼儿的责备及辱骂伤害了他们的情感，伤害加上羞辱，最后在学校里幼儿必须在罩衫上明显地别上一条手帕，以免丢掉。但是并没有人真正教他们应该如何擤鼻涕。当我教他们时，他们觉得可以补偿以前的耻辱。他们的掌声显示了，我不仅平等地看待他们，而且让他们能够在社会上有一个新的地位。

长久以来的经验告诉我，这是对这个事件的正确解释。我因此知道幼儿有很深的个人尊严感。成人通常都不明白，幼儿的尊严是如何容易受伤害，如何容易受到压抑。

就在那一天，我正要离开学校时，幼儿开始大声叫：'谢谢你，谢谢你教导我们！'当我走出建筑物时，他们一直静静地列队跟在后面，直到最后我告诉他们：'你们回教室时，要踮着脚尖跑，小心别撞到墙角。'他们才转过身去，飞也似的消失在大门后面。我感动了这些贫困幼儿心灵的要害。"（2-146）

(7) 沉着自若，有优良的社交态度 / 不胆怯 不自我中心

"这些从容的小小孩，迷人又有尊严，总是准备好了要接待访客。他们不再像以前一样胆怯，现在在他们的心灵和环境之间不再有阻碍。他们的生命自然地开展着，就像莲花张开花瓣迎接阳光，同时散发出香郁的气息。重要的是，幼儿在发展的历程中没有阻碍。他们没有什么需要隐瞒，需要害怕，需要逃避的东西。就是那么简单，他们的沉着自若，可归因于他们立即而完美地适应了身处的环境。

幼儿尽管机警、活泼，始终还是沉着镇定，散发出一种精神的温馨。每一个接近幼儿的成人也因而心情开朗。"（2-148）

(8) 重秩序、纪律 / 非脏乱、放肆

"幼儿的母亲感激在学校所发生的一切，且来坦白地告诉我们在家中发生的事：'这些三四岁的孩子告诉我们一些事，如果他们不是我们自己的孩子，那些事必定会触怒我们。例如他们说：'你应该把衣服上的污渍洗掉。'当我们听到孩子对我们说这些事时，我们并不生气。他们提醒我们的话，就像我们是在做梦一样。'"（2-149）

"特别吸引访客的是，幼儿在行为中表现出秩序与纪律的同时，也表现出他们的自发性。"（2-150）

> "幼儿进行工作时，教室中弥漫的平和气氛特别令人感动，没有人刻意去营造它，也没有人能够利用外在的方法得到这种效果。"（2-150）

（9）自己学会写与读 / 不在乎图画书

> "不久前，我们收到一些插图精美的书，现在我们把书拿给幼儿，他们只是冷淡地接过去。他们的确喜欢其中漂亮的图画，但是这些书只是让他们无法专心于新鲜又吸引人的工作，而这些工作完全占用了他们的精力。幼儿要写字，不要阅读图画。"（2-152）

（10）身体健康 / 本不应面黄肌瘦、老生病

> "在整个这段期间，我们没有做任何事去改进幼儿的健康情形，但是现在，从他们红润的脸颊及活泼的神情，没有人看得出，他们曾经是迫切需要食物滋补及医药的幼儿，是营养不良且贫血的幼儿。"（2-155）

> "他的心智正常化了，所以他的健康也恢复了。"（3-242）

关键在于是否"正常化"？若排除障碍、干扰小孩自主找到切入点，则：

正常化、关系自制力、被牵制……（1-100）（1-64）（3-320）

（1）生命自然地开展着……

（2）"当幼儿的精神生命向上提升时，他们会出于自愿地拒绝这些无用而外表美好的东西。"（2-146）……

（3）散发出一种精神的温馨。（2-148）

是为生命而工作。

幼教，是为生命而工作

先研究
就教

> "如果我们要帮助生命，我们首先必须研究它。研究生命，意味着我们不试图教它，反而我们要就教于它。我们向这个有生命的有机体幼儿学习，学习他的需要和倾向。"（2-11）

精神的粮食

人是智慧的生物，需要心智上的粮食甚于肉体上的粮食。他和动物不同，他必须建立他自己的行为。如果儿童被放在一条可以让他安排他的行为，并且建立他的心智生活的道路上，一切就都没问题了。他的困扰消失了，他的梦魇不见了，他的消化恢复正常，他的贪婪也消退了。

（二）育幼的错误观念

总的原则错误：表面目的，干扰生命成长目的
/ 襁褓太紧
/ 哺乳期 1.5 年
/ 小孩要的不只保暖、热能，他需要拥抱、贴身
/ 与父母分隔的婴儿室

/ 哭闹
　因心灵饥饿症

"我们知道，幼儿每次出现不寻常反应时，就是在提供一个有待我们解决的问题；幼儿每次的发脾气行为就是某些已根深蒂固的冲突所产生的外在表现。"（2-129）

/ 保护物品

"人类保卫自己的所有物，使其免受侵犯，这几乎是种自然法则。在国家之间，这种情形有时会演变成极端暴力的场面。这种属于本能的自我防卫来自深藏于人类心灵深处的潜意识。这种最早出现，又极不容易被察觉的残酷现象，在成人照顾幼儿时避免自己被打扰，以及保护物品以免被这些新生代破坏时，可以看到。

懒惰 / 怕麻烦

……父母纯粹由于懒惰，为自己找了一个最容易的方法，就是要幼儿去睡觉。"（2-90）

/ 谁爱谁？颠倒了

"成人缺乏赏识这种幼儿强烈的爱的能力。但，我们应该记住，现在如此爱我们的幼儿将长大而会消失。到那时，又有谁能像幼儿现在爱我们一样来爱我们？又有谁会在临睡前求我们陪伴，以亲切的口吻说：'不要离开我！陪着我！'不再是求我们，而只是漠不关心地向我们道'晚安'？当我们吃饭时，谁会只为了看着我们而如此真诚地站在身边呢？我们一直防御着幼儿对我们的这种爱，以后将再也找不到像这样的爱了。我们不断地说：'我没有时间！我没有办法！我很忙！'然而在我们内心深处，所想的却是：'你必

须纠正幼儿，否则你终将成为他们的奴隶。'我们想摆脱幼儿带给我们的束缚，以便可以做我们喜欢做的事，而不致处处受限制，感到不便。……

幼儿在一大早进入房间吵醒父母，是很令人讨厌的事。如果不是幼儿对父母的那份热爱，那么又有什么能驱使他们一早醒来就找父母呢？黎明时，幼儿一起床就去找仍在睡觉的父母，似乎要告诉他们：'请学习神圣的生活！天亮了！已经是早晨了！'但幼儿来到父母身边，并不是要告诉他们这些，而只是为了看看他所爱的人。

唤醒大人的精神

也许，房里还是暗的，门还是紧闭的，所以黎明的光芒打扰不到正在睡觉的人，幼儿进门来，抚摸着他的父母，而父母却喃喃抱怨着：'我们已经告诉过你多少次，不要这么早来吵醒我们。'幼儿回答：'我不是要吵醒你们，我只是要给你们一个吻。'幼儿实际上的意思是说：'我并不想将你们从睡眠中吵醒，<u>我只想唤醒你们的精神</u>。'

然而，<u>幼儿对父母的爱具有极大的重要性</u>。因为父母对每件事情都已麻木，极需一个新人类来唤醒他们，并且以充沛的精力再次激发他们已不再拥有的蓬勃生气。父母需要一个行为表现与他们迥然不同的新人类来唤醒他们，并且在每天早晨对他们说：'起来迎接新的一天！学着过得更好！'

是的！必须要活得更好！去感受爱的香气！"（2-124）

/ 干扰主动的因素：人格取代

"成人可以为幼儿做事来取代幼儿，也可以将个人意志巧妙地加诸于幼儿身上来取代幼儿。当此种情况发生时，行动者已不再是幼儿而是成人透过幼儿行动。

当夏尔卡（Charcot，1825—1893）在他著名的精神病研究所里证明，易于歇斯底里的人，透过催眠，可能产生人格取代的情形后，引起相当的震撼。他的实验似乎正逐渐削弱我们先前对人性一个最基本特征的认定，也就是——人是自己行为的主人。然而夏尔卡的实验也证实，受试有可能是接收了强烈的暗示，以致丧失了自我人格而接受催眠师的人格。

这些实验尽管为数不多而且都在诊所内进行，然而却开启了新的研究与发现，如对分裂人格、潜意识和升华的心理状态的探讨。

当幼儿开始意识到自我，当他的感官处在一种创造性状态下时，这时期的幼儿最易受暗示。在这段期间，成人能够悄悄潜入幼儿心中，激发他追随成人的意志。"（2-109）

外在表现（家长）　"对成人而言，幼儿的心智是一个深不可测的谜。它之所以使成人困惑不解，是因为成人是由心智的外在表现，而不是由心智的内在精神力量去判断它。"（2-86）

最大效益　"就成人而言，有一条自然法则，就是'最大效益法则'，它诱使成人运用最直接的方法，在几乎不可能的短时间内达到目标。当他看见一个幼儿正尽极大的努力在做一些仿佛是徒劳无功的动作，而这些动作是他在一瞬间就能完成且更显完美时，成人觉得痛苦，就试着想去协助幼儿。"（2-106）

华丽耀眼
刺激强烈　"成人认为，幼儿只会注意庸俗华丽的东西、耀眼的颜色及尖锐的声音是理所当然的，他们利用这些东西去吸引幼儿的注意力。我们也都知道，幼儿是如何被歌曲、钟声、旗子在风中飘动的声音、耀眼的灯光等所吸引。但是这些强烈的吸引力都是外在的、短暂的，与其说是有益，倒不如说是使幼儿分心。"（2-85）

多给　"有个六个月大的幼儿坐在地板上玩一个枕头，枕头套上有花和小孩子的图案，幼儿很欢喜地去闻着花朵，亲着小孩子的图案。一位受托照顾幼儿的女佣，没有受过什么教育，认为如果幼儿也能闻其他东西，亲其他东西，他应该会高兴。因此她急忙去拿来各种东西，说：'闻闻这个，亲一下这个。'但是如此一来，这个正借着

第一章　幼教的成见与阻力　015

认识图画，并且将它们固定在记忆中，正处于<u>自我组织过程中</u>的幼儿——他快乐而平静地进行着内在建构的工作——却因此而困惑了。他为了获得内在和谐所付出不为人知的努力，却被一个不了解发生中情况的成人扰乱了。

干扰

当成人粗鲁地干扰了幼儿的思考，或企图引开他的注意力时，成人可能阻碍了幼儿内在进行的辛苦工作。成人不顾幼儿独特的精神发展，只管握起幼儿的小手，或亲吻他，或试着要他睡觉。由于成人的无知，他们会因此而压抑了幼儿的原始欲望。"（2-81）

/ 在学校：
按男女分班、年龄分班
按功课表上课
老师找小孩的错
　并以制止、惩罚加以压制

"所有的教师都被迫去找出儿童的恶行，以便加以<u>制止</u>。典型的成人的态度，就是一直在寻找罪恶，以便压制它。但是，<u>改正错误</u>往往是令人难堪、令人气馁的，而教育却以此为基础，因而降低了一般社会生活的品质。"（3-287）

"孩子的内心存在着两种不同的心理状态：其一是自然而富创造力，所以是正常、良善的一面；其二是因为受到<u>强者压制</u>，而<u>产生的自卑心态</u>。"（5-128）

※　干扰→放弃、不在乎、冷默　　翘家、翘课的产生
　　限制→执意　　　　　　　　　↓
　　压制→自卑（5-128）　　　　所以，想脱离、自由、解放
　　"摧毁"→伤害　　　　　　　　↓
　　　　　　　　　　　　　　　才知他自己的需要（5-112）

/ 蒙氏，也不赞成老人院，小孩需要人伦的体会。

（三）学校制式教育的问题

（一）目的

（1）活着、活好
自制力、自律
／不被控制

"读书不是生活的全部，但活着却是能够读书的必要条件。"（4-109）

"他们能够'自我控制'，也因此而能够免于别人的控制。"（1-100）

"被服侍的人其行为是缺乏自制力的。缺乏自制力与无助的状态是并行发展的。愤怒往往伴随怠惰而生。"（1-64）

"无法服从自己的内在引导的儿童就不是一个开始迈向遥远而狭窄的完美之路的自由人。他仍然只是个屈服于表面感官，任环境摆布的奴隶。"（3-320）

（2）整体的／专业

"在今天都市化的结果，大家坐车的机会多于走路的机会，人变得懒惰。生命被截成两段，运动的时候运用肢体，而读书的时候运用头脑；生命必须是整体的，尤其是早期孩子在建构他人格的时候。"（6-72）

整体性　特定性

"我们应当尽可能地做整体性的探讨，同时也可以选择某些特定的时期，以作为个人研究的主题。"（4-99）

（3）拓展／限制

"我们的教育目标应该是拓广而非限制教育的范围。因此，我们所谓的革新，正是对文化的扩展和教学方法的改良。

……专业训练的确有其存在的价值，而且应该被列入严谨的考虑之中，但是它应该只是成为社会一分子的实际方法和手段，而不应该牺牲个人的价值观和对整体社会的责任感。"（4-92）

（4）面对未来／眼前

"人的个性应该被教育成能面对不可测的未来，而不只是能应付可预期的状况"（4-79）

君子之道，费而隐。（中庸）
1. 德则简　2. 台最累

"真正的进步乃在于发现某些潜藏的事物。"（1-18）

（二）改革上

掌握局势的发展：

"人类仍未学会掌握整个局势的发展而沦为牺牲者。"（6-5）

| 掌握不到问题
反而制造了不少问题 | "人类必须汇聚所有生命价值与能量，尽量发挥它们，以作为自身解放的准备。互相争斗，企图压倒对方的时代已经过去了。以'人'为唯一目的，提升人的价值，解除他自作孽的枷锁，使他免于陷入疯狂的深渊。彼此仇恨、敌对是指人类在自己产品前的无能，是指人性发展的停顿。要战胜它们，人类需要采取行动，用不同的态度对待本应带来财富与幸福的环境。 |

把自己困住、捆绑　　这是一场世界性的变革，人类必须提升自身价值，不再沦为自己所创造环境的牺牲品，而应成为它的主人。"（9-16）

　　例：户外游戏、韵律体操……"这一切的方法都只是对一个被曲解的生命的反应，对于生命本身并没有发生任何影响。它们就像娱乐一样，并不属于正常生活的一部分。"（1-87）

负面、不公
条件
　　＞皆不是　　"而从事这项重建工作的人必须有一个远大的理想为动力，它远比某些政治抱负宏伟，因为后者只是以某些人类群体的物质生活为目标，以改善他们所受到的不公待遇与贫困的社会条件为动力。而我们所谈的理想涉及全球：其目标是全人类的解放。再次说，在这条解放全人类、提升人性价值的道路上，需要人们付出极大的耐心。"（9-17）

正面　慈善
　　理想　　……目前有一个事实已经明确："教育学不能再像过去那样，受某些哲学家和某些博爱者理念的引导，因为驱动他们的只是同情心、慈善心和理想。教育学应以心理学为指导，我们也应该为这种使用在教育中的"心理学"取一个特定名词：教育心理学。

未知　　　　在这个领域将会有许多发现，因为如果人类仍是未知、仍被压抑，那么毫无疑问，他的生命解放一定能带来惊人的发现。教育进步应以这些发现的事实为基础，正如普通医学是以"自然医疗力

※　自然的本身　　量"，以自然中已存在的康复力量为基础，而保健学则是以生理学知识，即身体自然功能为基础。

　　帮助生命，这是第一个基本原则。如果儿童不是置身于能够表现自己的环境中，又有谁能展现个人心理成长所经历的自然途径？

※ 自明的觉知	因此我们的第一个老师是儿童本人，更确切地说，是无意识中引导儿童的生命冲动和宇宙规律；而导引他成长的不是我们所说的'儿童的意志'，而是一种神秘旨意。
偏见	我可以保证，要捕捉儿童的行为并不难，真正的困难在于成人对儿童根深蒂固的偏见，在于缺乏完全的理解，而以一种专制的、自以为是的推理、不自觉的自我中心意识，以及作为征服者的傲慢为基础的教育模式所织成的重重帷幕，遮蔽了儿童天赋的智能价值。
	我们的贡献虽然微小也不完整，在心理学的科学领域里微不足道，但至少可以向人揭发'偏见'这个巨大障碍，它可能抹杀和摧毁我们独特的贡献。哪怕只是证实这些偏见的存在，就已经使人类获益匪浅。"（9-18）
	"最困难的莫过于要教师放弃其旧有的习惯和偏见了。"（1-65）
（1）人的逻辑 　　自然的不同逻辑	"教育学的世界是遵循人的逻辑，但'自然'却有不同的逻辑、不同的法则。人的逻辑把心智活动与身体活动当成两回事，认为心智活动就应安静地坐在教室里面，身体活动就应把心智摆在一边；这等于把孩子切成两半。"（6-81）
与造物者对抗	"由观察得知，就正常的情况而言，孩子的确有意愿自由行动；他想要搬东西、自己穿脱衣服、自己喂食，并不是成人建议他作的。相反的，他的意愿是如此的强，成人常常反要阻止他；如果我们这样做，乃是与造物者对抗，而不是与孩子的意志对抗。"（6-45）
（2）错误的安全感 ①无知—偏见	"学校教育不应该让人蒙蔽于错误的安全感之中，不应该让人无法面对现实生活中未知的困难，更不应该让人对于他们所置身的社会完全无知。"（4-80）
②既得利益— 　预设立场	"基本的教育观念是，我们绝对不能变成孩子发展的障碍。明白必须做的事，既不是很简单，也不是很难，最困难的是，了解哪些预设立场和无益的偏见必须去除，才能够教育孩子。"（5-47）

第一章　幼教的成见与阻力　019

③托辞
互相指责

"直到纯真无邪的孩子降临到一个家之前，爸爸妈妈习于<u>相互指责对方的缺点</u>。现在他们突然一下子得成为值得孩子模仿学习的模范，当然是一件困难的事。因为他们忽然要面对一个新的义务——十全十美。教育子女，改正孩子的缺点……

最重要的就是要透过父母亲自己的优良典范来教导孩子，这些都是加诸在他们身上的任务。"（5-89）

④成见、习气，内在良知、良能被偏见埋葬。

"虽然把桌椅固定，看起来是比较整齐，但是这样一来，孩子永远也没办法让身体行动有秩序。我们也许会帮孩子准备一个铁碗或铁盘子，这样孩子把碗盘丢到地上也不会破，但是这么做反而会让孩子像着了魔似的，更想把碗盘往地上丢。因此，我们只是用<u>眼不见为净</u>的方法把问题隐藏起来，所以说，孩子不应该为他的不适当举止负责。而这个孩子除了会继续犯错之外，本身也将成为阻碍他自然发展的绊脚石。一个想要自己动手做些事的孩子，乐于合作且充满了活力。"（5-83）

（3）隐藏问题

①假想的压迫

"请相信我，那些所谓的现代教育措施，只是在尝试着将儿童从假想的<u>压迫</u>中解救出来，其实并非上乘之举。让儿童为所欲为，用轻松的劳作令他们高兴，几乎把他们带回一种原始自然状态是不够的。这不是什么'<u>摆脱</u>'某些束缚的问题，而牵涉到<u>重建</u>的工作：重建则需要有一门'人类精神科学'引导。这是一种需要耐心的工作，是一项需要成千上万人齐心努力的研究工作。"（9-17）

②治标
在外在现象打转

"在教育的研究领域里，每一个探讨项目都限于外在现象的研究中打转。借用医学的术语来说，都是只治标而不治本。"（5-126）

（三）方法上
1. 学习的时机

"<u>知识的种子还未曾在适合的季节播种</u>，所以人类的惰性和无知，使人对各种智能方面的学习感到<u>厌倦</u>，这样的学习是有害无益的。

2. 被迫、无生气

……违反自然的工作，是会受到神圣的诅咒所谴责，而且也不能算是工作。今天，读书就像一种违反自然的工作，所以学生们读起书来好像是出于<u>被迫</u>而显得<u>毫无生气</u>。"（4-108）

3. 成绩

"在十四岁或十六岁的时候,他们仍然受制于'坏成绩'的威胁之下,因为老师通常是以成绩的好坏来衡量他们,似乎是把他们视为没有生命的物品看待。他们的努力往往被以不合乎人性的标准来'衡量',而非被'认定'为富有生命力的产物。

这些成绩决定了学生的未来,因此对这些年轻的生命来说,读书变成是一项沉重的负担,他们完全感受不到接受教育是一种可贵的恩典,可使他们享受到追求知识的喜悦与荣耀。这些所谓未来的主人翁,变成了心胸狭隘、矫揉造作,和自我中心的年轻人;他们的人生将是充满了无尽的遗憾,并且断绝了最珍贵的抱负,这是何其不幸的一件事啊!"(4-81)

4. 挫折 / 尊严

5. 惰性 / 刻板方式

"教育的一个特别问题是如何帮助这些退缩的孩子,如何治疗这些受阻而导致偏差发展的孩子。这样的孩子不喜爱他的环境,因这环境甚难超越而产生挫折,所以首要的是如何减少这挫折,然后设法让他受环境的吸引。提供他愉快的经验,给他有趣的事情去做,请他参与更多的活动。逐渐地,孩子从慵懒的意愿被带回到跃跃欲试的意愿,从慢吞吞到积极,从畏惧、依附、逃避参与任何活动的情况,转到无拘无束地欢笑,勇敢面对并克服困难的态度。"(6-46)

总之:

"没有人可以光靠面包活下去,这句话用在童年生活上是再适合不过的了;物质在此阶段是最不重要的,而且,物质可能导致任何年龄的人堕落。受物质奴役的小孩和大人,都会深感自卑,尊严尽失。

学校如监牢

成人所营造的社会环境并不适合孩子,因为孩子一向都被隔离在外,因此不了解大人的社会。由于孩子不知道该如何适应这个把他摒弃在外的社会环境,因此被送到学校里学习,可是学校最后却往往变成孩子的监牢。"(5-50)

自由

"要随时注意孩子精神方面的表现,便要让孩子自由,这样他才可以清楚地了解自己所需,因此得以寻求益于发展的所有外在需求。这是促使孩子自由、协调的发展,以及活力焕发的一大前提。"(5-112)

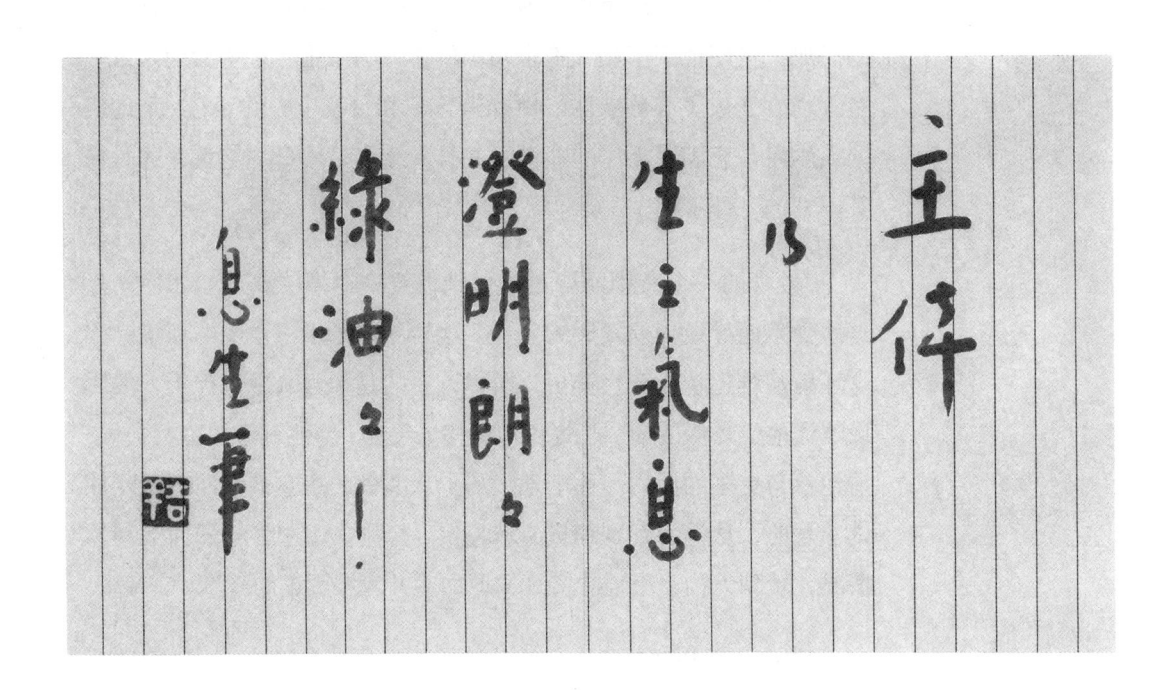

主仔
生之氣息
澄明朗之
綠油之一
息生事

第二章 人格发展的四个阶段
（教育或学习的阶段）

儿童之家、三个有利条件：

"当初有利实验的三个环境因素是：

1. 学校位于极贫穷且社会情况甚艰难的地区。穷人家的孩子可能苦于物质的缺乏，但他拥有自然环境，所以内在是富有的。

2. 这些孩子的父母都是文盲，无法提供孩子自以为是的帮助。

3. 老师都不是专业的，所以不受传统训练的偏见影响。"（6-79）

"穷困、无知、缺乏老师，没有课本、教条，背景几乎是空白的；就是因为一无所有，孩子的灵魂得以无拘无束地展现。所有的障碍无形中都不见了，也没有人知道障碍是什么。在此要强调的是：这个爆发不是任何教育方法所引起的，因为'方法'那时还不存在；心理学追踪、研究它，才建立了方法，是孩子内在爆发后产生的'结果'。报纸的头条把它标为：'人类心灵的发现'。"（6-86）

孩子获得精神的快乐 老师的天堂

"以前老师的快乐可能是事少、厚薪；或是能运用权力、发挥影响力，他的期望可能是升主管或督导。现在他不以那些是真正快乐，他向往透过孩子获得更大的精神快乐，对他来说：这就是天堂！"（6-109）

二次世界大战等，外在成就与内在成长不平衡

"当今接连发生的种种不幸事件，就清楚表明：耕耘人类内在的能量乃是当务之急。"（9-96）

"今天，人类是失败者，成了自己环境的奴隶，因为同环境相比，人类是弱者。这种奴役状况迅速变本加厉，其程度之深前所未有。人类也从未像今天那样无能。……

令人震惊的是这个陷入无名奴役的人类，仍然唱着陈腔老调，高呼自己是自由的，或是独立、自主的，这群堕落的可怜虫居然宣称自己是主人。这些不幸的人在寻找什么？在寻找最高福祉，也就是他们所说的民主；即人民对于'需要怎样的政府'可以发表意见，可以投票选举。但投票还不是一种讽刺？说什么选贤与能，事实上人人都被层层锁链束缚，治理者与被治理者都无法自救。

主人不知道是谁，其暴虐又像上帝一样万能，整个环境都在吞噬和粉碎人类。"（9-14）

"每一阶段皆需透彻地发展之后才能顺利地晋升到下一个阶段。精神分析理论也有类似的看法，如果前一阶段的需要未获满足，以后也会产生倒退现象。例如幼年时未充分得到母爱的孩子，可能会找一个年龄比他大的女人做妻子。"（10-60）

"世界的伟大力量，需要一个'全新的人'来推动，因此我们必须要考虑人的生活和其存在价值。"

> 对孩子人格形成过程仍一片空白

"万物的开展都经历复杂的演进过程，五岁孩子成为智慧的生命体之前，必定是走过一段建构的历程。目前这个领域尚待开发，有关人格形成的过程仍是现代科学知识上的一片空白，是一块未经探索的处女地、是一个未知数。"（9-10）

> 还在拒绝孩子的爱和新生活

"孩子一早醒来，爱的不仅是亮丽的早晨，他们爱的还有老是睡过头、一辈子浑浑噩噩的爸爸妈妈。我们对事情常有浑然不觉的倾向，但是孩子的到来给我们一个全新的开始。孩子唤醒我们的感觉，用我们不懂的方法让我们保持清醒，孩子用和我们非常不一样的方式，每天早上出现在我们面前，他好像是在说：'你看，你可以过另外一种健康的生活，你可以过得比现在更好。'

我们可以一直过得更好，只是人很容易有惰性。孩子是可以帮助大人上进的人。如果大人不愿去尝试，就会失败；然后会慢慢顽固起来，最后变得麻木不仁。"（5-35）

> 教育的目的：
> 人格的发展
> 帮助生命成长

"如果教育的目的是在于促进人格的发展，而非狭义的只是推动文化而已，那么生命中每个阶段的密切配合，将更形重要和不可或缺。"（4-106）

第二章　人格发展的四个阶段（教育或学习的阶段）　025

生命脉络的连续性
'重叠原则'
退滞与挤压现象

"如果人格的形成是教育的基础，那么从幼儿园到大学，所有的教育体系之间的联系、配合，是绝对必要的；因为人是一个整体，其个体必须经历互相依赖的发展过程。每一个阶段都是在为下一个阶段做准备、扎稳根基、养精蓄锐，好为下个阶段的生活冲刺。"（4-106）

1. 独立性

"令人兴奋而值得一提的是，在很久以前人们就发现，<u>独立感</u>最能满足人类的心灵。这种强烈肯定的感觉，足够使人散发出这样的气质。无疑地，这也是<u>社交生活</u>的基础，因为当人觉得凡事都得<u>仰仗别人</u>时，便更加确信自己的<u>无能</u>，这样一来，他也不会费心地去<u>帮助别人</u>或<u>和别人合作</u>。"（4-110）

2. 万物的和谐

"从无数个动物选择食物的例子所得到的结论应该是：动物不仅是为满足它们自己而吃，而是为着完成一个使命；不论生物或无生物，借着所有成员的合作，<u>共同为整个造物的和谐</u>。"（6-34）

3. 心灵、德行、服务

"动物的行为不仅趋向美感与优雅的动作，还有更深的目的，就是协助整个大自然的运作；所以人也有一个目的，不仅要比别的生物更纯净、完美，还要运用他<u>丰富的心灵</u>、<u>崇高的德行</u>为他人服务。（6-60）

"正如我在前面所说的。个体的生命从 0 岁到 18 岁可以区分为三个阶段。0-6 岁（这是本书的主题），6-12 岁和 12-18 岁则又各细分为两个时期。如果这几个阶段分开考虑，其典型的智能状态非常不同，几乎就像是分属于不同的个人一般。

正如我们所看到的，<u>第一阶段</u>是充满创造力的。虽然刚出生时儿童并没有性格，但是性格乃是根源于这一个阶段。0 岁到 6 岁是生命最重要的时期，在性格的发展上也是如此。襁褓中的婴儿不可能用示范或压力来影响他，这是众所皆知的，所以，必定是大自然自己为性格奠定了基础。幼儿并不懂对和错的意思，他是活在我们的道德观念之外。事实上，我们不说他是坏或邪恶，而是调皮，意思是指他的行为是幼稚的。所以本书中不使用'好''坏'或'道德的'这些名词。到了<u>第二阶段</u>，6 岁到 12 岁，儿童才开始意识到有关自己的行为以及别人的行为的对错的问题，对错问题是这个阶段的特征；道德意识已经形成，并且由此发展出社会意识。在<u>第三个阶段，从 12 岁到 18 岁</u>，产生了对国家的爱，是一种属于某一国家团体的感情，是那个团体的荣誉的关心。"（增补 3-235）

（一）婴幼儿期 0-6 岁

出生前　肉体胚胎

"原来胚胎内并不存在任何先天的、人的雏形。受精卵一分为二，由二变成四，借着不断地繁增，形成了胚胎。胚胎学的研究截至目前的发现是：只有一个<u>预设的建构计划</u>，富有理性与智慧。"（6-27）

（1）0—3 岁　精神胚胎　　无意识之吸收性心智"创造者"　　创造一个人，人格生
　　　　　　　　　　　　　人类无法接近　　　　　　　　　　命的全部，全人类自
　　　　　　　　　　　　　　　　　　　　　　　　　　　　　　我的生成。

"儿童也就是工人，他的<u>工作目标就是创造一个人</u>。当然，父母会供给他生活与创造活动所需的工具，但是，由于他的工作成果不只是物质，而是在创造人类本身——不仅仅是一个种族、一个阶段或是一个社会团体，而是<u>全人类</u>。"（3-42）

"似乎孩子内在有一位周全、精准的老师，忠于时间表施教，在三年之内就达到了成人需要近六十年努力学习的成就（心理学家的估计）。"（6-6）

（2）3—6 岁　　意识　　人格调整 *　　"工作者"　　　自我的发展，
　　　　　　　　　　　　　　　　　　　　　　　　　　　　　性格的形成

　　　　　　　　　　　有记忆　　　遗忘河（之前的事）
　　　　　　　　　　　易受影响

※※※

"所有精神发展，都是将从前在意识外的东西带到意识的层面，

那是一种意识的胜利"（2-33）

"儿童先前以无意识的智力吸收了这个世界，而现在则是把手伸入这个世界。……

所以，此时儿童有两个发展趋势：一个是借着在环境中进行活动来扩展意识，另一个则是使原有的能力更健全、更充实。由此显示，从 3 岁到 6 岁的期间，乃是一个<u>借着活动来建构自己使达更美境界的时期</u>。"（3-206）

"这是一段创造的时期。在这之前，一切都是空白，然后<u>个人特征</u>开始成形。我们所面对的不但是正在发展的个体，而且是'从无到有'的创造（当然除了潜能外）。"（史 -102）

调整期

"如果性格的缺陷是由于产后的因素，就不如胚胎期严重，胚胎期的问题又不如成孕时的严重。如果是产后的缺陷，可以在 3 到 6 岁期间治疗，因为这是调适与修正时期。"（6-90）

* 工作的意义

"'工作'这个字在此应有特定的解释。所谓'为五斗米折腰'，似可视为一种蕴含<u>职业训练</u>和<u>竞争</u>等要素的'<u>交易</u>'。但事实上，工作应当是学习某些'<u>实用价值观</u>'的过程；而工作技能的获得也不该只在个人的特殊专长上下功夫——这个道理不管在过去或未来都适用。"（4-84）

"工作"兼有：
　　动作—精神
　　行动—思想
兼：身、肌肉与心、心智
　　具象与抽象

"思想与行动是同一事件的两个部分，而且，透过动作才能表现出更高层次的生命。假设一个人的身体只是一团肌肉，没有头脑，那么，植物性生命也许会一直发展，但是，心智与肌肉却不能配合。决策的能力缺乏肌肉的控制就无法表现出来。如此，也无法独立，只是破坏了大自然的智慧所计划的一体性。"（增补 3-179）

精神与活动

"<u>精神与动作</u>是一个完整结构的两个部分，只是动作的表现较突出。没有大脑，人就只长成一团肉；如同骨头断了，大腿就失去了能力。我们的新教育把这关系看得十分重要，就是心智发展必须

与动作相连，而且凭借运动来发展。没有动作就没有进步，也没有精神的健康。"（6-61）

"动作是完整思考过程的最后一部分，精神的提升必须借着活动或工作。"（6-60）

"劳动和精神的专注之间，有着严密的关联。这句话乍听之下好像很矛盾，但是两者相依相赖，相辅相成。内在精神决定人们在日常生活的能量，反过来说，日常生活也以一般性的劳动活络脑部的思考：体力的消耗会不断经由精神的支持而得到补充。"（5-59）

双手 = 实践
工作 = 成长

"对于从未使用过双手工作的孩子，他们自然不会感觉到自己的用处和肯定自己的能力，当然他们更不会从经验中去体会生活的社会性，也不会了解思考和创造对建立精神和谐的功劳。这些孩子将来长大后，会变成自私的年轻人，他们会变得悲观、怨天尤人，并且寻求表面的虚荣，来填补内心遗失的乐园。"（4-111）

除弊在于

"嫉妒与竞争是心胸狭隘、目光短浅的标志。志在以'天堂'为奖赏的人，甚至不屑拥有这世界，不吝惜这眼前有限的财富。

我们应该推动一种宏观的教育，能使人超越现实的利益。太执着于眼前的物质得失才会引起嫉妒与竞争；开阔的心胸能引起另一种情操，使人愿意为一切能推动人类真正进步的事业献身。"（9-44）

扩展人格（格调、胸襟、器识）

"但用直接纠正及压制缺点的观念也不正确。缺点只能经由'扩展生活空间'来纠正，为人格发展提供更多的管道，引发一些更广泛的兴趣，不要只注意身边的人，整天与他们比较。只有穷人才为一片面包争执，会经营的人关注的是整个世界所能提供的机会。

与其压制儿童的欲望，不如鼓励他去征服无限。在这个机会开

放的基础上，我们才能、并且也应该教导儿童尊重外在法规，这是由另一个自然力量、即人类社会所制定的。"（9-44）

（二）儿童期 6-12 岁

<u>生理上，乳牙→恒齿、毛发、体型细长、腿粗壮 / 较"鲁直"</u>

"七岁时，孩子的生理与心理均有所改变。心态想法也有所不同。生理的改变较明显。<u>乳齿</u>逐渐为永久齿所取代，卷发也变直、变黑了。短胖的身材变瘦了、高了。甜甜的个性变得<u>固执</u>了……这个阶段要持续到青少年，称为<u>粗鲁的年代</u>。"（10-57）

"这个阶段的表现可能不是那样的礼貌周到、注意打扮，但却是非常<u>诚实，见义勇为</u>，能长途跋涉，甚至<u>迷恋各项运动比赛</u>。确有不少成人是像这样的。固然是很可爱，但反映的不过是尚未达到青少年期的儿童心理而已。"（10-60）

1. 认知方面（心智）　　文化敏感期、想象力敏感期
　　　　　具体→抽象
　　　　　是什么→为什么？因果关系

"如果教育的目的是在于促进<u>人格的发展</u>，而非狭义的只是<u>推动文化</u>而已，那么生命中每个阶段的密切配合，将更形重要和不可或缺。根据我们教育过学生的经验，6 至 12 岁的这个阶段，有传授科学常识的必要。因为这个阶段的孩子，心理的感应十分敏锐，所以这个阶段正是所谓的'<u>文化敏感期</u>'，同时也是人类心智的<u>抽象层面被构成</u>的时期。"（4-107）

"要让 7 岁至 12 岁的孩子对自然界的全貌有所了解，我们必须要开始教导他<u>数字</u>的观念。我们必须要传授孩子对<u>所有科学的概念而非精确的细节</u>。这个年龄是孩子拥有想象力的敏感时期，也是最适合播下科学种子的阶段。当孩子具有对科学的概念时，接下来我

们便可以将科学延伸到每一个细节如矿物学、生物学、物理、化学等。我们会发觉每个细节会引导我们对科学做整体性的研究。"（4-31）

"我并不是说孩子成了哲学家，但是他们倾向于抽象的思考，正如前一个时期的孩子倾向于具体的活动一样。"（10-58）

"当大人们尝试回答孩子一大堆问题时，不是给予冗长复杂的解释，就是只好拜托孩子不要讲话。"（4-18）

"现在，他感兴趣的是去问为什么和该如何做。他不但能换个角度来看一些过去只吸引他感官上注意力的事物，而且尽量去做他该做的事。换言之，他已经能够察觉因果关系的存在。"（4-18）

"使孩子在更浩大的宇宙中去吸收文化（自然科学等方面的知识），这将是了不起的媒合。

在蒙特梭利小学中，孩子在文化上的成长给人相当深刻的印象。所以我的结论是：所有文化知识必须在7岁至青少年阶段扎下基础。"（10-59）

2. 道德方面　　良知判断　　正义感、公平
　　　　　　　　行为标准：　是非、对错
　　　　　　　　好习惯的养成

"这个阶段的德育发展如何呢？7岁孩子的良心是最直接、敏锐、最有趣的。他们关心什么是好的，什么是公平、不公平。"（10-60）

"在实务上我们到底该如何来教育7岁大的孩子呢？首先，我们要谨记在心的是，我们必须先去了解孩子内心所想，但却无法表达清楚的愿望，并帮助他实现。我们应该亲身去体会孩子所经历的改变，不只是在表面上的一些生活习惯，更重要的是去体验他的内心世界。孩子能够在这样一个丰富而抽象的社会里茁壮成长，尤其是当他开始对人们的行为远比对事物的本身感兴趣时，这意谓着他

已进入能够表达是非判断的新阶段，这对孩子来说完全是种新的经验。在以往，他只对事物感兴趣（譬如说替植物换水、照顾小鱼等）。"（4-18）

"7岁可能是人表现对道德问题和行为判断重视的开始。孩子的好奇心，在他对以往不曾注意过的事物感兴趣的表现上一览无遗，因此他开始会担心自己表现的好坏。一种存在于孩子内心深处的敏感性——也就是所谓的良知，开始面对分辨是非善恶的问题。

7至12岁这个时期是道德教育的重要关键。"（4-10）

"我们应该唤醒孩子的良知，并教导他对别人应尽的道德义务。现阶段最重要的不再是光教他，别人经过身边时不要去撞到人，而是如何避免去冒犯人。

如果这样的训练成功，应归因于孩子们有接触道德规范的机会。训练的重点在于引导孩子什么事该做或不该做，因此孩子们通常不会有刻意犯规的行为。同时在服从训练规范的过程中，孩子开始为这新生活的起点所深深吸引，一种新的自尊也在孩子的心中滋长。"（4-14）

"道德教育有两个层面，在实质上，它能够左右社会关系；在精神上，它支配个人意识的觉醒，因此人如果光靠想象力来建立社会关系是非常困难的。"（4-20）

"所有的活动要联到一个中心目标，即使像摆设桌子或分配食物，孩子的自由意志皆不断地导向同一个目的；我们的社会是借意志而凝聚的，甚于因同情心的凝聚。情绪不是首要的，意志才是凝聚的力量。"（6-100）

"从6岁开始，孩子才能接受德育的教学，因为6至12岁的孩子良心开始觉醒，他们有兴趣讨论'对与错'的问题。如果在孩子 12 至 18 岁时激发他们宗教或爱国的情操，效果会更好。"
（6-98）

3. 社会意识　　朋党时期，转型期（指走出家庭）
　　　　　　　　金钱、人为物（超自然）
　　　　　　　　活动范围扩大，社会参与

"此阶段另一个特色是<u>与家人分离的态度</u>，他们仍喜爱家人的聚叙，但已远不如前一时期那么重要了。他也<u>不在乎</u>自己是否整齐、清洁。现在他最喜欢出外。家庭的限制与保护反而使他很厌烦。"
（10-58）

社会性；
需要

"教育在这段时期扮演相当重要的角色。老师必须了解孩子本身在学习方面的限制，当孩子还小的时候，他所说过的话并不能算数，但在这一个阶段，他必须学会做该做的事，<u>说该说的话</u>。大人能够提供孩子安全感的基本来源，在于训练孩子能够简单明了地<u>描述事实</u>，让他明白什么话是应该而且是必须说的。"（4-18）

4. 情绪方面　　　　可以延后满足之能力

※ 想象力的问题
了解大自然之整体与形而上，需用想象力（2-219）
但脱离自然、人生、自我生命历程之想象，要小心！！（3-314）
（2-180）

"生命本身便是一种能量，它有不断地使环境完美来保持创造上平衡的倾向；没有这种倾向，能量本身就会崩溃。例如，珊瑚虫从海水中提取碳酸钙来建造保护它们自己的覆盖物，这是它们活动的特定目的，然而，在创造的全体计划中，它们也建造出新的陆地。由于这个最终目的与它们<u>立即</u>的活动离得太远，所以，我们可以学习到许多有关珊瑚和珊瑚礁的知识，却没有提出新大陆的问题。对所有的生物，尤其是对人，都可以说情况是相同的。

从'每个成人都是幼儿时期创造活动的产物'这个事实证明：幼儿拥有一个一定的、可看见的最终的目的。但，尽管我们可以从一个角度去研究幼儿，从他的身体细胞到他无数动作的最微小细节去了解他的一切，我们仍然无法看见幼儿的最终目的，就是那个他将变成的成人。

然而，一个活动的两种相隔遥远的目标表示<u>工作是依赖于环境的</u>。"（增补 2-217）

不好的想象力：幻想

"<u>精神生活是真实地建立在一个与外在世界非常搭配的统整人格上</u>。心智错乱脱离了现实，也必定是脱离了健康正常的状态。沉迷于幻想世界里的心智，因缺乏对于错误的控制能力，故无法统合思想。它不可能专注于真实的事物（而未来一切专注力都源自此）。这般被误称为'富想象力的生命'，会使司精神生活功能的器官萎缩。教师创造一个亲切而吸引人的现实环境，试着使儿童集中注意力于真实事物上，让我们说，她真的摆了一桌，提供了美食，成功地引起儿童的兴趣，并以大喇叭的声响唤起了远离正路的懵懂心智。'完美的协调动作'与'重新抓住那已脱离现实的<u>注意力</u>'就是有效治疗儿童所需的一切了。"（增补 3-314）

"许多<u>似乎拥有丰富想象力的成人</u>，实际上对他们的环境只有模糊的感觉，而且深受他们的感官印象所支配。这些人以他们富于想象的气质著称，他们没有秩序，但却能赞赏随处所见之光、天空、颜色、花朵、风景、音乐，他们对人生充满多愁善感、罗曼蒂克的想法。

跳脱

但是他们对所赞美的光并没有足够的认识，以致无法真正地爱上它。给他们灵感的星星也无法使他们维持长久的注意力，从而使他们获得起码的天文学知识。他们具有艺术的倾向却没有任何的创作，因为他们缺乏不屈不挠的精神，所以无法习得任何技能。通常，他们并不知道用他们的双手去做什么，他们无法使它静止不动，也无法令它工作。他们紧张兮兮地触碰物品而且经常打破它们，他们心不在焉地摘下他们喜爱的花朵。他们无法创造出美好的事物，也无法使自己的生活快乐。他们不知道如何去发现世上所能发觉的诗歌。如果没有人协助他们，他们会不知所措，因为他们把自己的失败和与生俱有的弱点视为完美的标志。这些会发展成严重精神疾病的缺陷根源于他们的早年，也就是一个人最容易产生迷惑的时期。一条道路受阻就会产生许多种偏态，而这些偏态起初是难以察觉的。"（增补 2-180）

"生命真正的目的和外表上所呈现的大相径庭。刚开始我们会认为生命的目的在于寻找最好和最快乐的生活环境；而珊瑚群便被认定是这样的追求者。事实上……"（4-39）

不然

"想象力只有在人赋予其勇气和力量时才能发挥其创造的功能，要不然人只不过是个飘荡的空虚灵魂罢了。"（4-29）

真实　　　　激发求知欲
具体事物　　启发兴趣、好奇心、产生真正的知识
透过活动

"只有当孩子对真实的事物感兴趣时，自然而然会激发他的求知欲。"（4-30）

如："树所散发出来的力量足以和人的内心沟通，而这正是书本或博物馆所无法代替的。"（4-27）

"很明显地和具体事物的接触能够使人获得真正的知识，同时也能够启发人的兴趣和好奇心。"（4-27）

"大人们通常都太低估了孩子的智能，要让孩子了解世上事物最重要的莫过于亲眼目睹这些实物。孩子的智能到达什么样的程度是人所无法预测的。我们只能希望借着夸美纽斯的观念来启发孩子的智慧，并引导他认识这个世界。"（4-26）

整体／关系

"所谓的分类并不是只在一些细枝末节上钻研，而是对事物的

整体做全面的分类整理。"（4-31）

"最重要的教育理念是，偏重末支细节的传授会带来困惑，唯有和事物建立关系才能获得知识。"（4-76）

<u>想象力</u>　　"想要认识这个世界是需要想象力的。当事实的细节和想象力融合在一起时，我们便获得了所有的知识。"（4-27）

"6岁以下孩子的想象力，一般都耗在玩具或虚幻故事上，但是我们的确可以使他们想象真实的事物，把他们放在与环境更精确的关系上。"

"没有想象力的人是可怜的。但拥有太多的幻想对孩子而言也是相当不妥的。"（4-29）

<u>仍靠活动</u>　　"对孩子来说，想活动的意愿要比想吃东西的意愿要强得多，我们之所以很少看到这样的情况，是因为目前不自然的环境中，缺乏让孩子活动的动力。"（5-53）

"生活就是活动，只有透过活动，生命才能趋向并达到完美。目前社会上有人提议减少工作时间，或是请人代劳，这是一个退缩小孩封闭生活的症候。"（6-46）

※ 数学问题

"人类的心志在自然的状态下具有数理的倾向，因此人会讲求准确度、测量、比较事物，并且运用他有限的力量，去探索大自然呈现在人类眼前的各种结果和隐藏在其背后的原因。正因为数学具有这样的重要性，学校必须用特殊的方法来教导孩子理解数学的观念，并透过许多教具的协助，来示范数学'已被具体化的抽象概念'。"（4-97）

"孩子由具体的实物开始，渐渐走向抽象的'数'，然后来到更抽象的代数阶段，在他工作过的三个领域中，实物、抽象、代数都会遇到准确性的问题，着迷的结果使他充分明了这些'单位'的游戏。我们深得这位大哲学家兼物理学家帕斯卡尔（Pascal）的启示，他也潜心研究过数学，他认为人类的心智具有数学的特性，人类的进步就是循此发展的。这种说法引起普遍的欢迎，因为在传统学校老师的经验中，数学是最令人反感的科目。现在连幼儿都能证明帕斯卡尔是对的。如果我们进一步来看他的话，他认为整个人类的行为都是围绕环境发展的，而这种活动总是越来越趋精准。这种精确性只能借心智完成，所以证明我们的心智确有这个数学特质。从历史上来看，人类的心智致力于改善环境，并用来解释他周围的事物及其所产生的现象。要成就这些，就需要先正确地了解这些事物，把自己摆在精准的核心。这是两百年以前，帕斯卡尔就发现了这个准确性是人类基本特征之一。"（6-15）

（三）青少年期 12-18 岁

生理上变成熟、具有生殖能力　　所有生理能力具备了
心理上

"从心理方面的观点来看，这时期也是一段危险时期，诸如猜忌困惑、犹豫不决、暴力倾向、沮丧气馁，以及突然发生的智力衰退等现象，都是此时期常见的心理问题。"（4-82）

（一）个人　　1. 期待创造性工作
　　　　　　有"加强自我信心"之需求　　人格特质敏感期

"青春期的主要特征是，青少年对凡事都充满期待、喜欢从事创造性的工作，并有加强自我信心的需求。"（4-82）

"但当他能在现实生活里真正去体验自己努力的结果，便能建立起他的独立性和自尊心。这也就是说，他能够从自己的经验中找到答案，这种体验对孩子生命的每个阶段都是重要的。"（4-19）

2. 正义感、自尊心强

"此时期正是青少年为成为社会化之成人预做准备，而须发展若干<u>人格特质</u>的'敏感时期'，换句话说，此时正是他们发展<u>正义感</u>和<u>自尊心</u>等人格特质的大好时机。"（4-82）

"社会新生儿"
（不求回报）"世界儿童"

（二）社会　　强大到整体、历史：一种抽象的爱　"大地之子"
"宇宙之子"

"前一个阶段走出去面对四周广大的人、事、物，亲眼看见它们各有所司、各尽其责，所产生的社会情操，现在<u>已转成对'人'的普遍情操</u>。他们可能同情且为受压迫的人示威游行。但一般来说，他们想了解<u>整体世界人类</u>的行为，包括过去的人。一种异样的心理使得他与众不同。他从探索他周围人的感受，过渡到那些未曾谋面之人的感受。这是<u>一种抽象的爱</u>。这种爱是无法报答的，因为它是指向看不见的一群人，而且他们的人数是无法想象的。"（10-60）

"从 6 岁开始，孩子才能接受德育的教学，因为 6 至 12 岁的孩子良心开始觉醒，他们有兴趣讨论'对与错'的问题。如果在孩子 12 至 18 岁时激发他们宗教或爱国的情操，效果会更好。"（6-98）

1. 希望自己漂亮、美丽　吸引异性　　外表受社会影响
2. 行为模范来自社会　　运动员、明星

"这个阶段也是产生尚武精神与使命感的时期。这些孩子很想直接地为社会效力，为社会认可。"（10-60）

3. 环境的适应力　　经济独立／工作与学习　　自助

"文明的理想典型是：<u>从自然环境中</u>开展出来的文明，应该能提升这些'社会新鲜人'的品质。"（4-88）

"能够鼓励当今社会上因机器普及和大量生产而日趋式微的<u>小型乡村工业</u>。这种交易形态，对于保存旧时代的若干特质（譬如<u>以简单事物即可充分流露个性</u>），自有其特殊的效果。"（4-89）

※ 钱的问题

"我认为青少年可以打工赚钱。这话听起来可很俗气，因为'钱'被认为是肮脏的。但是认真<u>工作应该获得自尊</u>，而且应该正确理解工作与金钱的意义。因为努力<u>工作的酬劳是代表做了很有用的事情</u>，否则只仰赖家人给钱，就如同寄生虫一样。追求自尊的他岂甘愿做寄生虫？在劳动阶级的家庭中，许多青少年都去打工的。你可以解释为他们是不得不打工的，因为有经济上压力。但我有其他例子说明另一种身份的孩子为了追求经济上的独立，他们是如何<u>珍惜劳力得到的报酬</u>。在美国有一位百万富翁的儿子，离开家庭去自谋生活。最终人家发现他在爵士乐团工作。在这之前，他过着令人羡慕的生活，他有汽车，想要多少钱就可拿到多少钱。但是每天只赚八美元的生活费却带给他更大的快乐和满足。为什么呢？因为他感受到自己<u>人格的价值</u>。他会持续留在乐团吗？不。但是在这个阶段，他需要社会历练的实验，以奠定人生的基础。

※ 工作与职业

但是'工作'这个字在此应有特定的解释。所谓'为五斗米折腰'，似可视为一种蕴含职业训练和竞争等要素的'交易'。但事实上，工作应当是<u>学习某些'实用价值观'</u>的过程；而工作技能的获得也不该只在个人的特殊专长上下功夫——这个道理不管在过去或未来都适用。"（4-84）

"此一工作观念隐含着一个基本原则：<u>工作本身远比工作种类来得重要</u>。所有的工作都是值得尊敬的，唯一令人鄙夷的事，就是<u>没有工作</u>。我们必须了解，任何一种工作都有其存在价值，不管是凭劳力或脑力的工作，能成为别人的<u>工作伙伴</u>，并且对<u>工作性质有透彻的了解</u>，是非常难能可贵的。"

※ 时代的改变

"青少年的两大需求：一是在此一艰困的过渡时期寻求<u>生理方</u>

面的保护。二是对自我即将进入社会扮演成人的角色做好心理建设。这两大需求也正是对这年龄的孩子最重要的教育课题。"

"如果我们非得指明，在当前的社会环境中，何者对上述这些问题的影响最大，我们一定会说：就是未来似乎充满不安全性和未知变数的这个事实。物质文明快速地发展，导致危机四伏，人也无法肯定自己对新环境的适应能力。我们失去了在旧时代里所拥有过的那份'安全感'，我们只需去想一想：在传统社会里子承父业是极其自然的事，而如今骤然而至、难以预料的种种要求所产生的困扰，却导致了所谓'职业教育'和'在职训练'的需求，这两种时代之间的差异有多大啊！"（4-79）

（四）成熟期 18-24 岁

"在过去，大学的基础在于生活的伦理、生命的哲学观和人类的使命感，所以文化便成为提升人类精神生活的最佳方法。但在今天，人类道德观的发展，并非借由哲学的沉思或讨论抽象的观念，而是透过参与活动、累积经验和采取行动。"（4-109）波隆那（Bologna）大学　象征着庄严和高尚

"今天的文明所欠缺的，便是人类的精神力量和对责任感的知觉。但在所有人类主宰宇宙的知觉中，他必须明白自己是所有创造物之主、是地球的改造者、自然的创立者和创造宇宙的贡献者。"（4-112）

"能令他感兴趣的是'人类的使命感'。"（4-112）

"这不是靠学术研究与科学技术就可达到。必须累积所有以往各阶段的优点，并且还要凌驾其上。"（10-62）

（1）教育的目的：人格的发展（4-107）　　即生活本身
"教育的重心是生活本身而非文化，因为文化含有许多吸引人

的诱因。

想得到文化的协助和感受其对追求完美、成功和精神幸福的必要性，这就是读书的最大动机。"（4-110）

※ 读书

"如果我们仔细考虑这个问题，那么所谓文化的获得，大部分只不过是在接受观念而已，但那并不能构成生活的全部。事实上，生活的活力就是主动致力去了解人类如何创造外在的生存环境。也就是说，读书不是生活的全部，但活着却是能够读书的必要条件。"（4-109）

"文化不论是被传播、被接受或是被同化，都无法满足每个人的性格需求。人需要情感发泄的管道，要不然会造成内心的冲突，并影响精神状态和心智的清明。"（4-109）

"学生人格的整体发展，而不光强调智育，那么合作是绝对必需的，因为光靠文化是无法实践生活的。"

（2）了解自己的价值和道德责任

"学生们参与哲学和政治的讨论会，以促进他们了解自己的价值和道德责任。"（4-105）

1. 文化与学术

"他是一个活跃的火种，知道如何开发人类未来生活的潜能，探索能力的极限并应有的责任。他的抱负不限于自身的利益。自己是摆在次要的地位。凡事着眼于全人类，他已历经了不同的发展阶段，克服了各时期的问题。也接受了完整的教育。他现在面临最后阶段的问题。文化的充实与教育对他来说不再有界限和范围。他要自己决定如何为全人类的文化来奋斗。不管他做怎样的选择，他必须了解文化是没有止境的。"（10-61）

2. 艺术性的公共活动
3. 媒体之大众传播

"即使是大学里的节庆活动，也都是艺术性的公众活动。

所以事实上，大学应该是文化的中心，学生成为散播文明到世界各地的媒介。"（4-105）

（3）面对邪恶的挑战，战胜邪恶　　占有欲、权力欲之引诱
　　战胜"安逸生活"。

"他面对邪恶的挑战并战胜邪恶，这就是所谓的准备工作。

每一个人都具有危机意识和面对危机的能力，对于世间的各种诱惑的试炼都能不为所动。

克服这些诱惑的事实在福音书中都有记载，如占有欲和权力的诱惑。"（4-116）

旷野的历练

"拆穿了魔鬼的诡计，而且胜过了牠的试探、引诱。这就是最后也是第四个阶段的教育。一个人要真正服务社会必须战胜权力欲，战胜钱财、情欲的贪婪、战胜安逸生活。如果没有经过四个完整阶段的训练是不可能达到的。只有完全发展、成熟的人才能达到超脱的境界。"（10-62）

（五）独立性

独立性

"当儿童踏出了第一步时，他的经验水平提高了。此时，我们可以看到他不断地在扩大自己的独立性。他要按自己的意思做，或搬运东西，或自己穿、脱衣服；这些都不是出自我们的建议。他真是精力旺盛，以至于我们通常都加以制止；但是事实上，我们这样做并不是制止他，而是违抗大自然。儿童的意向是与大自然保持和谐的关系，他服从一切的自然法则。

他逐一地减少对周遭人们的依赖，渐渐地，他也希望能在心智上独立。我们可以看到，他喜欢用自己的经验来发展他的心智，而不用别人的经验。他开始寻找事情的原因。人类的个别化就在婴儿期如此展开了。这不是什么学说或见解，而是显而易见的事实。当我们说，儿童应有完全的自由，社会应确保儿童的独立与正常功能时，我们并不是使用模糊的理想主义的字眼，而是在描述从生命与

大自然中积极观察所得到的事实。唯有自由与环境经验，人类才能真正有所发展。

同样地，我们也不该认为儿童对于独立与自由的看法与成人世界所持的理想完全相同。如果我们要成人自我省视，然后对于自由与独立下个定义，他们一定无法正确地回答，他们对于自由的看法是可悲的，他们缺乏大自然那种无限宽广的视界。唯有在儿童身上，我们看见了大自然的庄严——她借着给予儿童自由与独立而赋予他生命。她总是按着个人的年龄与需要而给予，她使自由成为生命法则；没有自由就是死！"（增补 3-121）

> 源于大自然
> 自然环境
> 无限潜能

"这种不断追求独立的目的何在呢？它又源自何处呢？一个成长中的个体不断地追求独立，而后能自谋生活。这是自然界共同的现象，所有生物各自发展独立。因此我们知道，儿童乃是按着大自然的计划而成长，渐渐到达了自由的境界——所有生物的首要生命法则。他是如何获得独立的呢？他是靠不断活动。他如何获得自由呢？也是靠不断的努力。所以，生命永远不可能是静止不动的。独立并非静态的，而是不断地前进。为了获得自由、力量以及增进自己的能力，他必须继续不断地努力下去。"（增补 3-122）

> / 独立靠活动
>   自由靠努力

"一个以自由为根基的教育体系应该努力于协助儿童获得自由，并且以促使儿童脱离一切限制其自发性表现之束缚为其特定的目标。当儿童如此发展下去时，他就能逐渐更清楚、更真实地自由表现自我，因而显露出其独特的本质。

> / 独立在于自发性
>   自由在于开放性

这就是为什么教育对儿童的最初影响应该是以引导儿童独立为其目标了。

不能独立的人是无自由可言的，所以，为了让儿童获得独立性，我们必须在婴儿的最早期导引他们自发地展现人格的自由。从断奶开始，儿童就走上了这条独立的冒险之路。……但是到了三岁时，儿童应该已相当独立与自由了。"（增补 1-61）

> / 独立与自由

第二章　人格发展的四个阶段（教育或学习的阶段）　043

"独立的本质就是能为自己做一些事情。在这些不断地获得独立的过程中，其中所蕴含的哲学概念就是：人类凭借着努力而获得独立。如果儿童能够独立，他就发展快速；如果不能独立，他的发展就很缓慢。"（增补 3-194）

"如欲有效地教育幼儿，就必须协助幼儿迈向独立之路，鼓励幼儿从事自己能做的各种活动，并且避免幼儿由于自己的能力不足而成为别人的负担。我们必须协助幼儿如何自己走路而不需协助，能自己跑步、上下楼梯、捡起掉落的东西、穿脱衣服、自己清洗、表达为人所清楚了解的需求与试图以自己的努力去满足自己的欲望。这些都是教育儿童独立性一部分。"（增补 1-63）

"令人兴奋而值得一提的是，在很久以前人们就发现，独立感最能满足人类的心灵。这种强烈肯定的感觉，足够使人散发出这样的气质。无疑地，这也是社交生活的基础，因为当人觉得凡事都得仰仗别人时，便更加确信自己的无能，这样一来，他也不会费心地去帮助别人或和别人合作。"（增补 4-110）

"教育的重心是生活本身而非文化，因为文化含有许多吸引人的诱因。

教育的目的，人格的发展（增补 4-107）

想得到文化的协助和感受其对追求完美、成功和精神幸福必要性，这就是读书的最大动机。"（增补 4-110）

"如果我们仔细考虑这个问题，那么所谓文化的获得，大部分只不过是在接受观念而已，但那并不能构成生活的全部。事实上，生活的活力就是主动致力去了解人类如何创造外在的生存环境。也就是说，读书不是生活全部，但活着却是能够读书的必要条件。"（增补 4-109）

"如果我们研究世上所有对人类有用的、著名的发明物，我们会发现，它们的起点通常都是从有秩序而且精确的心智开始，才能创造出新的事物。甚至在诗歌和音乐的想象世界里，仍然有基本、精确的秩序，所以被称为'诗体的'（metrical）或有韵律的。"
（增补 3-225）

"心量放大，就是爱"（柏拉图）
——"心量因大，不行是小"（六祖）

2003 年 10 月 14 日

诚实	过滤		（1）主：自明的觉
量大	包容		体：自然的整体
			有主体'正常人格'：面对自明（自信）
心	台		懂得自然（踏实）
主	体	位	（2）天人之际：利用觉而不面对觉　　　"大分"
			以自明引导心，过精神生活　"大合"
感激	伟大	率直	（3）内外之间，以外在人工的价值，包装偷渡
敬畏	驱力	爽气	内在成长。　　　　　　　　"大破"

心—主 / 精神：心神，心专注，精微饱满入神　　在自由环境，自选工作，以努力之学
台—体 / 环境：分清人工与自然，珍惜自由的　　会，提升内在心智建构之自我。"大立"
　　　　　精神环境。

位 / 工作：用精神真做，亦即精神的粮食。
"正常"幼儿 最显著的特征：自信和踏实行为。

"人类感觉到要放弃他平常的行为模式；在那里，人了解到竞争不是生活中不可或缺的一部分，并体认胜过别人不是生存的秘诀，因此克己似乎才成为生命的真正源泉。难道没有一个地方，让心灵渴望砸碎那牢牢束缚着它的外在物质世界吗？难道没有一种寻找对助长新生活奇迹发生的急切渴望吗？同样的，也不会渴望要超越个体生命并且进而伸展到永恒吗？获得拯救的途径也就在于人类要明白他必须放弃自己艰苦的推论，而去相信事实。"（2-228）

"伟大的教育使命是必须保护、保存个体原有的正常性，使之趋于完美的核心。然而，今天我们所做的一切，却是以人为的方式使人类变成异常（abnormal）与虚弱，易于罹患精神疾病，需要不断地看护以免落入外缘地区而成为社会所遗弃的人。今天所发生的一切，实在是出卖人类的罪行，其影响可能会毁灭我们。全世界有一半的文盲，但是他们并没有真正成为社会的负担。真正影响到社会的，乃是我们并不知道自己正在忽视人类的创造，践踏上帝亲自放在每一个儿童内心的宝藏。这里蕴藏着具有道德与智能上重要价值的资源，可以将全世界提升到更高的层面。"（3-286）

"尽管人类是依赖他人的，至少他是自己生存的主人，而且可依其所好去指挥、处置自己。他并不立即受制于大自然的变化。他与大自然的变化是隔离的，完全地依赖人类的变化，如果他周围的人其人格遭受扭曲，他整个生命也将处于危险中。"（2-209）

何谓"精神"？
天生的

"在'儿童之家'，我们得以观察到人类天生的精神特性。这些特性不如植物的生理学特性来得明显易见。幼儿的精神生命是如此地不安定，因此，一旦处在不利的环境中，它的自然表现就完全消失不见，或者由其他人的精神生命取而代之。"（2-156）

就在那个时候，我们第一次使用"彻底改变"（Conversion）这个名词。当时一位最有名的意大利作家观察说："这些幼儿让我们想起改变信仰的人（Converts）。"没有一种改变信仰（Conversion）的事实，比克服忧郁、哀伤，并将一个人的生命提升到更高的境界更属奇迹的了。

有则如重生

尽管这是一种看起来矛盾的表达方式，但这个概念还是在许多人心中留下深刻的印象。也许看起来，改变宗教信仰与幼儿时期天真无邪的情况互相矛盾，但是这个名词强调了这个众人皆知显著现象的精神特性。幼儿经历了精神的更新，由哀伤及被遗弃的感觉中解脱出来，并且给他们带来喜悦的新生。

创造力量的泉源	……这些幼儿以一种令人目眩的方式让我们知道，<u>人类犯了错误，必须彻底改过更新</u>，而在一个人创造力量的泉源中可以找到这样的更新。
创造指创生 　有生命法则	"正如同人类不是由逻辑推理来创造他的身体，同样地，他也不会用议论的方式来创建他的心智。在此，创造指的是神秘的太初事件，<u>引起了原本不存在的事物产生，而后来又注定要按照生命的法则而成长的事物</u>。的确，万物皆始于某种创造：'Omne vivum ex ovo！'所有的生命皆来自一个卵。"（3-231）
	"幼儿显示出，在他能自由移动并且拥有这些经验之前，他已经历了一段与身体各部分位置有关的高度发展的敏感期。换言之，大自然赋予幼儿一种与幼儿身体各种姿势和位置有关的特别敏感性。
（主）具洞察力（觉） （体）和冲动（驱力） 　为意识（心）之基础	有些较旧的理论是根据神经系统的机制作用为基础。另一方面，敏感期与精神现象有密切关联。<u>精神现象是一种洞察力和冲动，它们为意识立下基础</u>。这些是产生基本原理的自发能量，且是形成精神成长的基础。"（2-74）
（位）精神可提升， 　　　成长	"当幼儿的<u>精神生命向上提升时，他们会出于自愿地拒绝这些无用而外表美好的东西</u>。"（2-146）
形成人格心智 若由后天塑造	"综合上述，我们得到一个有关儿童人格心智方面基本形成的概念。一个精神的有机体正根据预先建立好的模式在自我建构，如果不是如此，则儿童的精神界限必须由其推理能力与意志力来塑造，也就是说，是由那后来才获得的能力所塑造的。但是，我们必定不会采纳这个荒谬的想法。"（3-231）
老师应具精神的 　警觉性 此非口才 乃品德	"教师也有许多困难的任务。她并不是完全置身事外，而是要更谨慎、更细心地多方面协助儿童。她不必说什么话，也不必花费太多力气，也不必很严厉；但是，她必须要有敏锐的观察力，能够适时地上前去帮助儿童，或是离开他远一点，她也必须能够按照儿童的需求而说话或保持沉默。她必须具有其他教育体系所

未曾要求的精神的警觉性（moral alertness），流露出镇静、耐性、慈爱和谦虚。要成为这样的教师，最重要的并不是口才，而是她的品德。"（1-159）

幼儿渴望工作代表了一种活力的本能，因为不工作便无法组织他的人格——人借着工作而建构自己。工作没有替代物，不论情爱或健康的身体，都无法取代它。而另一方面，如果这个工作本能产生偏态，不论取他人的榜样或施以惩罚，均无法补救。

"工作既是极大满足的来源，又是健康和重获新生（对幼儿而言）的一项原理，为什么只因成人将它视为一种不为人所喜爱的需要，而一直受到拒绝呢？事实可能是因为社会已经失去了工作应有的动机。这种奥妙的工作本能依旧以隐性的特征藏在人心里——它已经因为占有欲、权力欲、漠不关心和依附而产生偏态。在这种情况下，工作仅能依赖外在环境或偶尔经由偏态的人竞相斗争而产生。如此，它成了强制性的劳动并因此形成强大的精神障碍。这便是为什么工作看起来艰苦而令人讨厌的原因。

但是当有利的情况出现时，工作经由一股内在驱力而自然涌现，即使在成人身上，它也会展现一种完全不同的性格。当这种情形发生时，工作变得迷人而不可抗拒，并将个人提升到偏态的自我之上。"（2-208）

"当占有欲进入一个有组织的环境中时，它不仅是个人的一种障碍，对全体的工作也是成为障碍。于是，剥削他人的劳力取代了劳力的自然分工。导引的规范将人类偏态行为的结果制定为社会原理，且在权利的伪装下成为方便的手段。如此一来，谬误胜利了，且成为人类生活和道德的一部分。所以在这样一种悲剧性的阴影底下，认不出其本身的真面目，所有事物都被扭曲，以为一切都是无法避免而必然的邪恶，于是全部被接受。"（2-213）

"掩饰自己真实感觉的习俗是一种精神上的谎言，能帮助人们

社会多偏态
乃精神之障碍

工作
已失应有动机
强制性
厌倦、苦

偏态

形成精神障碍

偏态被社会化

精神的谎言
适应有组织的偏态

适应社会上有组织的偏态，但也会渐渐地把爱转变为恨。这是潜伏在潜意识最幽深处的可怕谎言。"（2-197）

<u>偏态⇌自卑感</u>

许多人都相信自卑感刺激了权力欲的增长，他们用这种起源于自卑感的权力欲来解释他们各自的麻烦并得出了满意的答案。（人-62）

<u>荣格"美术灵魂的现代人"</u>
<u>社会成就以人格萎缩为代价</u>

我们越是接近中年生活，就越是成功地巩固了我们个人的观点和社会地位，就好像越是找到了正确的道路、正确的理想和正确的行为准则。因此，我们把这一切看成是永恒有效的，终生不渝地坚守着它们，并把这当作一种美德。我们完全忽略了一个基本的事实，即为社会所赞赏的那些成就是以人格的萎缩为代价而获得的。（人-112）

<u>以觉接纳自己"个体化"</u>
<u>心防→心神</u>

也许这听起来很简单，但简单的事情总是最困难的事情。在实际生活中，要做到简单就需要有最高的修养；承认与接受自己乃是道德问题的根本，也是整个人生观的缩影。（人-250）

<u>渴望正常化</u>

"一个手指关节脱臼的人渴望着关节复位，因为他知道要这样，他才可能不再疼痛，才能使用他的手。同样的，一个人一旦发现已犯下错误，就会强烈地感到要使自己步入正轨，因为他已获致的知识使他长期所忍受的软弱与痛苦变得再也无法忍受。"（2-34）

<u>如手机、电脑</u>
<u>非本身、乃包装</u>

"偏态的成人追求权力、权威，一心追求好处，然而这些好处在尚未被正当利用之前就会转变成一些具危险性的东西，这便是任何好处、发现或发明之所以会增添令世界痛苦的灾害之原因。"（2-230）

<u>宗教也要小心</u>

"宗教上也是如此；甚至连偶像都是征得社会上的同意。宗教不仅是人与人之间对某些概念有了相同的想法为基础，毫无疑问地，它也是来自人类精神上的需要——崇拜的需要所产生，并不只是在理智上接受某些信念而已。原始人由于惊异于大自然的奇妙，所以就崇拜大自然中较感人的某些现象，而且，除了惊异之外，他

们也心存感激与畏惧。最后的结果就是大家一致地对于团体所认为神圣的事物产生了强烈的情感。"（3-228）

想象力
宗教的浪漫心
精神需要
工作
德行

"不过，这些团体的特色并非由想象力所略述、接受和固定的。想象力与伴随出现的精神需要共同为这些特色收集资料，正如同感官在另一层面所做的一样。而抽象能力接着将之简化、整合，所以心智才能以很确定的形式去表达无数的事物。

理性的介入与思考方式

这些正确与稳定的形式，简化成可以代表一切事物的象征来具体表现。从这些象征可以获得行为的稳定度，几乎像数学上一样的精确。因此，想象的和精神的印象都因为引导的心智具有数学的能力而得以把握和具体化。"（3-229）

第三章　基本的核心观念

根植于生命本身的观念
每一名词的双重性，指
天然的或人为的

（一）内在动力（潜能）

内在动力　　内在目的、引导力量　　胚胎学　　染色体、基因　　　　　亦如种子，
（潜力）　　　　　　　　　　　　　　　　　进化重现论

　　　　　　道在肉身　　　　星云般　　赫尔美

　　　　　　　　　　　　　吸收性心智（天然之德行：良能、德能）

"当渥尔夫（K. F. Wolff, 1733—1794）发表有关胚胎细胞分裂的发现时，他不仅向我们说明了生物是如何发展与生长，同时也提供我们一个极显著的例子来说明<u>内在力量是如何朝向一既定的目标运作</u>。从他的实验中，莱布尼茨（Leibnitz, 1646—1716）及史巴兰札尼（Spallanzani, 1729—1799）等人对受精卵所抱持的生理学观点彻底被推翻；根据此观点，受精卵内已蕴藏一个成人的最终形体。"（2-35）

"19世纪初期的科学家，或者应该说是当时的哲学家，他们相信预成论（preformation）。"（3-61）

"借着遗传，每个胚胎发展都必须经历其祖先进化的各个阶段，因此，每个胚胎可说是集其物种进化之大成。这就是<u>进化重现论</u>（recapitulation theory）：<u>物种进化史在个体发生史上再次重现</u>（Ontogenesis repeated phylogenesis）。"（3-76）

除了有时会有退化的倾向之外，儿童的天性乃是积极地朝着独立的方向直跑，越发展就越趋独立；就像箭飞离了弓，又快又准。自从有了生命，儿童就开始争取独立。在发展过程中，他不断地克服种种困难，增加自己的独立性。他的内在具有一股生命力，引导他走向目标，南爵士（Sir Percy Nunn）称之为赫尔美（horme）。

"儿童没有隔代遗传的记忆可以引导他，但是他仍然会经验到那释放出来<u>潜在能量的无形的星云状的冲动</u>（nebulous urges without form）：这些冲动将引导他，并且将他周遭的人类行为化为他身上的一部分。我们称此无固定形式的冲动为'星云'（nebulae）。"（3-101）

"出生后所要完成的工作，是在我们可以称之为'生成期'（formative period）的阶段进行的，它使婴儿成为一种'精神胚体'（Spiritual Embryo）。"（3-89）

天然德行　　"这种具有生命力的记忆，虽然不是有意识的记忆，却能将形象<u>吸入个体的生命中</u>，南爵士（Sir Percy Nunn）给它取一个特别的名称，叫作'吸收性心智'（Mneme）。"（3-91）

"吸收性心智（Mneme）（我们可以把它<u>当作是一种超级的记忆</u>）不仅创造了个体的特征，而且使这些特征持续存在。儿童所吸收的一切，全都组成了人格的要素。同样的情况也发生在儿童四肢与器官上，因而使每一个成人在生命的初期就烙下不可磨灭的个性。"（增补 3-95）

"在某种时候，环境中的某些事物就引起孩子强烈的兴趣，<u>一种穿透整个生命的热诚</u>。这种潜意识力量可以察觉得到。"（6-23）

（二）无意识的觉知（主）

吸收性心智　　正在学、不自知
自然意识
内在的老师

"儿童拥有一个能够吸收知识的心智，<u>他有能力教育他自己</u>。只要作一项观察，就可以证明这一点：儿童在自然的成长中学会了

他的母语。"（3-30）

"这些能力是属于无意识心智，必须经由工作以及在世上的生活经验才能使之变成为意识时，我们也明白了婴儿的心智是与我们不同的，所以我们不能以口授的方式来教他，也不能直接干涉他从潜意识进入意识的过程——长大成人的过程。"（3-55）

"一切都在大自然的指挥导引之下；万物皆有赖于她，皆应服从其精确的命令。……他真是精力旺盛，以至于我们通常都加以制止；但是事实上，我们这样做并不是制止他，而是违抗大自然。儿童的意向是与大自然保持和谐的关系，他服从一切的自然法则。"（3-120）

"也可以说，有一位不辞辛劳的教师存于每一位儿童的心中，他真是技巧高超的大师，所以世界各地所有的儿童都学得一样好。……

……儿童确实能够靠着内在的力量而自我建构了。"（3-30）

"他是由他内在的老师所引导，按着一张精确的时间表行事，快快乐乐、孜孜不倦地进行着宇宙间最伟大的工程——建造一个人。我们身为教师的只能从旁协助；就像仆人侍候着主人一般。"（3-33）

"这就是儿童的学习方式；这就是他所经历的；他学会了每件事情，但是却不知道他正在学习。也就是如此，他才一点一滴地从潜意识进入意识，一路上充满了喜乐与爱。"（3-52）

"如果有来访者问他们：'谁教你们写字？'他们会很惊讶地回答说：'教我？没人教我啊！'"（3-32）

"吸收性心智之本质与运作方式，仍是一个谜。我们越往生命的源头追溯，越无法了解。"（史-102）

"我刚想到一个比喻，可以解释小孩子学习语言和成人学习一种新语言所花心血之间的差异。如果我们要画一个东西，我们可以拿出纸笔绘制，或是使用照相机拍摄也可以；然而却有所不同。<u>绘制</u>一个人需花时间，绘制十个人所需要的时间精力也就更长了。但是拍一张十个人的照片和拍一张一个人的照片，所花费的时间却一样。因为这过程是瞬间作用的。事实上，如果相机镜头大的话，要同时摄入一千个人也是同样容易。"

"吸收性心智也是类似。它运作很快，<u>不需多少精力和意志即可汲取任何东西</u>。"（史 –102）

同

"儿童也有类似的情形发生，他吸收了发生于其周遭的一切生命活动，与它们合而为一，就像昆虫与它们所栖息的植物成为一体一般。儿童所形成的印象是如此深刻，以至于发生了生物与心理化学的变化，<u>他的心智</u>因而酷似其环境。儿童渐渐变得像他所喜爱的对象。在每一种生命形态中，我们都可以发现此种吸收外界环境因而酷似环境的能力存在。

除了我们上面所提及的昆虫之外，还有其他的动物的拟态是物理性的；而在儿童，这种吸收能力则是心理性的。

异

我们应该视此为生物的主要习性之一。儿童并不像我们那样子看世界。我们可能看到某个东西说：'好美喔！'然后就继续地走马看花，留下来的只是模糊的记忆。但是儿童却是<u>从他所获得的深刻印象中建立起他内心深处的自我</u>。特别是在生命的初期，婴儿仅仅借着他自己幼小的能力就能形成持续一辈子的个人特征——包括语言、宗教、种族等。在他适应这个世界的过程中，他找到了自己。他乐于其中，他的心智也因而<u>成熟</u>。

除此之外，他也会不断地适应往后所面临的各种环境。在此，'<u>适应</u>'是指什么而言呢？我们指的是：个体会不断地<u>改变自我以适合所处的环境</u>，也因而使这个新的环境又成为他的自我的一部

分。所以我们必须自问，如果我们想帮助儿童，我们该做些什么，我们应该创造出什么样的环境呢？"（3-135）

"'吸收性的心智'包容一切，它对每件事都抱着希望，它接受贫穷也接受财富，它接纳任何宗教，也拥有其同胞的偏见与习惯，它将这一切都肉体化成自身的一部分。

这就是儿童！

假使不是如此，世界各地的人类将没有稳定性可言；如果一切都得从头开始，文明也不可能持续地进步。

'吸收性的心智'构成了人类所创造的社会的基石。我们看到它在温顺的、幼小的儿童的言行举止当中，因着他的爱解决了人类命运神秘的困境。"（3-342）

"幼儿内在正常的精神特质很容易就能健壮成长，那时所有偏离正常的特质会消失不见，就如恢复健康之所有的病症都消失了一样。

如果我们能以这种了解来观察幼儿，将会经常地发现：即使在恶劣的环境当中，正常化也会自发地发展。"（2-169）

"所以他的语言不是来自母亲，而是儿童自己学习的，正如同他学会了周遭那些与他生活在一起的人们的风俗习惯一般。因此，这些全都是后天学来的，没有一样是遗传而来的。是儿童吸收了周遭世界的材料；是儿童将这些材料塑造成未来的成人。"（3-41）

"教育透过儿童所产生的巨大影响力是以环境作为其工具。儿童吸收了他的环境，从环境中吸取了一切，并且将之化为自己身上的一部分。儿童拥有无限的潜能，他是人类的创造者，也是人类（人性）的改革者。儿童带给我们伟大的希望和新的异象。为了使人类的领悟更深、福利更多、精神更伟大，身为教师的我们真是任重而道远了。"（3-96）

※ 它指吸收性心智

"但我们已失去它了，代价是获得了完整的人类意识；这是相当沉重的代价——从'神'变成'人'。"（6-24）

<pre>
                        ※
环境决定论   成为特定时空特性的人格
成为全人格   心应有其回应空间、应被强调   （1）自主心
                例：正影响   （2）行为负责
                    逆影响
                    独特的自己走法
</pre>

（三）天性的法则（体）

生命本身
天赋之人性特质
生命的法则、自然的法则、成长的法则

"凡是我的同道都了解，每当要为'儿童的成长是遵循自然的法则'作辩解时，我总是一马当先。的确，我认为这些法则就是教育的基础。"（3-126）

"我们几乎可以看到他的舌头的颤动，以及小声带和双颊的震颤。他全身总动员，安静地做准备，想要发出那个激荡他的潜意识心智的声音。儿童是如何学会一种语言的所有细节，而且如此正确、牢固，以至于成为他的心智特质的一部分的呢？他在婴儿时期所学的语言称为母语，与后来所学的其他语言显然不同；正好像一副真正的牙齿与一副假牙的差别一样。"（3-50）

"敏感期与精神现象有密切关联。精神现象是一种洞察力和冲动，它们为意识立下基础。这些是产生基本原理的自发能量，且是形成精神成长的基础。"（2-74）

因（1）（2）（3）：澄清

所以，我们发现："教育并不是教师作了什么，而是一种在人

体内部自动自发、自然发展的过程；教育不是听别人说什么，而是儿童与环境接触的经验所发生的影响。教师的工作并不是说话，而是准备、安排一个特别的环境，给予儿童在其中继续不断地进行一连串文化活动的动机。"（3-32）

"精神分析学应用了探索潜意识的一种技术；而这种技术虽然在应用于成人的案例中能有惊人的发现，却无法应用于幼儿，甚至，当实际尝试想应用于幼儿时也证实它形成一种阻碍。幼儿既然仍处在幼年时期，就不能被诱导去回想在幼年时代所发生的事。结果，当要对待幼儿时，更需要的是观察而不是探究。"（2-29）

"他所关心的对象几乎都是不正常的状态。因为，有多少正常人会自愿承受痛苦的心理分析测试，也就是接受一种对自己心灵的手术呢？弗洛伊德正是从治疗精神病人之中推论出他的心理学理论。"（2-27）

呼吁自由的"人"权

"天赋的保护本能只有在不受人为束缚时，才能适当地发展。"（2-45）

"以未被成人偏见蒙蔽的眼睛，以不受先入为主的想法拘束之心来注视幼儿，我们才能够越来越充分地帮助幼儿自助。"（2-13）

"在蒙特梭利活动室中，给予幼儿的自由（freedom）是人权的自由（liberty），这种自由使得幼儿能温文的社交，在内在纪律和喜乐中成长。这些就是人类的天赋权利是被允许而能发展出'不可或缺的人性特质的人'所拥有的。"（2-9）

"社会必须重视儿童，承认他的权益，并且满足他的需求。一旦我们集中注意力去研究生命本身，我们将发现我们正触及人类的奥秘，我们的双手拥有了如何掌管生命与帮助生命的知识。"（3-42）

（四）"创造"的敏感期

如蝶蛹，荷·德弗里（1848～1935）
有语言、秩序、走、手、写与读等敏感期
"创造"乃生命之"生成"
　　制造了机体、器官、且具有功能

"幼儿是如此的接近生命的泉源，所以，他是为了行动而行动。对于这个创造的方法，我们既不理解，也没有记忆。"（2-76）

"创造指的神秘的太初事件，引起了原本不存在的事物产生，而后来又注定要按照生命的法则而成长的事物。的确，万物皆始于某种创造：'Omne vivum ex ovo！'所有的生命皆来自一个卵。"（3-231）

"教育就是帮助生命的成长……"

"母亲、父亲、政治家……大家必须共同关心、协助这项巧妙的生成事工（work of formation）——这是由幼儿内在自我引导的，是极为奥妙的心理历程。这是人类光明的新希望。"（3-43）

"敏感性的星云引导着新生儿的智能发展，正如同基因决定了受精卵所要发展形成的身体一般。……

终有一天，我们会拥有一套精确的特别基准法则，以对待新生儿。"（3-113）

"在大自然的语言里，'创造'的意思不仅仅是'制造出某种东西'，而且也意味着该被造物必定具有某种功能。当一个器官形成时，它必定开始发挥其应有的功能。用现代的用语，这种功能就是所谓的'环境经验'（environmental experience）。如果没有这种经

验，就表示该器官没有正常地发展。我们称这样的经验为'<u>工作</u>'（work）。"（3-120）

（五）环境

适合小孩	愉快	吸引的教具
排除干扰、确保自由		／器官—环境—工作
适应 ≒ 成长、学习		（功能）环境—经验—肉体化
适应不良　则缺乏环境爱		（4）　（5）　（6）　（7）

"成熟并不是纯粹只受到基因的影响，时候一到自然就有的现象；除了基因的影响之外，还有环境的因素。在成熟的过程中，环境扮演着极为重要的角色。"

"……成熟是结构上的变化，主要受遗传的影响；也就是说，成熟的原因可以追溯到受精卵中的染色体。但是，这些变化的产生，部分的原因是由于<u>个体与环境交互作用</u>的结果。"（3-127）

"<u>人类人格的形成就是'肉体化'的一项秘密工作</u>。幼儿是一个谜。我们所有知道的是他具有最高潜能，但我们<u>不知道他将成为怎样的人</u>。<u>他必须借着自己意志的帮助，才能'完成肉体化'</u>。"（2-50）

"柯格希尔（Coghill）的发现——器官的形成是在<u>神经中枢</u>之后，乃是在为其工作而准备。而且，在他开始行动之前，他的内在必须先建立起心理的行为模式。因此，幼儿可动性的起点并不是运动的，而是心智的。"（3-102）

（六）工作

即精神生活

动作、活动、行动　　　　　　　"成长是来自活动，而不是智能上的理解"
　参与、游戏、努力（3-122）　"学、思、非听讲、乃寓于行动"
专注　尽己与例行公事不同
双手　手脑并用　　　　　　　工作者"尊重别人工作与工作环境"
　　　　　　　　　　　　　　"工作"相关的名词：
　　　　　　　　　　　　　　　　动作、运动、劳动
　　　　　　　　　　　　　　　　操作、活动、行动
　　　　　　　　　　　　　　其他：游戏、参与、努力
　　　　　　　　　　　　　　总称：行为

"孩子必须专心到把自己整个投入到工作中，在同时，孩子还必须完全不受身边的事物所影响。这就是我们所称的<u>重大工作</u>（great work）。"（5-69）

"凡是<u>不工作的人</u>。他的<u>精神生活就极为危险</u>。"（3-183）

"幼儿内在正常的精神特质很容易就能健壮成长，那时所有偏离正常的特质会消失不见，就如恢复健康之后所有的病症都消失了一样。

如果我们能以这种了解来观察幼儿，将会经常地发现：即使在恶劣的环境当中，正常化也会自发地发展。"（2-169）

"如果幼儿在敏感期的努力受到阻碍，那么他将受干扰，甚至于生命被扭曲。<u>精神上</u>的殉难课题，我们至今仍知道得很少，但大多数成人并未意识到自己仍然背负着<u>这些</u>心中的创伤。"（2-58）

"幼儿从本性深处不断地<u>宽恕</u>成人，不顾成人的压抑仍为健壮成

长而奋斗，他不断地跟会压抑他正常发展的力量进行争战。"（2-169）

"幼儿透过工作回复到正常的状态是一个最重要的发现。全世界各民族对幼儿所做的无数实验证明，这是我们在心理学和教育领域中所拥有最确定的事实。幼儿渴望工作代表了一种活力的本能，因为不工作便无法组织他的人格——人借着工作而建构自己。工作没有替代物，不论情爱或健康的身体，都无法取代它。而另一方面，如果这个工作本能产生偏态，不论取他人的榜样或施以惩罚，均无法补救。一个人借着从事双手的劳动来建构自己，双手的劳动可用为他人格的工具，智力与意志的表现，并帮助他支配他的环境。幼儿的工作本能证明了工作是人类的一种本能，同时也是人种的特征。

工作既是极大满足的来源，又是健康和重获新生（对幼儿而言）的一项原理，为什么只因成人将它视为一种不为人所喜爱的需要，而一直受到拒绝呢？事实可能是因为社会已经失去了工作应有的动机。这种奥妙的工作本能依旧以隐性的特征藏在人心里——它已经因为占有欲、权力欲、漠不关心和依附而产生偏态。在这种情况下，工作仅能依赖外在环境或偶尔经由偏态的人竞相斗争而产生。如此，它成了强制性的劳动并因此形成强大的精神障碍。这便是为什么工作看起来艰苦而令人讨厌的原因。

但是当有利的情况出现时，工作经由一股内在驱力而自然涌现，即使在成人身上，它也会展现一种完全不同的性格。当这种情形发生时，工作变得迷人而不可抗拒，并将个人提升到偏态的自我之上，这可在发明家的辛苦工作、探险家的发现及艺术家的画中发现这种例子。……工作是人类的特性。"（2-208）

"'一旦幼儿发现能引发他们兴趣的东西，他们的不稳定就不见了，而且会学习专心。'……班上有了很大的改变，秩序似乎就自行建立，完全不须要我的干预。幼儿似乎太忙于工作，不再像以前那样的漫无目的，他们自动地走到柜子去拿以前曾令他们厌烦的物品，班上开始产生工作的气氛，以往是由于一时的兴致冲动才去选择物品的幼儿，现在则显出了一种对内在纪律的需求。他们全神贯注地努力做艰难的工作，并在克服困难时经验到一种真正的满足感。这些宝贵的努力对他们的性格产生了直接的影响，他们成为自己的主人。"（2-166）

"儿童与成人不同，他并不是走向死亡，而是通往生命。他的工作就是尽全力去塑造一个人；一旦成人出现了，儿童就消失了。所以，儿童整个生命就是朝向完美、迈向更完全的境界。从这一点我们可以推断出，儿童必定会乐于从事这项完成自我的工作。在儿童的生命中，工作也就是尽自己的职责，能够产生喜悦与快乐。而对于成人而言，每天的例行公事则大都是令人沮丧的。"（3-57）

"工作，他都用他的双手去经验；双手是人类智慧的工具。由于这些经验，儿童的人格终于成为一个个体。但是，由于知识的世界总比潜意识和下意识的世界有限，所以，他也只是一个有限的个体。"（3-54）（2-100）

几种工作

"马克思学说所鼓吹的工人的形象已经成为现代良知的一部分了。工人被视为是健康与财富的生产者，在建设文明生活的伟大事业中，他是不可缺少的工作伙伴。社会上已渐渐认识工人在道德上与经济上的价值，并且提供他工作所需要的工具，满足其条件，把这些看成是他的权益。"（3-42）

人兽之异

"人类与野兽之间的精神差异在于动物就像是大量生产的产品。每个个体都具有其独特'种'的特征。另一方面，人类却像是手工制成的产品，每个人都是与众不同的，每个人有他自己的创造精神，这使他成为一件艺术品。但是这却需要许多的辛苦和劳力。在任何的结果呈现于外之前，一个内在的工作必须先完成，这个工作不只是去完成一个既成样式、简单的复制品，而是一种新样式的、主动的创造。"（2-50）

第三章　基本的核心观念　063

| 意志介入 | "幼儿自然地不受本能的严格要求而能自由地发展。对幼儿而言，这些动作并不是最杰出的。肌肉在变得强壮的同时，也在等待一个意志的命令来协调它们。幼儿不只是发展成人类的一分子，而是成为一个人。我们知道他终究会说话，能直立行走，但他也将同时表现出自己独特的个别性。"（2-51） |

人格、性格、个性、个别性

"近代的体育渐趋于多样性。例如，我们借用了英国人的户外游戏，并且引入由达尔格罗兹（Dalcroze）所创始的韵律体操。这些活动比较有人情味。它们给予儿童机会去松弛他们由于久坐课堂而僵硬的肌肉，并且也更加注重他们的人格。不过，这一切的方法都只是对一个被曲解的生命的反应，对于生命本身并没有发生任何影响。它们就像娱乐一样，并不属于正常生活的一部分。"

※"精神"
天生的

"在'儿童之家'，我们得以观察到人类天生的精神特性。这些特性不如植物的生理学特性来得明显易见。幼儿的精神生命是如此不安定，因此，一旦处在不利的环境中，它的自然表现就完全消失不见，或者由其他人的精神生命取而代之。"（2-156）

"就在那个时候，我们第一次使用'彻底改变'（Conversion）这个名词。当时一位最有名的意大利作家观察说：'这些幼儿让我们想起改变信仰的人（Converts）。'没有一种改变信仰（Conversion）的事实，比克服忧郁、哀伤，并将一个人的生命提升到更高的境界更属奇迹的了。

有则如重生

尽管这是一种看起来矛盾的表达方式，但这个概念还是在许多人心中留下深刻的印象。也许看起来，改变宗教信仰与幼儿时期天真无邪的情况互相矛盾，但是这个名词强调了这个众人皆知显著现象的精神特性。幼儿经历了精神的更新，由哀伤及被遗弃的感觉中解脱出来，并且给他们带来喜悦的新生。

创造性的泉源

……这些幼儿以一种令人目眩的方式让我们知道，人类犯了错误，必须彻底改过更新，而在一个人创造力量的泉源中可以找到这

样的更新。"（2-162）

<small>创造指创生，有生命法则</small>

"正如同人类不是由逻辑推理来创造他的身体，同样地，他也不会用议论的方式来创造他的心智。在此，创造指的是神秘的太初事件，引起了原本不存在的事物产生，而后来又注定要按照生命的法则而成长的事物。的确，万物皆始于某种创造：'Omne vivum ex ovo！所有的生命皆来自一个卵'"。（3-231）

"幼儿显示出，在他能自由移动并且拥有这些经验之前，他已经历了一段与身体各部分位置有关的高度发展的敏感期。换言之，大自然赋予幼儿一种与幼儿身体各种姿势和位置有关的特别敏感性。

<small>（主）具洞察力（觉）
（体）和冲动（驱力）
（心）为意识之基础</small>

有些较旧的理论是根据神经系统的机制作用为基础。另一方面，敏感期与精神现象有密切关联。精神现象是一种洞察力和冲动，它们为意识立下基础。这些是产生基本原理的自发能量，且是形成精神成长的基础。"（2-74）

<small>（位）精神可提升成长</small>

"当幼儿的精神生命向上提升时，他们会出于自愿地拒绝这些无用而外表美好的东西。"（2-146）

<small>形成人格心智若由后天塑造？</small>

"综合上述，我们得到一个有关儿童人格心智方面基本形成的概念。一个精神的有机体正根据预先建立好的模式在自我建构，如果不是如此，则儿童的精神界限必须由其推理能力与意志力来塑造，也就是说，是由那后来才获得的能力所塑造的。但是，我们必定不会采纳这个荒谬的想法。"（3-231）

吸收—延后—意识建立好习惯、辛苦　△老师应具精神的警觉性
（0-3）（3-6）……　　　　　　但不荒谬　　此非口才、乃品德（1-159）

（七）肉体化（身体基础并完成）—（八）心智建构

"将生命分割为二——用四肢来游戏而用头来读书，并不是一件好事。生命应该是一个整体，尤其是在最初几年，当儿童根据他

的成长法则来建构自己时，更应该如此。"（3-203）

肉体化（身体化）

"肉体化（Incarnation），也就是'道成了肉身，住在我们中间。'在每一个婴儿诞生的时候，我们可以发现类似的奥秘，这时候一种进入肉体中的精神也来到这世界。"（2-47）

"一旦他开始活动，潜意识就转变为意识。如果你观察一个三岁的儿童，你会发现他总是在玩。这显示，他是把潜意识心智已经吸取的东西表现出来，使它转变为意识。这种向外表现的经验看起来是<u>游戏</u>，其实他是在检查那些在潜意识中吸取的事物与印象。借着各项活动，他具备了完全的意识，建立起未来的人格。他是由一种伟大而且奇妙的神秘力量所引导，渐渐地一点一滴的<u>具体化（肉体化</u>，incarnates）；他就是这样长大成人的。"（3-53）

智能肌肉
身病心因
过欲内缺

"儿童则是经历了彻底的变化；这些印象不只进入了儿童的心智中，而且构成了他的心智，成为儿童身体的一部分（<u>肉体化</u>，incarnate）。儿童利用他从周遭环境所发现的一切，创造出自己的'智能肌肉'（mental muscles），我们称这样的智能型态为'吸收性的心智'（The Absorbent Mind）。"（3-52）

"实验心理学家一直在研究这种内部适应。他们认为，因为有肌肉感的存在，所以使个体可以感觉到身体各部分的不同位置，并且也需要有一种特别的记忆，就是'肌肉记忆'。……

有些较旧的理论是根据神经系统的机制作用为基础。另一方面，敏感期与精神现象有密切关联。<u>精神现象是一种洞察力和冲动，它们为意识立下基础</u>。这些是产生基本原理的自发能量，且是形成精神成长的基础。因此，大自然为幼儿的实际发展提供了潜能和意识经验。当环境中出现一些状况，阻碍了幼儿平静发展他们自己一套充满创造生机之克服困难的能力时，我们就可以得到一个负面的凭证来证明这段敏感期的存在和它的敏感性。当这种情形发生时，幼儿会变得极度不安和乱发脾气，只要这个有害的情形持续着，幼

儿本身不仅会出现疾病的症状，还会抗拒任何一种试图治疗他们的行为。"（2-74）

"一直要到孩子找到自己心智深处尚未被发现的潜能时，孩子焦躁不安的心情才得以平息。"（5-69）

"经验迫使我们注意到，身体的毛病常常是由于心理的原因所造成的，精神不再只是使用于支配精神而已。"（3-91）

"我们可以肯定地说——与科学证据无关的——如果一个人的生命完全受制于他的欲望，随'欲'而'安'，他必定有某些内在的缺陷。他的内部引导力量也许仍然存在，但是它对于行为的影响已大为减弱。他就像机器一样，沦为感官的牺牲品。他迷失、被遗弃。

因此，关怀每个儿童的内在引导力量，并且使这股力量保持灵活，乃是首要之务。"（3-134）

心智建构
    意识 1. 观察 透过感官，感受 2. 记忆
        3. 理解 了解   4. 想象力
            推理、思考力
        5. 判断、选择、认同、信念 6. 意志 7. 自信

"他一步一步地建构他的心智，直到他拥有了记忆力、理解力和思考力，这时，他已经是六岁了。忽然间，一位具有了解能力、能够耐心听讲的人，出现在我们教育人员的面前。而在这之前，他就像住在另一个星球的人，与我们不同，我们也无法与他接触。"（3-54）

"我们说：'儿童记住事情'，但是，为了要记住事情，他必须有记忆，而儿童却没有记忆。因此，儿童还必须建立起记忆。在一个人察知句子中字词的次序是如何影响句子的意义之前，他必须先会推理。但是，这也是儿童必须建立的能力。"（3-51）

| 意志力
| 成熟的意志力、全体的
| 意念的固执、个人的

"由大脑所指挥的肌肉被称为随意肌，意思是说，他们在意志的控制之下。而意志力乃是心智最高的表现之一。如果没有意志力，就几乎无法说有精神生活的存在。因此，如果随意肌是在意志的控制之下，它们必定是构成心智的一种器官。"（3-181）

| 自由的
| 观察、发现
| 有趣、有用、
| 知道、更会看、
| 与意志力有关

"儿童走路就像原始部落的人在各处流浪一样。没有人说：'我们去巴黎。'因为，根本没有什么巴黎。也没有人说：'我们坐火车。'那里也没有火车。人们一直走，直到他们找到有用或有趣的事物；一个有木材可以捡的森林；一个有草料的空旷平原。儿童就像这样。到处跑的本能，从这个发现到那个发现，都是他们天性中的一部分，而对于儿童的教育，我们也应顺其天性。对于教育人员而言，儿童出去走走就是去探险。今天，探险或童子军的活动被用来当作学校功课以外的轻松、变换的活动，其实，它们应该是正规教育的一部分，而且应该尽早让儿童参与。所有的儿童都应该能这样随心所欲地走动。在这方面，学校也应该在课堂上帮助他做好准备工作；例如，教导他们颜色的名称、叶子的形状和叶脉、昆虫鸟类和其他动物的习性。这一切都为儿童开启了有趣的领域：儿童知道得越多，就看得越多，也因而走得越远。要探险就必须充满智能方面的兴趣，而这就是我们所该带给儿童的。"（3-202）

| 动作协调
| 增加理解力
| 意志力

"凡是能增进动作协调的练习活动，都是在达成一个特定的预设目标。借着这些练习，儿童不仅锻炼了他们的肌肉，而且也重整、充实了他们的心智。因为这些动作是由各种不同的动机所引发的，所以，它们也能增强意志力。然而，即使动作已经协调了，负责协调这些动作的个体仍然居于中枢地位。儿童借着这些动作的练习而增强其理解力，更加认识自己和环境。动作的真正协调可以使整个人更趋完美。

凡是懂得应对进退的人就不再是儿童了。他们自由自在地选择自己的工作，因而强化了人格，也因而能够自律。"（1-316）

无限潜能
意识层面
意志力　例：服从

"服从的发展被视为与儿童人格其他方面的发展没有两样。首先，它是纯粹由'赫尔美'冲动所指挥，然后才进入意识层次，经过各个阶段的发展，最后终于在有意识的意志控制之下。"（3-305）

※※※

"我们可以区别出：直接与'出生创伤'有关联的是'退化的症状'（symptoms of regression），而与出生后的环境有关联的是'压抑的症状'（symptoms of repression）。退化并不是压抑，它是新生婴儿的一种潜意识的决定；决定退回到从前，而不是继续往前发展。"（3-107）

（九）正常化

争取　自由、独立、有意义的丰富生命

"如果我们要成人自我省视，然后对于自由与独立下个定义，他们一定无法正确地回答，他们对于自由的看法是可悲的，他们缺乏大自然那种无限宽广的视界。唯有在儿童身上，我们看见了大自然的庄严——她借着给予儿童自由与独立而赋予他生命。她总是按着个人的年龄与需要而给予，她使自由成为生命的法则：没有自由就是死！"（3-122）

"儿童乃是按着大自然的计划而成长，渐渐到达了自由的境界——所有生物的首要生命法则。他是如何获得独立的呢？他是靠不断活动。他如何获得自由呢？也是靠不断的努力。"（3-122）

"生命的目的似乎是与生活环境中所需要完成的工作有关。……像是造物主的代理人，各负责特定的任务，如同一个大家庭里的众仆人，或是公司里的员工一般。地表上万物得以和谐共存乃是由于无数生物的共同努力、各尽其职。这就是我们所看到的行为形态，行为的目的绝不止于图谋私利而已。

　　……并不只是指彼此互惠而已，更是关乎全世界环境的一个宇宙性目的，即以自然界的和谐为共同的目的，然后万物才能从这个井然有序的自然界中各取所需而生存。"（3-82）

　　"人生在世并不只是为了维护自己的生存，而是要继续开创使万物生生不息的生命历程，因此，这也是所有生物都必要做的工作。"（3-84）

- 活力、热情、容易　　　　　　例："爱的戏剧"
  　　安静、不受注意下发生
  　　不知不觉
- 深思熟虑、沉着、谨慎
- 平和、安静、满足
  　　如休息醒来 充满活力
- 工作中神采奕奕、不屈不挠、孜孜不倦之毅力

　　"就是这种敏感性，才使得幼儿以特别强烈的态度与外在世界接触。在这段期间，所有事情显得很容易，并充满着活力与热情。"（2-58）

　　"只要幼儿外在环境能充分符合他的内在需要，则所有表现都会在安静且不受注意下发生。以语言为例……"（2-61）得的一项能力。

　　"如果我们能够帮助人类毫不疲惫地获得知识；如果人们能够在不知不觉中变得满腹经纶，就像变魔术一样，那么我们对人类的贡献该有多大啊！而事实上，这一切都是真的；难道大自然的一切作为不都是如此神奇而神秘吗？"（3-54）

　　"他们以惊人的方式证明，深思熟虑再加上沉着、谨慎的行动是正常幼儿的特征。"（2-112）

"当一个正常幼儿被一件物品所吸引时，他会全神贯注并且集中所有注意力，毫不停歇的工作。等到完成了他的工作，他便显露出满足、安静和快乐。"（2-135）

"每次幼儿由这样的经验中苏醒过来时，都像是休息过了的人一样，充满生命力，就像是那些体验过极大喜悦的人一样。"（2-140）

"由于幼儿的活动像是精神层面的新陈代谢，他的生命与成长紧密联结在一起，因此我们看到幼儿在努力工作中神采奕奕，不屈不挠。"（2-158）

"儿童能够专注之后，就会孜孜不倦地工作。于是发展出另一项性格特质——毅力。"（3-261）

（10）过错　　（3-24章）
（11）偏态　　（2-23章）
（12）老师　　引导者、非教说者
　　　　　　　老师、父母与园方（学校）

習氣消，智慧開

所謂業消
智朗，習
氣常回不須
畏正因消化
則智慧正開
也 息生春

第四章 敏感期

　　　　　　　发展阶段←敏感期→教具（狭义环境）

胚胎/孩子　　有内在之隐藏计划　　　普遍、时段、曲线、重叠（退滞）
　　　　　　内在的敏感性、需环境激励　　　　例：狼童
　　　　　　不能满足、有挫折、才哭闹、生气　　例：奶嘴（如消炎片）
　　　　　　　　　　　　　　　　　　　　　　例：漏搭车、漏针
自由、选择→敏感期→具选择性　　与吸收性心智之选择性
敏感期　　无意识→意识　　　　　△敏感＋意识＋吸收
　　　　　非潜意识、更非意识形态

　　"儿童具有我们没有的能力，他所创造的一切是非同小可；那是生命的全部。"（3-49）

　　"1. 生命的头两年影响及于一辈子。

　　2. 婴儿具有极伟大的精神能力，尚未引起普遍的关注。

　　3. 儿童非常敏感，所以，任何暴力不仅会产生立即的反应，而且也会造成永久的缺陷。"（3-174）

　　"他是由他内在的老师所引导，按着一张精确的时间表行事，快快乐乐、孜孜不倦地进行着宇宙间最伟大的工程——建造一个人。"（3-33）

　　"儿童也就是工人，他的工作目标就是创造一个人。当然，父母会供给他生活与创造活动所需的工具，但是，由于他的工作成果不只是物质，而是在创造人类本身——不仅仅是一个种族、一个阶级或是一个社会团体，而是全人类。"（3-42）

　　"儿童的心智中有着完整的生命，有一部完整的心智剧本，是我们所无法插上一脚的。"（3-174）

"一旦我们具有了意识，每一项新的知识都得靠我们的辛勤与努力才能获得。"（3-53）

"由于精神上的需要，儿童（尤其是出生的头几年）具有精湛的敏感性。误导的或压制的教育会导致此敏感性的消失，代之而起的是受制于外在感官，对周遭的一切作反应。我们自己已经丧失了这种深奥的、极重要的敏感性，而当我们在儿童身上看到它的复苏时，我们会觉得自己仿佛看到神秘正在揭开其面纱。敏感性出现于自由选择的微妙行为当中。"（3-320）

"幼儿就是已被生他们的父母并且维持他们生命所需的父母，以及被周遭的成人社会所扭曲的人类，但是幼儿是怎么样的人？对那些经常整天忙碌工作的成人而言，幼儿是继续不断的麻烦的根源。"（2-17）

"无法服从自己的内在引导的儿童就不是一个开始迈向遥远而狭窄的完美之路的自由人。他仍然只是个屈服于表面感官，任环境摆布的奴隶。他的心智像球一样地跳来跳去。当他的心智有了自我意识，当他给自己一件工作，自己找方法、作选择时，内在人性（manhood）就产生了。

我们在所有的被造物身上都可以看到此既简单又伟大的现象；所有的生物都拥有选择权。在一个复杂而又多元的环境，唯有拥有选择权才有助于生命的发展。"（3-320）

"6岁以前，我们不可能向他们传授道德的观念；因为，儿童的良知在6岁到12岁之间才开始产生作用，那时，他们才能明辨善恶。12岁到18岁之间，儿童有了理想（爱国的、社会的、宗教的等），我们所能做的事就更多了。到那个时候，我们就可以像对待成人一般地向他们传授一切了。可惜的是，六岁以后，儿童不再能自发性地发展性格及其特质了。因此，那些自身也非完人的传道者，

面临了相当大的困难。他们好像是在面对烟工作,而不是面对火而工作。"(3-251)

"幼儿的敏感期一直持续到5岁大的时候,在这段时间中,他能够以极为惊人的方式由环境中吸收各种形象。他是一个借由感官,主动接受这些形象的观察者。但这并不意味着他像镜子一样接受形象,他是一个由一种内在冲动、一种感觉或特别兴趣所推动的真正观察者,因此他对于形象是有所取舍的。"(2-79)

"他学会了每件事情,但是却不知道他正在学习。也就是如此,他才一点一滴地从无意识进入意识,一路上充满了喜乐与爱。"(3-52)

"精神分析学原本是医学的一个部门,是治疗精神异常的新技术。它发现了一个确实卓越的事实,那就是潜意识对人类行动的控制力量。精神分析学探测潜意识并对心理反应做研究,因而使极具重要性的神秘因素清楚地呈现,也因此推翻了旧观念。精神分析学使得一个宽广、未知而又与人的命运密切关联的世界显露了出来。但是,它尚不能成功地探究这个未知的世界,它还未能越过海克力斯石柱而冒险进入浩瀚的海洋。类似于古希腊人的偏见,弗洛伊德(Freud,1856—1939)的研究也被限定于是病理学的研究,而不是正常人的个案研究。……弗洛伊德惊奇地看到了海洋,但并没去探索它,而且就把它描绘成一个多风暴的海峡。"(2-27)

· 感官的敏感期
2.5—6岁

"她确实认为感官能力的训练,是非常重要的。她也因此而设计了许多训练感官的教具。她认为这些教具可以作为儿童未来培养较正确的想象创造力及较清晰的抽象观念之基础。……

我们刚刚讨论的阶段(2.5—6岁),蒙特梭利有时会将之称为'感官期'。"(生-123)

（一）语言 0-2 岁

内忙、外静

"从出生到两岁或更大年纪，很仔细地记录每天所发生的一切。即使发展过程中没有显著的变化也要详加记录。从这些记录我们可以发现一些重大的事实：儿童内在的工作量也许很繁重，但是外显的迹象却往往少之又少。这个意味着儿童外表所显示的能力与其内在所进行的工作不成比例。我们也发现，这些看得见的进步并非逐渐地出现，而是突飞猛进。"（3-147）

"儿童是如何学会一种语言的所有细节，而且如此正确、牢固，以至于成为他的心智特质的一部分的呢？他在婴儿时期所学的语言称为母语，与后来所学的其他语言显然不同；正好像一副真正的牙齿与一副假牙的差别一样。"（3-51）

意义　凝聚社群、影响思想（不止工具）　　（3-143）

"蒙特梭利说得好：'成人保卫国家和疆土；但透过语言维持精神统一的，却是儿童。'"（生 -115）

条件：①听觉　　　　※大人说太快，则口吃　　大自然的节奏
　　　②发声器官（声带）　　　　　　　　　　生长的节奏
　　　③沟通意愿　　则有"爆发现象"
分阶段：4个月看唇、6个月发声（牙口语）、10个月有目的（理解）、
　　　　12个月有意文字。
　　　　1.5岁名词、婴儿语　　2—5岁文法　　（3-162）

"我们必须谨记在心，语言发展有双重管道：潜意识先储备语言，接着，意识活动才慢慢开始从潜意识把一切接收过来。

最后的结果呢？就成为一个人了。6岁的儿童能够正确地说话，他认识而且使用他的母语的规则，但是他无法描述这一切是怎么学

会的。虽然如此，他还是语言的创造者；是他自己创造了语言。如果人类没有这项能力，无法自然地精通其语言，那么人类就不可能完成任何有效的工作，也不可能有<u>文明的存在</u>了。"（3-149）

"人类儿童时期语言的发展也是如此。<u>它不是逐字平稳缓慢地进步</u>，而是一种如心理学家所说的'爆发性的现象'（explosive phenomena）；不是由于任何老师的教导而引发，而是自发性的、没有明显的理由。每个儿童在特定的时间就能开口说许多的话，而且发音正确。在三个月内，儿童从原本不会说话，而学会了使用各类的名词、字首、字尾和动词。所有的儿童到了两岁都是如此。

……我们可以从儿童的例子获得<u>等待的勇气</u>。"（3-148）

（二）秩序 1—2 岁

1—2 岁　　三岁渐渐消失　　　例：捉迷藏（2-72）
意义：适应"自然秩序""秩序是生命的一种需要""非建构性公式（人为的）"
　　　定位、安全感
　　　统合的生命基础　行为—达到目的／可预测性

"幼儿对秩序极端敏感的时期是一个很重要而神秘的时期。这种敏感性是在幼儿出生的第一年出现，并一直持续到第二年。"（2-67）

"<u>大自然赋予幼儿一种对秩序的敏感性</u>。这是一种内在知觉，可以分辨出各种物品之间的关系，而不只是认出物品本身。由此造成了一个整体的环境，其中的各个部分是相互依存的。当一个人<u>适应</u>了这样的环境后，他便可以引导自己的行为达到某些特定的<u>目的</u>。这样的环境正可为<u>统合的生命基础</u>作预备。"（2-73）

"<u>秩序是生命的需要</u>，获得满足时就产生了真正的快乐。……

"……这里的秩序就是指能辨认出每件物体与环境的关系,并且记得每件物体该放的位置。这意味着一个人能在自己的环境中<u>调适自我</u>,并<u>支配所有细节</u>。适合心灵的环境是指一个人闭眼到处走动,且只要伸出手就能找到任何他想要的东西的环境。在这样的环境下才有祥和,儿童才能得到真正的福祉。"(2-70)

"在一岁大时,幼儿从他们日后必须控制的环境中得到<u>适应</u>的原理。因为幼儿是由外在环境所培养形成,<u>也因此他们需要的是外来精确的和明确的指引</u>,而不是仅由一些含糊不清的建构性公式所引导。"(2-71)

(三)细微观察 1-？岁

1—？岁　　　　例:15个月大婴儿 (2-82)
1岁前,华丽耀眼之物;1岁后,细微物之观察
幼儿,真正的观察者:"看所有细节组成之整体"。
大人限于情绪、兴趣,只看到一部分。如:目的性、分析性、概念性。

"出生后<u>第二年</u>开始,幼儿不再被一些庸俗华丽、颜色耀眼的物体所吸引,对那些物体欣喜若狂是敏感期的特征。这个时期的幼儿开始对成人没有注意到的<u>微小物体产生兴趣</u>,甚至我们可以说,他是对看不见的东西有兴趣,或者,至少是对那些在成人知觉边缘的东西有兴趣。"(2-82)

"从来没有人在看一件事物时,是看到它<u>所有细节所组成的整体</u>,每个人都只看到整体中的一部分,也就是说,他是透过自己的<u>情绪</u>和<u>兴趣</u>去看它。"(2-79)

"成人常想指着常见的东西给三四岁的幼儿看,像是他们以前不曾看过任何东西似的。然而对幼儿而言,<u>这就像</u>是一个人以为另

一个人是聋人，而大声喊叫对他说话。在他很努力地对他说话后，听到了抗议：'我一点儿也不聋！'"（2-85）

（四）脚走 1.5–2 岁

1.5—2 岁　　　　　　　　　　　　　　　　　　／平衡
意义：能走　能主动的人　　　　　　　　　　"我有脚，我走了，再见！"
　　　意志的锻炼 1—1.5 里　　自发的努力　　　精神与之结合
条件：手脚动作需神经组织之三部分　　　　　　人格之自我表现
　　　①脑（中枢神经）　　　　　　　　　　④大人介入　成阻碍、剥夺
　　　②感官　　　　　　　　　　　　　　　　　　　　贵顺让（3-201）
　　　③肌肉　　动作　（植物性生命止于 1、2）
　　　　骨骼

"一岁半到两岁的幼儿可以走好几里的路，可以爬上像斜坡与楼梯等具有难度的物体，但是他的行走与我们成人有着截然不同的目的。"（2-96）

"他跨出的第一步，总是被父母欢欣地迎接着，那是对自然的征服，也是从一岁进入两岁的一个指标，学习行走对幼儿来说就等于是一种第二次诞生，这时的他从无助的个体而成为一个能主动的人。"（2-95）

"既然我有脚，我走了，再见！"（3-194）

"身体和活动和意志之间具有直接关联的这个知识，能使我们更充分地认知身体活动的重要性。生物各种植物性的功能，尽管与神经系统相互关联，却不依赖意志。"（2-117）

"我们都知道从事运动可获得益处。这种体能的活动不仅有益身体健康，而且激发了勇气和自信。在提升个人的理想和唤起

观众极大的热情方面，它同时具有道德方面的影响力。种种这些在精神方面的影响，其层面是更深远于那些单纯的体能表现的。"（2-115）

（五）手 1.5–3 岁

1.5—3 岁　　（2-101）（3-187）　　　　　　／协调
意义：手是自我、心智的表现，"智慧的工具"
　　　　生命与环境之间有了新状况
　　　　象征"自我的强烈表现"　手代表心　宣誓、净心、洗罪（2-99）

　　"身体的活动联系了精神与外界，而精神需要活动是具有双重意义的，即获得观念与对外表现自我。"（2-116）

　　"他借由双手发展自己，运用它们作为人类智慧的工具。"（生-104）

　　"人类的手是如此的细致与复杂，不只能使心智显现出来，也能使整个生命（全存在）与环境进入新的关系。我们甚至可说人类是'借着手而拥有了环境'。双手在智慧的导引下改变了环境，并进而使人完成在世上的使命。"（2-99）

　　"人们如何潜意识地将手视为内在自我的显现。"（2-99）

动作的协调比所能想象的重要（3-13章）：
① 力量　　　　　　　　肌肉的力量　　意识力、意志力
　　　　　　　　　　　　　　　　　　　对立的和谐※
② 随意肌之协调　　　　脱序
　　在心智与神经系统　　　　　　　　心智–意志力–精神生活（3-181）
③ 学习的能力　专注、持久　懒散
　　　　秩序　　　　　　　　　　　　秩序（法）　逻辑（理）
④ 人格　成就与自信　　退怯

- 感官精密度之敏感期　　动作精密之协调　　1.5–4 岁
　　　　　　　　　　　　尤其触觉　　　　　4–4.5 岁

- 社会行为　　1–？岁　　2.5–6–？岁　　例：拜拜非再见、乃群感

- 模仿　　2 岁起　　（3-197）

　　　意义：适应、建构、心智

　　　条件：①肌肉之协调　┐站立的姿势　　　　※ 间接准备（3-198）
　　　　　　②走　耐心　　├走路　强壮　　　　↓观察、理解之心智
　　　　　　③看　发现、探索┘参与周遭活动　　↓身体装备、手脚等
　　　　　　（障学）（失真）（失序）　　　　　↓强壮
　　　切忌：①不当刺激：快、多、强、乱　"神经方面出问题"(3-200)　↓模仿别人
　　　　　　②不当替代　伤害性的压抑　　　　　自己作／作自己
　　　　　　　　　　　　　　　例：穿鞋（2-110）

模仿

"谈到一岁半的儿童。这个年龄成为我们兴趣的中心，也是教育上的一个转捩点。此时，上肢与下肢的准备工作连接起来。又因为'进入语言的爆发时期'，到了<u>两岁</u>，儿童的<u>人格</u>就要接近真正<u>完成的阶段</u>，所以儿童也开始准备扩展他的人格。在这个 1.5 岁的关键时刻，他已经开始努力在表达他心里的想法。这是儿童非常努力在<u>建构自己</u>的时刻。……这个时期，儿童<u>开始模仿</u>。

……今天我们明白，在儿童要模仿以前，首先他必须<u>能够理解</u>。过去的想法是，我们成年人所该做的就是'言行举止一如平常'，而儿童则要模仿成人，才会长大成人像我们一样。我们的责任就到此为止。当然，其中包含了'<u>树立良好榜样</u>'的观念，而且强调了所有的成人（尤其是<u>教师</u>）都应该如此做的重要性。<u>人性的善良有赖于他们的以身作则。母亲</u>也一样，必须是完美的。……

……在儿童会模仿以前，他必定已经准备好要这么做，而这个准备乃是源自他一直所做的努力。每一个人都是如此。成人所树立的榜样只是提供了模仿的目标或动机，它并不保证有成功的结果。事实上，儿童一旦开始自己尝试，他通常会青出于蓝而胜于蓝。……

榜样可以点燃希望、引发兴趣，模仿的欲望可以激发努力；但是，大规模的训练才能达到成就的高峰。在教育的领域，大自然教导我们，模仿是需要先做准备的。儿童所做的第一项努力并不是去模仿，而是使他的内在具备模仿的能力；儿童努力的目标是要改变自己使适合于他们所要的东西。这显示了间接的准备是具有普遍的重要性……

间接准备

今天，我们相信，让儿童的活动周期顺畅地进行是非常重要的。间接的准备工作也是非常重要的；事实上，这一切都是准备工作。我们全部的生活都是间接地为了将来做准备。凡是完成一番轰轰烈烈的事迹的人，你会发现，在他真正从事这件工作以前，曾经有一段辛苦努力的日子。这些准备工作的性质并不必都相同，但是，他必定在某方面花了很多的心血，全力以赴，以此作为精神上的准备。"（3-197）

纵身大化中、不喜亦不忧　　　　进道、配天

古人惜分阴、念此使人惧　　　　义行、德行
　　　——世短意常多

"儿童真的是在建构，如同进行心理模拟一样，在自己身上建构周遭成人的特征。这样，长大后并不是单纯地成为一个人而已，而是成为所属氏族的一分子。我们触及一个对人类至关重要的心智秘密，即适应的秘密。"（9-80）

"如果成人要提供适切的引导，他就必须始终冷静，行动放慢，以便注视着他的幼儿能够清楚看出他行动中的所有细节。"（2-111）

"当夏尔卡（Charcot，1825—1893）在他著名的精神病研究所里证明，易于歇斯底里的人，透过催眠，可能产生人格取代的情形后，引起相当的震撼。他的实验似乎正逐渐削弱我们先前对人性一个最基本特征的认定，也就是——人是自己行为的主人。然而夏尔卡的实验也证实，受试者有可能是接收了强烈的暗示，以致丧失了自我人格而接受催眠师的人格。"（2-109）

"这类的帮助其实是干扰了儿童自己选择的活动，是最具伤害性的压抑行为。许多有神经方面的麻烦的'问题'儿童，都可以追溯到这类的被干扰经验。"（3-200）

（六）写与读

4–5 岁	6 岁止
3–6 岁	学单字（文化、科学）
意义	人权需求 语言、文字之运用
	传达人类的思想

条件：	握笔能力	}	准备：外在环境、内在条件
	学字母 / 音符或单字	}	等待的勇气
	看字念出	}	信任其智慧

经由自发性的活动而吸取文化。"儿童写字的爆发性行为与他对语言的特别敏感性有密切的关联，而这是当他开始说话之时就发生了。到了5.5岁或6岁时，这个敏感性就消失了；所以，显然地，儿童只有在这个年龄以前，才有可能快乐、热衷地学习写字。6岁以上的儿童就已经丧失了大自然所赐予他们的那种不必特别努力、不必花费有意识的专注与意志力来学习写字的机会。"（3-212）

书写三条件	"爆发性的书写活动。学习书写语言一共有下列三个阶段：（1）分别熟练所需的心理、生理活动，然后合并起来，以便书写和阅读；（2）分别练习画出字母与握持书写工具的肌肉动作；（3）将拼字转换为与听觉和视觉有关联的心理机制。"（1-230）
言　写　读	"1789年的法国大革命中出现一种奇特的现象：在人民起义的暴动中，群众居然要求在人权内涵中加入'拥有卓越语言形式的权力'，即文字运用的权利。这是一项史无前例的要求。"（9-93）
思　表达　沟通	"主张人应有受教育的权利，以便能行使1791年颁布的'人权与公民权宣言'第十一条：'思想与意见沟通的自由是人类最珍贵的权利之一。'也就是说，每个公民有言论、写作与印刷的自由。这些民众不要求减少工作，反而要求寒窗苦读，这是罕见的。……

随着《拿破仑法典》的制定，义务教育首次出现在国家宪法中。"（9-94）

"'如此做后，他们发现了书写的真义，就是要传达人类的思想。每次当我开始提笔时，他们就迫不及待地要了解我想要传递的信息是什么。'现在经常在使用的一些书写命令，当初就是这么产生的。"（生-43）

"40多年前，由于在4岁幼儿身上看见了这种'书写爆发'的自发性现象，令我燃起将一生奉献给教育的愿望。"（9-100）1955版

· 心智　0-5岁　（2-79）	无意识　吸收性心智
	有意识　理性的拥有

"幼儿的敏感期一直持续到5岁大的时候，在这段时间中，他能够以极为惊人的方式由环境中吸收各种形象。他是一个借由感官，主动接受这些形象的观察者。但这并不意味着他像镜子一样接受形象，他是一个由一种内在冲动、一种感觉或特别兴趣所推动的真正观察者，因此他对于形象是有所取舍的。"（2-79）

环境形象
　↓感官、活动
　↓心智建构

"幼儿能回忆他所接收过的印象，并使它们保持清晰明确，因自我（ego）是透过所得到感官印象的力量而建构自己的智力的。"（2-115）

"动作不仅是一种自我表现，也是意识发展中不可或缺的因素，因为它是使自我与外在实际环境建立一种明确关系唯一真正的媒介。动作，或谓身体的活动，因此是智力发展的一个基本因素，而智力发展有赖于自外界接收的印象。透过动作，我们与外在现实环境有所接触，经由这些接触，我们最后甚至获得了抽象的概念。"（2-116）

"身体的活动与个人的人格是紧密相关且无可替代的。不重视身体活动的人会伤害了自己。他逃避现实生活且事事钻牛角尖。"（2-120）

"较好的方式是——把婴儿放在一个稍微凸显的平面上，如此，便能看到他四周环境的全部。更好的是——把婴儿放在庭园里，他可以看到鸟、花以及轻轻摇动的植物。

一个幼儿应该在不同时机被放在同一个地点。如此，他可以重复见到同样的事物，并学会辨认这些事物及彼此之间的相关位置，且分辨有生命与无生命的对象。"（2-66）

①观察　②记忆
③理解　④想象
⑤判断　⑥意志
　选择　规律　自信
　认同　　　　自律
　信念

"心智的这两项能力（想象力与抽象思考力）是超越了对实际存在事物的单纯认知之外，它们共同建构心智的内容，两者在语言的建立上都是必要的。……

当你说：'有一个心理糊涂的人，他很聪明但是含含糊糊的'时，你是指一个主意很多但是却缺乏条理的人。或者你会谈到另外一个人：'他的心智像一张地图，他的判断力一定很好。'"

"因此，在我们的工作中，我们称这部分精确地建立起来的心智为'数学的心智'（mathematical mind）。这个名词是取自法国的哲学家、物理学家和数学家巴斯葛（Pascal），他说，人类的心智天

生就是具有数学性的，而数学的知识和进步都是来自正确的观察。'
（3-225）

"人是可做理性判断的，而后经由意志的行动，来决定自己的行为。"（2-116）

内在规律　　　
　　　→内在引导
理性
　意识、意志

"就个体而言，能以谨慎、小心的方式走动实际上是很寻常的。它是内在纪律的表征，透过有条不紊地外在行动表现出来。当这种内在纪律丧失时，个体的行动就会逃脱他本人的控制，而受另一个人的意志所主导，要不然就会如同一艘漂泊的船随时受外在的影响所左右。"（2-113）

"教育和生命的基本目的在于：一个理性的人应该好好掌握他的运动器官，以便使他的行动不仅受感官刺激而本能的反应，而且也受理性本身的引导。"（2-121）

"无法服从自己的内在引导的儿童就不是一个开始迈向遥远而狭窄的完美之路的自由人。他仍然只是个屈服于表面感官，任环境摆布的奴隶。"（3-320）

自由

"儿童乃是按着大自然的计划而成长，渐渐到达了自由的境界——所有生物的首要生命法则。他是如何获得独立的呢？他是靠不断活动。他如何获得自由呢？也是靠不断的努力。"（3-122）

独立

"独立的本质就是能为自己做一些事情。在这些不断地获得独立的过程中，其中所蕴含的哲学概念就是：人类凭借着努力而获得独立。如果儿童能够独立，他就发展快速；如果不能独立，他的发展就很缓慢。"（3-194）

创造

"如果我们研究世上所有对人类有用的、著名的发明物，我们会发现，它们的起点通常都是从有秩序而且精确的心智开始，才能创造出新的事物。甚至在诗歌和音乐的想象世界里，仍然有基本、精确的秩序，所以被称为'诗体的'（metrical）或'有韵律的。'"（3-225）

第四章　敏感期　087

图一　语言的发展（3-162）

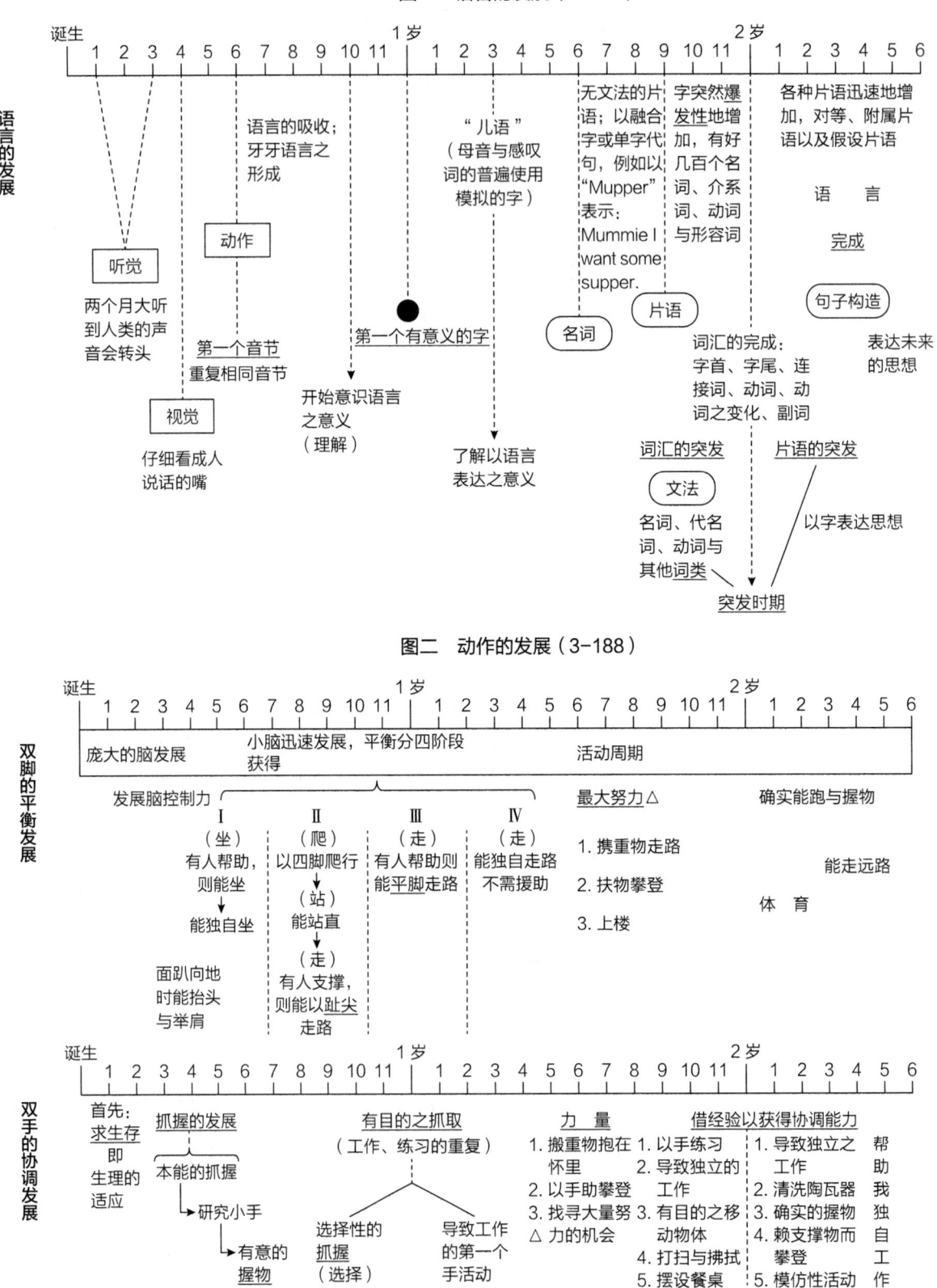

时间轴：诞生 1 2 3 4 5 6 7 8 9 10 11 | 1岁 1 2 3 4 5 6 7 8 9 10 11 | 2岁 1 2 3 4 5 6

语言的发展

- **听觉**：两个月大听到人类的声音会转头
- **视觉**：仔细看成人说话的嘴
- **动作**：
  - 语言的吸收；牙牙语言之形成
  - 第一个音节 重复相同音节
- 开始意识语言之意义（理解）
- "儿语"（母音与感叹词的普遍使用模拟的字）
- 第一个有意义的字
- 了解以语言表达之意义
- 无文法的片语；以融合字或单字代句，例如以"Mupper"表示：Mummie I want some supper.
- 字突然爆发性地增加，有好几百个名词、介系词、动词与形容词
- （名词）
- 词汇的完成：字首、字尾、连接词、动词、动词之变化、副词
- 词汇的突发
- （片语）
- 片语的突发
- 文法：名词、代名词、动词与其他词类
- 突发时期
- 各种片语迅速地增加，对等、附属片语以及假设片语
- 语言完成
- 句子构造
- 表达未来的思想
- 以字表达思想

图二　动作的发展（3-188）

时间轴：诞生 1 2 3 4 5 6 7 8 9 10 11 | 1岁 1 2 3 4 5 6 7 8 9 10 11 | 2岁 1 2 3 4 5 6

双脚的平衡发展

- 庞大的脑发展
- 小脑迅速发展，平衡分四阶段获得
- 活动周期
- 发展脑控制力
- I（坐）：有人帮助，则能坐 → 能独自坐；面趴向地时能抬头与举肩
- II（爬）：以四脚爬行 →（站）能站直 →（走）有人支撑，则能以趾尖走路
- III（走）：有人帮助则能平脚走路
- IV（走）：能独自走路不需援助
- 最大努力△
  1. 携重物走路
  2. 扶物攀登
  3. 上楼
- 确实能跑与握物
- 能走远路
- 体育

双手的协调发展

- 首先：求生存即生理的适应
- 抓握的发展
  - 本能的抓握 → 研究小手 → 有意的握物
- 有目的之抓取（工作、练习的重复）
  - 选择性的抓握（选择）
  - 导致工作的第一个手活动
- 力量
  1. 搬重物抱在怀里
  2. 以手助攀登
  3. 找寻大量努△力的机会
- 借经验以获得协调能力
  1. 以手练习
  2. 导致独立的工作
  3. 有目的之移动物体
  4. 打扫与拂拭
  5. 摆设餐桌
- 1. 导致独立之工作
  2. 清洗陶瓦器
  3. 确实的握物
  4. 赖支撑物而攀登
  5. 模仿性活动
- 帮助我独自工作

图三　幼儿的敏感期

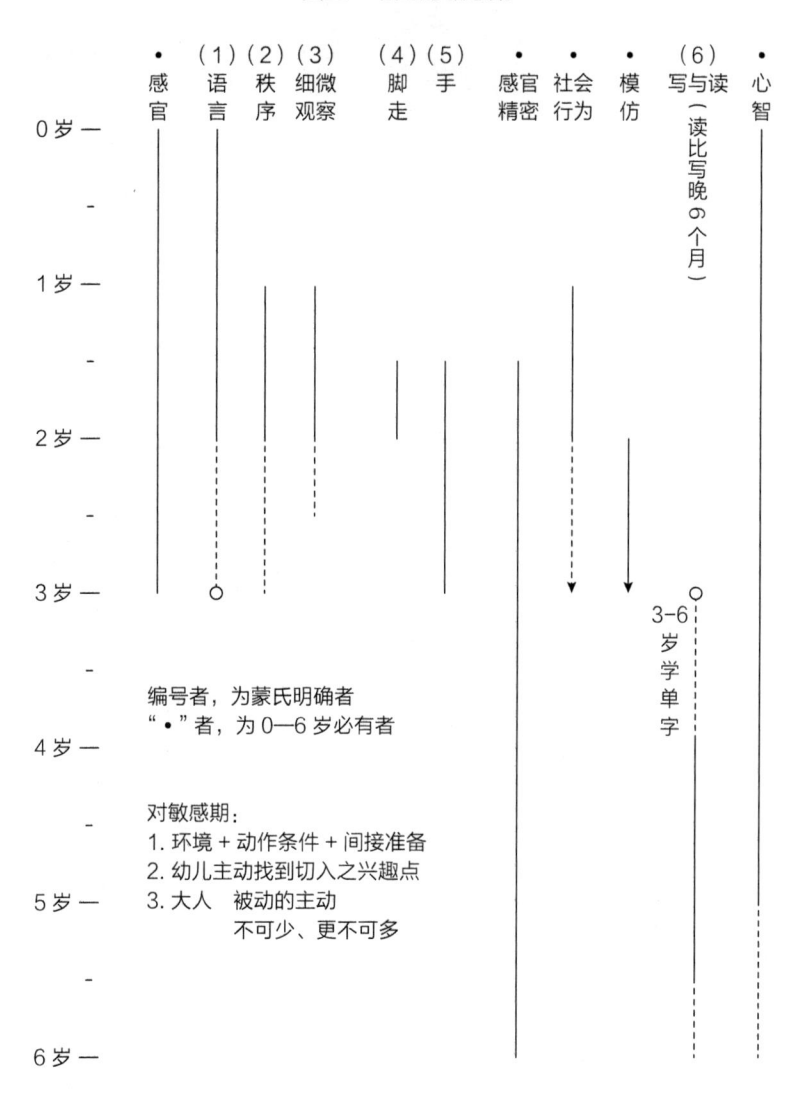

```
           ●   (1) (2) (3)  (4)(5)  ●    ●    ●   (6)  ●
           感   语  秩  细微  脚 手   感官  社会  模   写   心
           官   言  序  观察  走      精密  行为  仿   与   智
                                                    读
0岁 ─                                                （
                                                    读
     ─                                              比
                                                    写
                                                    晚
1岁 ─                                                6
                                                    个
     ─                                              月
                                                    ）
2岁 ─

     ─

3岁 ─           ○                       ↓    ↓    ○
                                                    3
     ─                                              –
                                                    6
           编号者，为蒙氏明确者                       岁
           "●"者，为0—6岁必有者                     学
                                                    单
4岁 ─                                                字

     ─     对敏感期：
           1. 环境 + 动作条件 + 间接准备
           2. 幼儿主动找到切入之兴趣点
5岁 ─       3. 大人　被动的主动
                  不可少、更不可多
     ─

6岁 ─
```

第四章　敏感期　089

真誠

即

愛自己

怎麼面對
外界說實，再說。
看狀況。
一〇二三七
春

第五章　正常化与偏态

（一）正常化

	敏感期都满足了	自然正常化
正常	工作、专心、纪律（秩序）、合群	→超社会
未正常	退怯、怠惰、脱序　　任性	→外社会
正常	不吝赞美、不在乎输、只专心于学	反社会 （3-254）
未正常	嫉妒　　输不起、　忙于无益……边缘之事	（P37）

人人喜欢接近正常人、大人习惯不面对，不处理，打发边缘人。
尤其长久累积之下，母爱极限生。

（二）偏态

1. 程度：过错—脱序—偏态
2. 成因与调整原则

```
                                              身体生病
  （1）          1.            2.           3. ／    4.
环境障碍— 脱序现象— 直接纠正，压制缺点— 恶化— 劣等感
不当对待   消极症状   感情用事、骂笨称劣    累积   劣根性

1. 创建       （2）     2.                3.          4.
内在能量— 兴趣环境— 工作、专注、内在纪律— 精神粮食、满足感— 症消
真实本性   （诱因）   （肉体化）                       转顺
   智慧                                              病好
```

调整的关键在"环境"：(1) 解除障碍的环境
　　　　　　　　　(2) 安排扩展性的环境

　信心在无限的内在能量
　　　幼儿的真实本性：吸收性心智（Mneme）+ 敏感期　"吸收智慧"
　教育，尤其幼儿教育：非压制（防弊），'开放性基础'

3. 调整的最佳时机　3—6岁
　　　　　以后非天然力、靠意志力

表四　幼儿正常与偏态之特征

【2.】正常化　　【3.】未正常化
不吝赞美　　　嫉妒
不在乎输　　　输不起
只专心于学　　忙于无益
　　　　　　　边缘之事

正常及偏态儿童性格特征（3-246）

（从 1. 2. 3. 4 可知两图是关联的，同一的。）

大人、不处理、不面对
　常以打发方式，对待未正常化
　之边缘人：
　　　反社会、关之
　　　社会外、隔离之

上进与下滑的引力
　关键在人格的正常化与否
　非关劣根性、命运……

根源在，不会用心
用错心，以为……

【3.】往外缘的引力
　使他极力需"一块浮木"
　对心灵努力的尊重
　乃是根部的滋润
　不要因认错而忽视

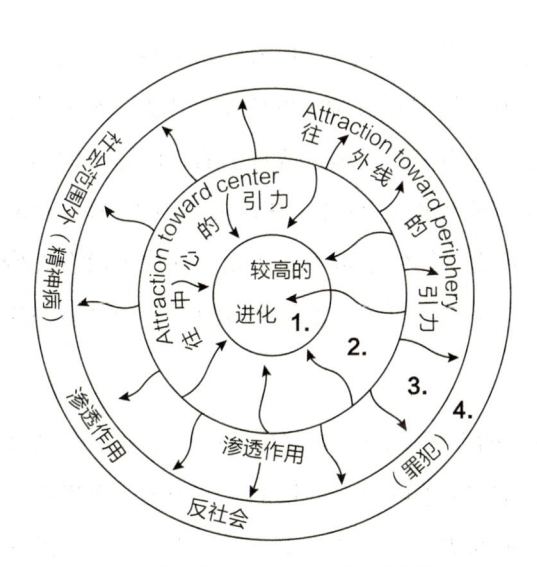

表示被较优社会及较劣社会所吸引的圆图（3-254）

利用往外缘的引力
设计　替代品与陷阱
其心可诛
成长　原本没有替代品

"如果性格的缺陷是由于产后的因素,就不如胚始期严重,胚胎期的问题又不如成孕时的严重。如果是产后的缺陷,可以在 3 到 6 岁期间治愈,因为这是调适与修正时期。"(6-90)

"我们可以预估:那些在出生后 0 到 3 岁才造成的缺陷,可以在 3 到 6 岁的阶段,也就是当大自然仍然忙于完成许多新形成的能力时,获得实际的治疗。

我们的学校从这个阶段中所获得的经验与成果是一项显著的贡献,可以提供正面的帮助;换句话说,我们可以做得很有教育性。但是,如果(由于疏忽或是错误的治疗)在 0 到 3 岁之间所造成的缺陷没有校正过来,那么,它们不仅会继续存在,而且会更恶化。……到了 6 岁时,儿童不仅具有 3 岁前所产生的偏态,而且还有 3 岁以后所产生的其他缺陷。而 6 岁以后,这些毛病又会影响到下一个生命阶段,影响到是非意识的发展。

这一切<u>造成的</u>缺陷都会反映到精神生活与智力。如果前一阶段的情况有害于儿童能力的开展,他们会有学习的困难。因此,6 岁的儿童所表现出来的累积特征将不是真正属于他自己的,而是早期不幸经验的结果。例如,他可能无法发展出 6 岁到 12 岁之间所应有的道德意识,或者,他的智力可能低于常人。于是,他成了没有性格也没有学习能力的人。到了最后阶段,他的劣等感会导致其他的缺失。"(3-237)

"一个手指关节脱臼的人渴望着关节复位,因为他知道要这样他才可能不再疼痛,才能使用他的手。同样的,一个人一旦发现已犯下错误,就会强烈地感到要使自己步入正轨,因为他已获致的知识会使他长期所忍受的软弱与痛苦变得再也无法忍受。"(2-34)

"我们早期学校所以出名的原因之一,就是这些消极症状都不见了,关键就在一件事——我们的孩子可以自由地在为他们预备的环境中，完成他们的实验（或工作），这些经验能滋养他们饥饿已久的心灵。一旦兴趣引发出来，孩子一遍又一遍地练习，其专注性可以从一个工作转移到下一个工作。当孩子已经能因着兴趣的吸引，达到专心的程度，消极的症状就一个一个消失了。杂乱的变得有秩序；被动的以及捣乱的成了协助者，所以证明<u>这些消极的性格不是其本性</u>，而是<u>环境造成的</u>。因此我们建议母亲要给孩子感兴趣的工作，当他开始工作以后，不要任意打断他。糖果、严酷的态度、药物都没有用，我们对惹麻烦的孩子绝不感情用事，也不称他为智力障碍者；当他需要心灵的食物时，那些作法都没有助益。<u>智慧是人的天然本质，所以人需求心灵的食物甚于物质的</u>。"（6-93）

"用<u>直接纠正及压制缺点</u>的观念也不正确。<u>缺点只能经由扩展'生活空间'来纠正</u>，为人格发展提供更多的管道，引发一些更广泛的兴趣，不要只注意身边的人，整天与他们比较。（只有穷人才为一片面包争执，<u>会经营的人关注的是整个世界所能提供的机会</u>。<u>妒忌与竞争是心胸狭隘、目光短浅的标志</u>。志在以'天堂'为奖赏的人，甚至不屑拥有这世界，不吝惜这眼前有限的财富。我们应该推动一种宏观的教育，能使人超越现实的利益。太执着于眼前的物质得失才会引起嫉妒与竞争；开阔的心胸能引起另一种情操，使人愿意为一切能推动人类真正进步的事业献身。）

因此，宏观的教育是一种可以逐步消除某些道德缺陷的梯阶，教育的第一步应该是<u>把儿童从毫无生气的世界带出来</u>，基本技巧是先解除妨碍儿童进步的'桎梏'，然后<u>视儿童的能力逐步增加诱因</u>，以满足潜藏在心灵深处的人性倾向。<u>与其压制儿童的欲望，不如鼓励他去征服无限</u>。"（9-44）

"每个性格上的缺陷都是由于儿童早期受到<u>不当待遇</u>所造成的。如果这个时候儿童被忽略了，由于他们没有机会建构其心智内容，

（比较　美貌
　　　流行品
　　　成绩
物欲
嫉妒与竞争）

（1）不当对待

所以他的心智是空虚的。

饥饿的心智（目前心理学家正投注许多心力于此）是许多不幸所以发生的基本原因。另一个原因则是缺乏由创造冲动所引导的自发性活动。……

（2）环境

……当这些儿童发现自己在此地可以主动地去体验其环境，而且在此地自由运用其能力可以滋养其心智时，他们的缺陷显著地消失了。他们的四周充满了有趣的事物可做，他们可以随意地重复练习，并且从一段工作的专注到另一段工作的专注。一旦儿童到了这个阶段，他们能工作，并且专注于他们真正感兴趣的事物时，他们的缺陷消失了。脱序的变得秩序井然，被动的变成主动，恼人的儿童变成教室里的小帮手。这个结果使我们了解，他们先前的缺陷是后天造成的，而不是天生的。"（3-241）

真实本性

"人的真实本性潜存在他自己里面，而这是从受胎时就赋予的本性，必须受到认识并允许它的发展。"（2-169）

创造泉源

"这些幼儿以一种令人目眩的方式让我们知道，人类犯了错误，必须彻底改过更新，而在一个人创造力量的泉源中可以找到这样的更新。"（2-162）

彻底改变

"'彻底的改变'（Conversion）是属于幼年时期的现象。重点在于这是一种迅速的，有时几乎是瞬间的变化，它通常都来自同一根源。我无法举出一个发生彻底改变的实例是与幼儿因对工作产生兴趣而专心于活动无关的。相当多种不同的改变都是在这种情形下发生；神经质的幼儿变得平静，沮丧不振的幼儿又重新有了精神，所有的人都经由纪律性的工作而向前迈进。由于内在能量已经发现对外表现的方法，因此也就不断地进步。"（2-168）

与敏感期有关 任性

"对于幼儿无理性的各种行为，成人常冠以'反复无常''任性''乱发脾气'的名称。我们将幼儿没有明显原因、顽固或不理性的行为看成是任性。……

发脾气　　　　敏感期有助于说明幼儿幼稚地发脾气行为，但并非全部，因为在内在的冲突背后存有许多不同的原因，而很多任性的行为是幼儿过去发展中偏态的结果，再加上不当的对待才更加恶化。与敏感期

反复无常　　的内在冲突有关联的反复无常的行为，其实和敏感期本身一样是短暂的。"（2-59）

不稳定消失　　"一旦幼儿发现能引发他们兴趣的东西，他们的不稳定就不见了，而且会学习专心。"（2-166）

转顺一　　　　"D小姐描述了一位完全无法拿着一杯水而不使水溅出来的4岁女孩，即使只是半杯水她也做不到。所以她故意回避做这种尝试。但是，就在她成功地做完她感兴趣的另一种练习之后，她开始毫无困难地端着数杯水，而且在她为画水彩的同学送水时变得全神贯注，一滴水也没溅出来。

　　　　另一个很有趣的事实是一位澳大利亚老师向我们报告的。B小姐的学校里有位小女孩，还不会说话只会发出含糊不清的音。她的父母非常担心，也曾带她去让医生检查看是否智障。有一天，这个小女孩对圆柱体组感兴趣，花了好多时间在做将圆柱体从木块中取出又放回的工作。在她以最高的兴趣一次又一次地重复做完之后，

转顺二　　　　跑到老师面前说着：'来看！'

　　　　D小姐更进一步地报道着：'圣诞假期过后，班上有了很大改变，秩序似乎就自行建立，完全不需要我的干预。幼儿似乎太忙于

工作　　　　工作，不再像以前那样的漫无目的，他们自动地走到柜子去拿以前曾令他们厌烦的物品，班上开始产生工作的气氛，以往是由于一时的兴致冲动才去选择物品的幼儿，现在则显出了一种对内在纪律的需求。他们全神贯注地努力做艰难的工作，并在克服困难时经验到

内在纪律
满足感　　　　一种真正的满足感。这些宝贵的努力对他们的性格产生了直接的影响，他们成为自己的主人'。"（2-167）

第五章　正常化与偏态　097

生命有一股自然吸取"精神乳汁"的能量，只要给他"有助于自我实现的环境"

在进八种偏态之前，先澄清幼儿的"幼稚特质"，也随敏感期消失

幼稚特质：① "不好的"　邋遢、懒散、自私、不服从、好争吵
　　　　　② "好的"　"创造性想象" 好故事、好依附、顺从
　　　　　③ 科学的　　模仿、好奇、不定性、注意力不集中　　都会消除

＊自卑：沮丧 胆怯 退缩
　　确信自己无能力做某事
　正常：自主
　1. 有信心　能负责
　2. 踏实工作
　　　ex. 四岁男孩

"经验已经显示正常化使幼儿许多幼稚的特质消失不见，不仅是那些被认为是不好的，也包含那些一般被认为是好的。在这些消失的特性中，不仅有邋遢、不服从、懒散、贪婪、自私、好争吵和不稳定，还有所谓的'创造性想象'、对故事的爱好、对个人的依附、游戏、顺从等。它们也包括那些已经经过科学研究而且被认为是幼儿期会有的特质，如模仿、好奇、不定性和注意力不集中。这些幼稚特征的消失显示出幼儿真实的本性至今尚未被了解。"（2-115）

每一偏态，大致分：1. 偏差点　2. 现象　3. 后果　4. 辨别与例子　5. 解法　等项
（1）遁走（跳脱）　于幻想世界　"精神的遁走"
　　　　　　　从幻想寻求避难　转向玩具等幻想，有脱序、暴力倾向
　　　　　　　　　　　　丰富想象→对环境模糊
　　　　　　　　　　　　例：部分艺文者

"许多似乎拥有丰富想象力的成人，实际上对他们的环境只有模糊的感觉，而且深受他们的感官印象所支配。这些人以他们富于想象的气质著称，他们没有秩序，但却能赞赏随处所见之光、天空、颜色、花朵、风景、音乐，他们对人生充满多愁善感、罗曼蒂克的想法。

但是他们对所赞美的光并没有足够的认识，以致无法真正地爱上它。给他们灵感的星星也无法使他们维持长久的注意力，从而使他们获得起码的天文学知识。他们具有艺术的倾向却没有任

何的创作，因为他们缺乏不屈不挠的精神，所以无法习得任何技能。"（2-180）

(2) 障碍　于内在的世界　"精神障碍"
　　（陷内）

　　　　往内执着、退缩　"厌弃"　某学科　　久之，不再有爱与热忱
　　　　个人之自闭　　　　　　　"一般"
　　　　　　　　　　　　　　　　学校一人

　　　　　　　　　　　　例：如同身体"避病法"：关窗、裹身
　　　　　　　　　　　　例：随身听："身份之隔阂"如穿紧身衣
　　　　　　　　　　　　辨：消极性与积极性不同

"这个精神历程相当清楚：他使自己与世界分离，以便重新得力，然后再与世界结合。为了欣赏全景的浩大，我们不是得离开城镇吗？从飞机上看下去，地上的一切就一目了然了。人类的精神也是如此。为了与同伴相处、交往，有时候我们得退而独处以获得能力；唯有如此，我们才能以爱看待我们的同伴。"（3-321）

(3) 依附　于大人的意志　或人气偶像之形象
　　（依赖）

　　　依赖强大　好哭，抱怨，大人以为"敏感，热情"　过度问，但不听，终不
　　　隐于多数　求保护，利用大人之爱，协助　　　　耐烦，因没内在满足
　　　　　　　—大人成为这种孩子的奴隶
　　　　　　　　小孩陷入大人以为的"怠惰或懒散"假性的扶不起
　　　　　　　　　例：如同"重病患之虚弱"
　　　　　　　　　辨："懒惰是种精神上的疾病"

"懒惰实际上是一种精神上的疾病，它可比喻做一个重病患者的虚弱状态。它是赋予人活力的创造性能量衰退的外在表现。基

督教把懒惰视为首要的罪恶之一，是会使灵魂死亡的祸害之一。"
（2-183）

蒙氏，不一味歌颂幼儿，但相信幼儿有一颗潜力无限的心
只需助其导回正轨、正用。

（4）占有欲　于事物与人

不能自我实现，则反复无常—占有事物，不真爱知，不惜毁夺，贪婪
没真自足　　　　　无关连，速换　　　破坏狂（失一就拼了）
　　　　　一久之，光明变黑暗（很多不满足）
　　　　　　　　　　例：病虚，例："我的"，"这"太强
　　　　　　　　　　例："越吃越饿"看电视，吃零食，需
　　　　　　　　　　人陪

"儿童无法专注就表示他周遭的物体占有了他。他每样东西都想要，并且一个换过一个。不过，一旦他能专注，他就成为自己的主宰，并且也掌管了他周围的世界。"（3-261）

（5）权力欲　　支配大人

支配　　　　幼儿的—利用大人的有力　　—大人让步
控制　　　　　幻想大人无所不能　　　　无常，无止境
・以为生存　（辨）泪怜，讨喜/责备大人　　任性、宠坏
・心之慧點
・精神　　　"大人"的—掌控牵制别人　　—人民让步
　　　　　　自我实现=统御千万人　　没完没了的控制
偏态—失常　　组织、互控、斗争　　带来自己不幸
　　　　　　　　　　　　　　　　　如性顺从

例：发烧

（6）自卑情结

  幼儿自卑、来自大人的轻视

      根源于偏颇的占有、权力   蒙氏、荣格

  大人自卑——拥有孩子 以威权 视孩子为空
      随意对待 牵制 的，错的 卑于物（保护拥有物）⎫
                      卑于人（客人、佣人）⎬ 自卑情结※
  幼儿—碰—切物 ⎫ 被打断   ⎭
    工作合时 ⎬"我可以随意被处置"   （犹豫）（压力下）
       ⎭   ※自卑：沮丧、胆怯、退缩

                "确信自己无能力做某事"

           正常：自主

            ① 有信心，能负责

            ② 踏实工作，例：4岁男孩

  "人类保卫自己的所有物，使其免受侵犯，这几乎是种<u>自然法则</u>。在国家之间，这种情形有时会演变成极端暴力的场面。这种属于本能的自我防卫来自深藏于人类心灵深处的潜意识。这种最早出现，又极不容易被察觉的残酷现象，在成人照顾幼儿时避免自己被打扰，以及保护物品以免被这些新生代破坏时可以看到。"（2-90）

（7）恐惧 程度：不安—焦虑—恐惧 若受压制，不信任外界

  孩子本 勇敢活泼，勇气十足   例：爬树，海泳
     深思熟虑
     辨识，控制危险
  解法："与现实接触→经验与了解"
     真实   想象会越想越怕，那不需要
             做，没那么可怕

（8）说谎 根部的偏态
    所有偏态的外衣   合理化—说谎—失去理智、犯罪

"当一位好妈妈最重要的责任之一，就是教育孩子养成诚实的习惯。……妈妈用尽心思想让孩子了解到，一个小小的谎言到最后会让人犯下<u>一连串错事</u>的道理，好比一句谚语所说：说谎会让人失去理智。'"（5-89）

①一般性说谎　　有三种除外：　　成人攻击，自我防卫
　　　　　　　　　　　　　　　　扮演角色的　想象力创作
　　　　　　　　　　　　　　　　别有用心的推理，顺"习俗"

②有系统的说谎　　随个体成熟，有组织的 ⟷ 自然而真诚
　"精神上的谎言"　如高贵而美丽的衣服　　反被视为不礼貌
　久之，爱→恨　　例：社会价值观，钱与权　　不顺服
　　　　　　　　　国王的新衣—受教—自由。　未学会"适应"

"欺骗是出现在幼儿时期的一种智力现象，但随着个体的成熟它会变得有<u>组织</u>。它在人类社会中扮演极为重要的角色，就像穿在身上的服装那样地不可或缺，高贵甚而美丽。在我们每一所学校中的幼儿都不再有这种被曲解的想法，并且显得自然而真诚。不管如何，撒谎并不是会像奇迹般消失的偏态行为。它更需要改造而不只是改变。清晰的概念、与事实的接触、精神的自由以及对良善高尚的事物主动感兴趣，这些都提供了能端正幼儿心灵的环境。

社会生活陷于一种欺骗习惯的气氛当中，以至于如果试图要去纠正它们，整个社会就会陷入混乱之中。许多幼儿离开了儿童之家到更高一级的学校后，就被视为既<u>不礼貌</u>又<u>不顺服</u>，只因为他们比其他幼儿更诚实，<u>还没学会做必要的适应</u>，他们的教师也还没能认知这个事实。一般学校的纪律与常规，就像社会上的纪律常规一样，到处充满着欺骗，这些教师将来自我们学校的幼儿所表现出他迄今未知的诚实，当成会破坏其他人教育的因素。"（2-196）

解法："清晰的概念"，与"事实的接触，获精神的自由，
　　　对良善高尚事物主动兴趣"（2-196）良心监狱
③潜意识的欺瞒

"掩饰自己真实感觉的习俗是一种精神上的谎言，能帮助人们适应社会上有组织的偏态，但也会渐渐地把爱转变为恨。这是潜伏在潜意识最幽深处的可怕谎言。"（2-197）

由内心建构起来的谎言，以适应与自然感情不一致的社会生活、生存不能努力奋斗不懈，心灵自改以适应之，　　　　　　　　　例："想开了"
成人的虚伪，"天赋权利——不顾实际发生的事——成人内在对真理公义的
　　　　为小孩未来好"　　把拯救行为视为　　　微弱声音，仇恨有了避
　　　　　　　　　　　　　　　不顺服　　　　　　风港"巨冰"

"精神分析学家对人类心灵历史的研究中最杰出的贡献之一，就是对潜意识欺瞒的解释。组合成人类生活可怕的基础是成人的羞耻而不是幼稚的虚构事情。它们就像动物的毛皮或是鸟的羽毛，覆盖、装饰与保护隐藏在下的生命原理。隐瞒一个人真正感觉的掩饰，是人由内心建构起来的谎言，如此他才能在一个与他自然感情不一致的世界中生活，或更正确地说生存下来。又因为不可能不断地努力奋斗，心灵也就改变自己来适应环境了。"（2-196）

"我们可以用一个公式与代号来表明这个现象。人们所相信的善，其实是一种伪装的恶，一种有组织的恶，但它找到解决剧烈矛盾的潜意识方法。没有人要恶，人人都想要善，但这种善即是恶，而每个人都因受到来自道德一致环境的暗示而变恶。因此社会上出现了一种名为善（Bene）的恶组织（Organizzazio ne del male），用暗示方法（Suggestione），将它加强在（Imposto）全人类（Umanita'）身上。若将这些关键词的起首字母合在一起，便成了奥姆必斯（OMBIUS）的代号。"（9-62）

　　　　　　　　　　　　　　　　　　　　　　　恶用发明、工具
当然，幼儿的偏态，未调整，长大变成成人的偏态→野蛮行为

"对症出招，　　"偏态的成人追求权力、权威，一心追求好处，然而这些好处
加重病情"　　在尚未被正当利用之前就会转变成一些具危险性的东西，这便是任

第五章　正常化与偏态　103

何好处、发现或发明之所以会增添令世界痛苦的灾害之原因。我们可以看到机器所产生的社会影响，它们可以用来增加人类物质方面的富裕，或用在战争及累积过多的利益。物理学、化学及生物学方面的进步，及新式交通工具的发明，增加了人类更多不幸，以及终至为野蛮行为所征服的危险。"（2-230）

"这些脱离常态的偏差行为渐成为性格的一部分，它们约可分为两类，比较坚强的孩子会采取敌对的态度；较懦弱的孩子，只好屈服其淫威之下。坚强的孩子随时会发脾气、反抗、破坏、贪得无厌地占有、自私、心不在焉、胡思乱想或做白日梦。这些孩子时常大喊大叫或吵闹，爱戏弄或虐待小动物，总是馋嘴好吃。懦弱的小孩较被动，偏差行为属于消极的，如慢吞吞的、发呆、以哭泣方式要挟、凡事依赖、怕陌生人、总是缠着大人；经常要人陪他，但很快又觉得无聊、疲累；他们甚至有撒谎、偷窃的毛病，作为重要的自我防卫形式。"（6-91）

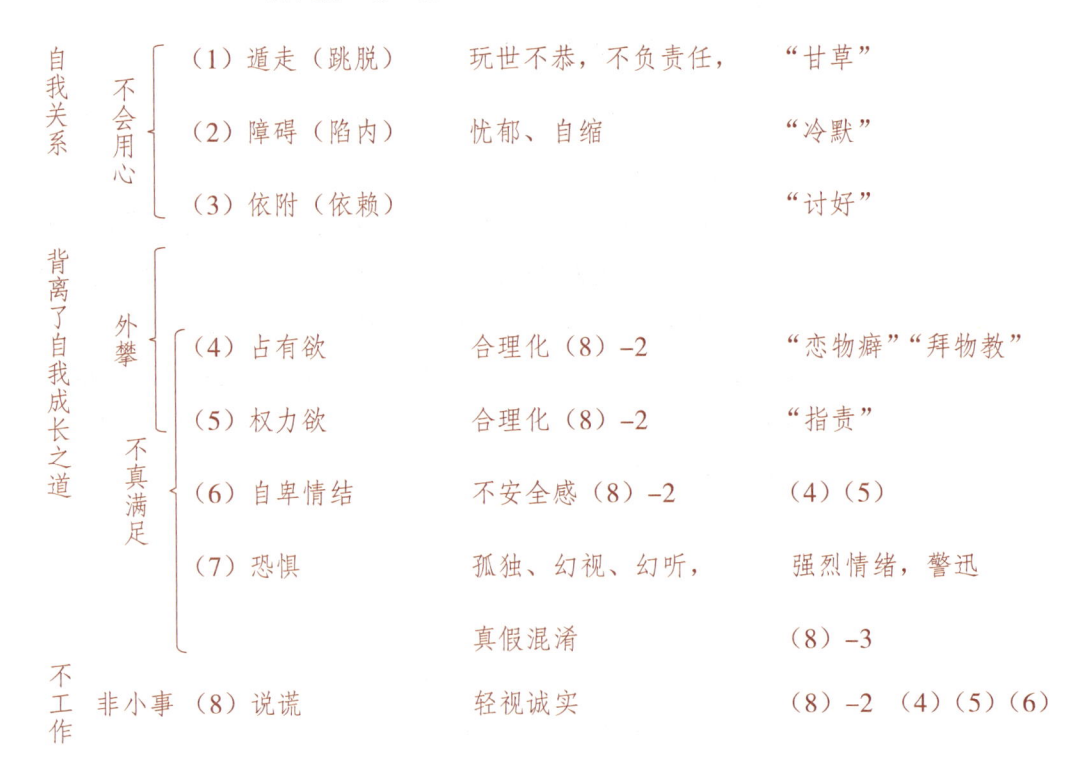

自我关系	不会用心	（1）遁走（跳脱）	玩世不恭，不负责任，	"甘草"
		（2）障碍（陷内）	忧郁、自缩	"冷漠"
		（3）依附（依赖）		"讨好"
背离了自我成长之道	外攀 不真满足	（4）占有欲	合理化（8）–2	"恋物癖""拜物教"
		（5）权力欲	合理化（8）–2	"指责"
		（6）自卑情结	不安全感（8）–2	（4）（5）
		（7）恐惧	孤独、幻视、幻听，真假混淆	强烈情绪，警迅（8）–3
不工作	非小事	（8）说谎	轻视诚实	（8）–2（4）（5）（6）

（三）幼儿偏态与成人社会化的关系

"幼儿渴望工作代表了一种活力的本能，因为不工作便无法组织他的人格——人借着工作而建构自己。工作没有替代物，不论情爱或健康的身体，都无法取代它。而另一方面，如果这个工作本能产生偏态，不论取他人的榜样或施以惩罚，均无法补救。……

<small>工作
已失应有动机
强制性
厌倦，苦

偏态

形成精神障碍</small>

工作既是极大满足的来源，又是健康和重获新生（对幼儿而言）的一项原理，为什么只因成人将它视为一种不为人所喜爱的需要，而一直受到拒绝呢？事实可能是因为社会已经失去了工作应有的动机。这种奥妙的工作本能依旧以隐性的特征藏在人心里——它已经因为占有欲、权力欲、漠不关心和依附而产生偏态。在这种情况下，工作仅能依赖外在环境或偶尔经由偏态的人竞相斗争而产生。如此，它成了强制性的劳动并因此形成强大的精神障碍。这便是为什么工作看起来艰苦而令人讨厌的原因。

但是当有利的情况出现时，工作经由一股内在驱力而自然涌现，即使在成人身上，它也会展现一种完全不同的性格。当这种情形发生时，工作变得迷人而不可抗拒，并将个人提升到偏态的自我之上"（2-208）

<small>偏态被社会化</small>

"当占有欲进入到一个有组织的环境中时，它不仅是个人的一种障碍，对全体的工作也是成为障碍。于是，剥削他人的劳力取代了劳力的自然分工。导引的规范将人类偏态行为的结果制定为社会原理，且在权利的伪装下成为方便的手段。如此一来，谬误胜利了，且成为人类生活和道德的一部分。所以在这样一种悲剧性的阴影底下，认不出其本身的真面目，所有事物都被扭曲，以为一切都是无法避免而必然的邪恶，于是全部被接受。"（2-213）

<small>精神的谎言
适应有组织的偏态</small>

"掩饰自己真实感觉的习俗是一种精神上的谎言，能帮助人们适应社会上有组织的偏态，但也会渐渐地把爱转变为恨。这是潜伏

在潜意识最幽深处的可怕谎言。"（2-197）

偏态⇌自卑感

"许多人都相信自卑感刺激了权力欲的增长，他们用这种起源于自卑感的权力欲来解释他们各自的麻烦并得出了满意的答案。"（人-62）荣格《寻求灵魂的现代人》

社会成就以人格萎缩为代价

"我们越是接近中年生活，就越是成功地巩固了我们个人的观点和社会地位，就好像越是找到了正确的道路、正确的理想和正确的行为准则。因此，我们把这一切看成是永恒有效的，终生不渝地坚守着它们，并把这当作一种美德。我们完全忽略了一个基本的事实，即为社会所赞赏的那些成就是以人格的萎缩为代价而获得的。"（人-112）

以觉接纳自己"个体化"
心防→心神

"也许这听起来很简单，但简单的事情总是最困难的事情。在实际生活中，要做到简单就需要有最高的修养；承认与接受自己乃是道德问题的根本，也是整个人生观的缩影。"（人-250）

渴望正常化

"一个手指关节脱臼的人渴望着关节复位，因为他知道要这样他才可能不再疼痛，才能使用他的手。同样的，一个人一旦发现已犯下错误，就会强烈地感到要使自己步入正轨，因为他已获致的知识会使他长期所忍受的软弱与痛苦变得再也无法忍受。"（2-34）

如手机 计算机 非本身
乃包装

"偏态的成人追求权力、权威，一心追求好处，然而这些好处在尚未被正当利用之前就会转变成一些具危险性的东西，这便是任何好处、发现或发明之所以会增添令世界痛苦的灾害之原因。"（2-230）

宗教也要小心

"宗教上也是如此；甚至连偶像都是征得社会上的同意。宗教不仅是以人与人之间对某些概念有了相同的想法为基础，毫无疑问地，它也是来自人类精神上的需要——崇拜的需要所产生，并不只是在理智上接受某些信念而已。原始人由于惊异于大自然的奇妙，所以就崇拜大自然中较感人的某些现象，而且，除了惊异之外，他们也心存感激与畏惧。最后的结果就是大家一致地对于团体所认为

神圣的事物产生了强烈的情感。"（3-228）

"不过，这些团体的特色并非完全由想象力所略述、接受和固定的。想象力与伴随出现的精神需要共同为这些特色收集资料，正如同感官在另一层面所做的一样。而抽象能力接着将之简化、整合，所以心智才能以根确定的形式去表达无数的事物。" / 理性的介入与思考方式。

"这些正确与稳定的形式，简化成可以代表一切事物的象征来具体表现。从这些象征可以获得行为的稳定度，几乎像数学上一样的精确。因此，想象的和精神的印象都因为引导的心智具有数学的能力而得以把握和具体化。"（3-229）

"人类感觉到要放弃他平常的行为模式；在那里，人了解到竞争不是生活中不可或缺的一部分，并体认胜过别人不是生存的秘诀，因此克己似乎才成为生命的真正源泉。难道没有一个地方，让心灵渴望砸碎那牢牢束缚着它的外在物质世界吗？难道没有一种寻找对助长新生活奇迹发生的急切渴望吗？同样的，也不会渴望要超越个体生命并且进而伸展到永恒吗？获得拯救的途径也就在于人类要明白他必须放弃自己艰苦的推论，而去相信事实。"（2-228）

"伟大的教育使命是必须保护、保存个体原有的正常性，使之趋向于完美的核心。然而，今天我们所做的一切，却是以人为的方式使人类变成异常（abnormal）与虚弱，易于罹患精神疾病，需要不断地看护以免落入外缘地区而成为社会所遗弃的人。今天所发生的一切，实在是出卖人类的罪行，其影响可能会毁灭我们。全世界有一半的文盲，但是他们并没有真正成为社会的负担。真正影响到社会的，乃是我们并不知道自己正在忽视人类的创造，践踏上帝亲自放在每一个儿童内心的宝藏。这里蕴藏着具有道德与智能上重要价值的资源，可以将全世界提升到更高的层面。"（3-286）

想象力
宗教的浪漫心
精神需要
"工作"
德行

（四）偏态的利用

被合理化成社会原理

"导引的规范将人类偏态行为的结果制定为社会原理，且在权利的伪装下成为方便的手段。如此一来，谬误胜利了，且成为人类生活和道德的一部分。所以在这样一种悲剧性的阴影底下，认不出其本身的真面目，所有事物都被扭曲，以为一切都是无法避免而必然的邪恶，于是全部被接受。"（2-213）

代价：人格萎缩

"我们越是接近中年生活，就越是成功地巩固了我们个人的观点和社会地位，就好像越是找到了正确的道路、正确的理想和正确的行为准则，因此，我们把这一切看成是永恒有效的，终生不渝地坚守着它们，并把这当作一种美德。我们完全忽略了一个基本的事实，即为社会所赞赏的那些成就是以人格的萎缩为代价而获得的。"（人-112）

如：占有欲

"儿童无法专注就表示他周遭的物体占有了他。他每样东西都想要，并且一个换过一个。不过，一旦他能专注，他就成为自己的主宰，并且也掌管了他周围的世界。"（3-261）

如：权力欲与自卑

"许多人都相信自卑感刺激了权力欲的增长，他们用这种起源于自卑感的权力欲来解释他们各自的麻烦并得出了满意的答案。"（人-62）

(1) 失去'工作'动机

"工作既是极大满足的来源，又是健康和重获新生（对幼儿而言）的一项原理，为什么只因成人将它视为一种不为人所喜爱的需要，而一直受到拒绝呢？事实可能是因为社会已经失去了工作应有的动机。这种奥妙的工作本能依旧以隐性的特征藏在人心里——它已经因为占有欲、权力欲、漠不关心和依附而产生偏态。在这种情况下，工作仅能依赖外在环境或偶尔经由偏态的人竞相斗争而产生。如此，它成了强制性的劳动并因此形成强大的精神障碍。这便是为什么工作看起来艰苦而令人讨厌的原因。"（2-208）

（2）对人控制	"简言之，他们能够'自我控制'也因此而能够免于别人的控制。凡是对我们的方法做过理论性的研究的人，其第一个印象是与他先前的想法完全相反：'儿童可以自由地去做他想做的事。'但是，后来，他开始肃然起敬了，因为这个被认为是自由的儿童，却必须以某种方式走在线上，他试图使自己小小的身躯完全静止不动，他耐心地侍候别人就像一个仆人，他也会分析他的每一个动作。"
（3）对发明等利用工具心态 权力的野兽	"偏态的成人追求权力、权威，一心追求好处，然而这些好处在尚未被正当利用之前就会转变成一些具危险性的东西，这便是任何好处、发现或发明之所以会增添令世界痛苦的灾害之原因。我们可以看到机器所产生的社会影响，它们可以用来增加人类物质方面的富裕，或用在战争及累积过多的利益。物理学、化学及生物学方面的进步，及新式交通工具的发明，增加了人类更多不幸，以及终至为野蛮行为所征服的危险。"（2-230）

第五章 正常化与偏态 109

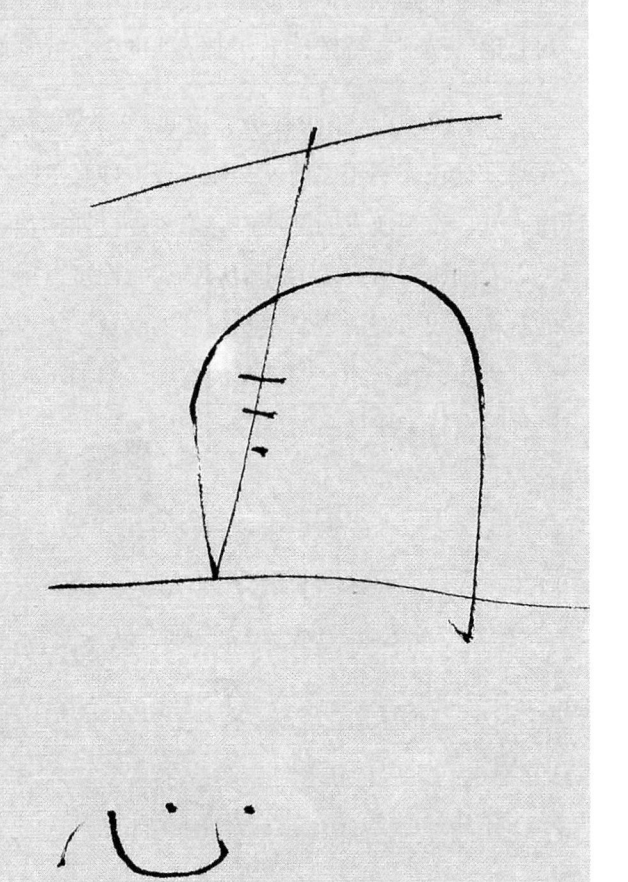

第六章　过错的对待

（一）原则

（一）原则　　　　　　　　　　　　※ 中、偏（辟），过、错、罪、恶

1. 生命、生活中是可以错的
2. 过错、挫折、痛苦　甚至是生命动力本质性的成素　只要面对它
   ——使问题复杂化的是"羞辱门面"与"合理化"太过
3. 对过错，"自己的罪咎感"或"别人的认定"都是不会面对的不良对待。

罪恶感
内咎感

"即使我们能很爽快地承认必须改正自己所知道的错误，还是无法轻易地接受因别人的纠正所带来的耻辱。我们宁可犯错也不愿认错。当我们必须改正自己的做法时，会本能地努力着顾全面子，并且假装我们所选择的是不可避免的做法。"（2-171）

子路，闻过则善

合理化

"当我们对自己缺点的抵抗力越弱时，编造借口就变得越容易。"（2-172）

防弊
自法
原罪

"教师必须接受启迪，他必须开始研究自己的缺点以及邪恶的倾向，而不是过度专注于'幼儿的倾向'以及'纠正幼儿错误的方法'，或甚至是'原罪造成的影响'。先清除自己眼中的，然后才能清楚地看出如何除去幼儿眼中的。"（2-170）

撇清
一起

"我们告诉他们：'生气是一大罪恶，会主宰着我们，并使我们不能了解幼儿。'而且，正如罪恶出现的时候绝不会单只有一种，生气也会带来另一种罪恶，那就是骄傲。它都隐藏在良善的伪装之下。"（2-171）

（二）初步过错的对待

1. 第一次如烙印，需好好带　　　　　学习的，生活中的，非故意的。

2. 如做错，一次一次正确的做，重复的带
   还不会，表示现在还不适合学或做，（如敏感期）

3. 不说"你错了"更不说"你好笨"　（如"不见恶"）
   顶多　可说内心感受
   但　　不可太重　　"人格替代"　　"良心逻辑"

（三）改过的过程

1. 对待过错，友善　如老伴
2. 承认，即一大步
3. 认识错误　　错在哪里的"检视方法"
4. 怎么做对，　不断进步：有自由
　　　　　　　　　　　　稳妥的道路

1.　　　　"对于错误，我们要培养友善的感觉，把它当作是我们生命中不可分离的伴侣，当作是具有目的的事情，而它的确也是有目的的。"（3-293）

2.　　　　"我们研究错误的现象本身；很明显的，每个人都会犯错。这是生活事实的一部分，能够承认这一点就已经是向前迈出一大步了。"

3.　　　　"如果我们要改正或是消除错误，首先我们就必须先认识错误。……每个人都应该有一个检视的方法以便知道自己是对还是错。我必须知道自己做得很好或是很糟。如果原来我并不认为自

错误的控制

己的错误很重要，现在我可是对它们很感兴趣了。"（3-295）

"一般学校的儿童通常并不知道他们犯错。他们不知不觉地犯错，而且丝毫也不关心，因为纠正错误是教师的事而不是他们的事！这与我们所认为的自由相去甚远！

但是，除非我能自我改正，否则我就得找别人帮忙，而他可能并不比我自己清楚。因此，如果我能知道自己的错误，然后自我改正，那就好多了！如果有任何事可能使个性犹豫不决，那就是凡事都求助于别人，无法自行处理，如此则产生令人气馁的自卑感与缺乏自信心。"（3-295）

"儿童也许说：'我并不完美，我也不是万能，但是我知道我能作这么多。我也知道我会犯错并且会自我改正，如此，我找到了自己的道路。'

所以，在此，我们深思熟虑、有信心、有经验；人生旅程中所需的一切都具备了。能够有这样的安全感并不像一般人所想的那么容易，让儿童走上完美之路也并不容易。告诉一个人他很聪明或很笨拙，伶俐或是愚笨，好或是坏，都是一种欺骗。"（3-297）

4.
"能够不断地进步的能力主要乃是由于拥有自由以及有一条稳妥的道路可走。

除此之外也必须拥有一些方法，以便知道自己是否偏离了正道，以及何时偏离了正道。如果在学校和日常生活中我们了解了这个原理，那么，教师和母亲是否很完美就不重要了。"（3-296）

（四）二度过错

保护自己与保护所犯过错，分不清

"错误使人分离，改正错误，使结合在一起"

"上进乃是生命的法则"

"我们事实上并不是在<u>保护自己，而是在保护所犯的错误</u>，并把他们隐藏在我们称为'美''必要''共同利益'※等的假面具下。渐渐的，我们<u>说服自己相信那些良心已明显地知道是错误的事情</u>为正当的，因此，日积月累，这态度变得越来越难改正了。"（2-172）

积非成是

"错误使人分离，但是，<u>去改正错误则可以使人结合在一起</u>。因此，每当发现错误就加以改正，这件事已成为大家共同关心的事情了。错误本身变得非常<u>有趣</u>。它成为<u>桥梁</u>，联系人与人之间的感情，尤其是促进了儿童与成人之间的和谐关系。"（3-298）

"<u>不断地向上乃是生命的法则</u>。而这是因为儿童建造这个美丽的阶梯，使人不断地往上爬。自然的法则是秩序，当一切井然有序时，我们知道我们已经再一次进入宇宙的秩序中了。很显然地，大自然在托付给儿童的任务当中，也唤醒我们成人更上一层楼。儿童带领我们到更高的精神境界，而物质上的问题也因此解决了。"（3-336）

"人不是因为事件的本身而困扰，而是被他们对事件的想法所困扰"伊壁鸠鲁（341–270 B.C.）

1. "过则勿惮改"（学而）　"过犹不及"（先进）　"夫子欲寡其过而未能也"（宪问）
2. "子曰：已矣乎，吾未见能见其过而内自讼者也。"（公冶长）
3. "颜回……不迁怒，不贰过"（雍也）"人恒过然后能改"（孟子）子夏："小人之过也，必文"（子张）
4. "子曰：过而不改，是谓过矣"（卫灵公）

"错误，继续不断在行动中重复，我们必须辛苦地用言语去重复'真实'"（歌德）

罪恶只能绳之以法；"事发""摊牌"再不能醒，"心牢"加身，愤世外衣。

（犹胜众人眼光）

第六章　过错的对待　115

元年春王正月　天心天身中道

元騰々
光耀々
綠油々
明朗々

自明自然存在　中行中身在此！
春

第七章　幼教老师的素养

（一）原则

（1）永远不要忘了幼儿的星云般的无限潜能　　　吸收性心智（mneme）（3-91）
　　　即吸收性心智与敏感期　　　　　　　　　　赫尔美（horme）（3-115）

（2）只要排除干扰障碍，小孩自己找到切入点，则
　　　1. 精神提升时，拒绝一切无用的外美之物（2-146）
　　　2. 生命自然开展着……
　　　3. 散发着精神的温馨，感人至深（2-148）

（3）老师经常具备的心态
　　　1. 准备　外在环境　　2. 信任其智慧　　3. 等待的勇气
　　　　观察　内在条件

> "同一个本能，先是使儿童保卫其精神上的隐秘性——他们服从于内心所听见的神秘的引导声音，然后，这个本能又使他们顺服于外在的权威，以确保自己走上正路。……完美与信心乃是由儿童内在的资源所发展出来的，并不是教师所能给予的。"（3-323）

> "在此转变之前，她的感觉正好相反：她认为是她在教儿童，是她把儿童从较低的层次提升到较高的层次。但是现在，由于看到儿童的精神表现，她觉得自己最大的贡献只能用这些话来表达了：'我帮助了这个生命去实现创造者所要他完成的事工。'"（3-333）

教育非判定，乃帮助（乃自发）
正确的帮助，胜于安慰
开发精神力量，非灌输知识（5-114）
一种催化带动的行为而非语言（5-115）

> "教师所提供的真正的帮助，并不是由于顺从情感的冲动，而是来自理性的爱，透过良好的辨识力去帮助学生。因为施比受更为有福，所以真正的仁爱乃是为善不欲人知，或者是当为人所知时，也只是把它当作一件自然、自发的事情，而不是一种帮助。"（3-330）

帮助孩子自动自发……
为心灵服务的艺术

"我们必须帮助孩子为自己行动、自己做决定、自己思考；这是为心灵服务的艺术。当老师看到孩子真正心灵的展现而感到快乐，也对孩子的信心不会落空。"（6-108）

如风吹过，非帮什么

"我们一定要帮助孩子摆脱自己的缺点，但又不要让他觉察到自己的不足。"（5-121）

"教师应该要安静、被动，耐心地等待，尽量使自己远离现场，以淡化她本身的人格，而留给儿童充分的空间以拓展其精神。"（3-311）

（二）一种意愿

一种意愿，深入潜意识，面对自我根深蒂固的缺点：
"生气⇆骄傲⇆专制（自以为神）"以良善伪装

"一位教师如果认为他只要靠读书累积知识就能为自己的使命做好准备，那就错了。教师的第一个要求就是要有适合做这项工作的意愿。

我们观察幼儿的方式相当重要，所以，只具备教育的理论知识并不足够。

恕道
絜矩之道

我们坚持的事实是：教师必须借由有系统地研究自己来做好内心的预备，这样他才能拔除根深蒂固的缺点，也就是那些实在是会阻碍他与幼儿关系的缺点。为了要发现这些潜意识的缺点，我们需要一种特别的指导，我们必须像其他人在看我们那样地看着我们自己。"（2-170）

"若想依照我们的方法成为一位教师，就必须省察自己，放弃这种专制。他必须除去心中的骄傲与愤怒，必须学会如何谦卑自己并穿戴仁爱的衣裳。这些都是他必须习得的美德，而这种内在预备

将带给他精神上所需的平衡与宁静。"（2-174）

"我们告诉他们：'生气是一大罪恶，会主宰着我们，并使我们不能了解幼儿。'而且，正如罪恶出现的时候绝不会单只有一种，生气也会带来另一种罪恶，那就是骄傲。它都隐藏在良善的伪装之下。"（2-171）

"成人把这种协助当作个人的责任，而且自己想象是幼儿的塑造者及精神生命的建造者。他们想要从外部来完成这个创造性的工作，透过对幼儿的指导和建议，来发展幼儿的感觉、智力和意志。

当成人这样做的时候，宣称自己拥有近乎神的力量的成人，便扮演了自己孩子的神，并将《创世纪》里的话：'我将照自己的形象造人'应用在自己的身上。骄傲是人类的首要大罪，而尝试代替上帝则成为人类后代子孙苦难悲惨的原因。"（2-52）

"让幼儿独立的这个理想很容易了解，但在成人的心中仍因存有根深蒂固的障碍而很难将它实现。年龄较长的人即使愿意肯定幼儿的欲望，让幼儿自由地触摸与搬动物品，也会发现自己无法抗拒内在想支配幼儿的不明确驱力。"（2-103）

内自讼

"我们能以两种不同的方法克服内心邪恶的倾向。第一种方法是与我们已知的缺点争斗；第二种方法则是抑制我们邪恶的倾向不对外显现。大家可接受的外表行为标准的规范是很重要的，因为它会使我们反省，并意识到自己的缺点。'尊重旁人的意见使我们能克服骄傲；正直的环境能减少贪欲；别人的强烈反应能制止怒气；为了生活而必须工作就能克服偏见；社会习俗能对放荡行为加以制止；不容易取得奢侈品就能缓和浪费；因为必须保持人的尊严而能排除嫉妒。'所有这些不同的外在因素都会对我们内在的生命产生持续而有益的结果，社会关系能帮助我们保持道德上的平衡。"（2-171）

（三）教师工作三阶段

(1) 环境之准备、管理 / 认识教具

(2) 对儿童行为　诱发，带动 / 维持秩序（脱序问题）

(3) 幼儿兴趣点（敏感期），常是日常生活之事物　　先吸引 / 监督指导
"如仆教学法"服侍的主人，是儿童之精神
恩典、蒙祝福的教室，如天堂（6-109）

随着心智的成长在不同的阶段更换不同的活动。她的工作通常分为三个阶段：

第一阶段：教师成为环境的监护者和管理者。她照顾这个环境，不会因为儿童的好动而分心。如此就能产生治疗的功效，并且吸引儿童，使他的意志力集中于一点。……在学校的老师也是一样。所有的设备（教具）都应一丝不苟地放置整齐、漂亮、闪闪发亮，保持在最好的状况。没有任何东西会遗失，所以对儿童而言，这些东西看起来永远是新的、完整的，随时可以取用的。当然，教师的外表也应该是吸引人的、令人愉快的，看起来整齐清洁、沉着端庄的。这些都是每个人可以自行实现的理想，但是当我们出现在儿童面前时，让我们经常记得他们是"一群上帝的选民"。教师的外表是赢得儿童信心与尊敬的第一步。教师必须注意自己的举止，尽可能地文雅、优美。这个年龄的儿童会将他们的母亲理想化。我们也许不知道儿童的母亲是怎样的一个女人，但是每当他看到一个漂亮的女人时，我们常会听到他说："她好美丽哦！就像我的妈咪！"很可能他的母亲并不漂亮，但是对于儿童而言，他的母亲是漂亮的，而且，他所崇拜的每一个人，对他而言就如同他的母亲一样的漂亮。所以，教师对自己容貌、风采的关心应该成为儿童生活环境中的一部分；教师自己就是儿童世界中最重要的一部分。

因此，教师的首要责任就是要照顾环境，这是比其他一切更为

重要的。它的影响是间接的，但，除非环境安排得当，否则不可能有任何身体、智能或是精神上有效而且持久的成果。

第二阶段：考虑过环境之后，我们应该谈谈教师对儿童的行为。我们该如何对待这些无秩序的小朋友呢？如何使这些心智混淆、模糊的儿童得以专注于其工作呢？有时候我使用一个极易被误解的字眼：教师应该采用<u>诱惑</u>的（seductive）方法，她应该引诱（entice）儿童。如果教师忽视了环境，家具厚积灰尘，教具损坏乱丢，而且尤其是教师本身，如果她不修边幅、无礼，对待儿童苛刻，那么，缺乏了这些基本要素就无法去诱导儿童达成她所定的目标了。在本阶段开始当儿童还未能专注之前，教师必须像火焰一样地用温暖去<u>激励</u>儿童，<u>带动</u>他们、<u>邀请</u>他们。她不必担心会打扰儿童重要的心智活动，因为一切都尚未开始。（在儿童能够专注之前，教师多少可以按照自己认为最好的方法来做；只要她认为必要，她<u>可以打断</u>儿童的活动。）

我曾经读过一个圣者的故事，他试图聚集一些游荡于堕落的城市街道的儿童。他怎么做呢？他试着去取悦他们。这就是此刻教师所应该做的。他可以说故事、做游戏、唱唱歌、念儿歌、诗歌。一个能够吸引儿童的教师可以使儿童做各样的练习，即使没有很重大的教育价值，也可以帮助他们静下来。每个人都知道，一个活泼的教师比一个呆板的教师更具吸引力，只要我们<u>努力尝试</u>，<u>就可以变成活泼</u>。例如，任何人都可以高兴地说："今天让我们来搬动所有的家具！"并且和儿童一起动手，用一种开朗、愉快的态度去鼓励、赞美他们。或者也可以说："这个铜水壶怎么样？它需要擦亮。"或者说："让我们到花园里去摘花。"教师的每一个行为都可能成为对儿童的呼唤与邀请。

这就是第二个阶段教师的工作。如果在此阶段，有某个儿童不断地招惹其他人，那么教师最实际的工作就是去中止他。当然，我们说过，而且是反复地说得过多了，当一个儿童专注于其工作时，我们不应打扰他，才不至于中止他的活动周期或是妨害他的自由发展；但是，现在相反的方法却是正确的方法，我们是要中断他烦人的行为。教师可以用呼喊的方式，或是对这个惹麻烦的儿童表示特别的关爱。这种分散其注意力的关爱方式随着儿童恼人的行为而增加，就像一连串的电击打在他身上，会及时产生效果。常常我们会提出诸如此类的问题："强尼，你好吗？跟我来，我有件事给你做。"也许，他不愿意去，教师又会说："好的，没关系。我们到花园去。"然后她带他去，或是请助理带他去。如此，他的顽皮就交给助理了，而其他儿童就不再被他困扰了。

第三阶段：最后，儿童开始对某些事物产生兴趣，通常是对实际（日常）生活中的活动有兴趣。经验显示，在儿童尚未准备好以前，不要太早给儿童感官的和文化的教具，否则非但无益而且有害。

教师必须等到儿童能专注于某些事情上时再介绍这些材料（教具）。而且，正如我所说的，通常他们总是先具有对实际（日常）生活活动的专注能力。当儿童开始对这些活动感兴趣时，教师绝不可以打扰他们。因为这种兴趣是顺乎自然法则，而且开启了新的活动周期。但是，这第一步是如此脆弱、易碎，轻轻一碰就可能再度消失，就像肥皂泡一般，那片刻的美全都随之而去了。

此时，教师应该特别小心。"不去打扰他"的意思就是"无论如何绝不打扰他。"这是教师最常犯错的时刻。儿童好不容易才专注于某工作上，如果教师从他旁边走过，仅仅说了一声"好"，就足以使麻烦再次发生。很可能需要两星期的时间，才能使儿童再度专注于另一件事情上。如果有另外一个儿童在做某事时感到困难，而教师走过去帮助他，很可能他就把工作丢给她了。儿童的兴趣并不只是针对操作本身，而且是基于他要克服困难的愿望。他的态度会是这样："如果教师想代替我去克服困难，那就让她去吧，我已经不感兴趣了。"如果儿童想要举起一件很重的东西，而教师试着去帮助他，结果往往就变成儿童让教师一个人去做，而自己却跑开了。赞美、帮助或是甚至看一眼，都可能会打扰他或是破坏了活动。说起来好像很奇怪，即使儿童只意识到有人在看他，都可能发生不良的后果。毕竟我们自己有时候也会因别人在看我们工作而做不下去呀！使教师成功的重要原则是：只要儿童开始专注，就要当作他不在那里一般。（3-326）

"如仆教学法"

"经验告诉我们，老师必须越来越放手，只要为孩子准备好材料，让他们自己工作。我们的工作是要证实给老师看，干涉是没有必要的，即使做错了也没关系，这也叫作'非干预教学法'。（1）老师也要学习谦卑，不要把己意强加在孩子身上；（2）老师需要判断孩子可能需要什么，如同仆人细心地为主人准备好饮料后退下，由主人随意饮啜。（3）但保持警觉，注意孩子的进展，准备孩子进一步所需要的教材。"（6-82）

兴趣在克服困难

"如孩子碰到困难，老师不必直接告诉他如何解决问题，否则孩子会失去兴趣；因为重点是克服困难，而不是把工作做完而已。"（6-108）

后半段才口语指导

"就教学上来说，所有的口语指导应该出现在教学的后半段，因为孩子在内在秩序达到一个程度之前，要引导他是不可能的。"（6-117）

完备人格→服从命令

"服从命令必须以完备的人格为前提，换句话说，孩子必须已经具备我们所期望的反应能力，因为必需靠他自身的练习才能做到，而不是凭我们的命令就可奏效。"（6-116）

脱序干预→专注能力→不干预

"我们所谓的不干预孩子的学习、尊重孩子的活动，必须在孩子本质上的发展臻于成熟之后，才得以施行。也就是说，孩子必须已经有充分的自我专注能力；当他对某件事显现出兴趣时（单有好奇心是不够的），能够自己沉浸其中。如果孩子胡乱发泄他的精力，老师仍不闻不问，这样的尊重可就有失其义了。……

这位老师犯了一个非常严重的错误：他不敢打扰孩子的失控，

却又<u>不试着去建立秩序，好让孩子的个别工作可以顺利进行。</u>"
（5-118）

脱序状态的儿童

让我们想想三四岁的儿童，他尚未接触任何使他产生内在纪律的因素。用简单的描述可以使我们认识三种形态以及其特征：

1. **<u>随意动作处于脱序状态</u>**。这并不涉及动作背后的意图，而是指动作本身基本上的不调和或是不协调。这个症状对研究神经失常的专家而言远比对哲学家来得意义重大，它具有极大的重要性。当一个病人病情非常严重时（例如，渐次性麻痹的第一阶段），医生会注意到他的随意动作是否有任何的小毛病，他知道这些症状是最基本的。虽然此病症还有精神恍惚、行为脱序等症状，但是他主要是根据这些最基本的症状来诊断。动作笨拙的儿童还有其他的特质，例如：不礼貌的行为、痉挛的行动、蠕动、喊叫，但是这些较不具诊断价值。如果教育能使最早期的动作协调良好，则必能减少随意动作的毛病。教师不必试着去校正眼睛所看得见的任何偏离正常发展的迹象，教师只需以有趣的方式，提供能够巧妙地发展更<u>协调的动作的途径</u>。

2. **另一个与前述的脱序动作经常伴随出现的现象就是儿童很难或不能集中注意力于真实的事物**。他的心智较喜欢胡思乱想。当他用石头和枯叶做游戏时，他会说得好像他正在巨大的餐桌上准备美味的宴会。而当他长大后，他的想象力可能是最狂妄的。他的心智越偏离正常的功能，就越变得疲惫，而无法帮助其精神达成<u>发展内在生命的目标</u>。很不幸地，许多人误以为这些使人格异常的幻想活动是精神发展的活动。他们以为幻想本身是高创造力的；相反地，<u>它什么也不是</u>，它只不过是影子、小石子和枯叶。

<u>精神生活是真实地建立在一个与外在世界非常搭配的统整人格</u>

上。心智错乱脱离了现实，也必定是脱离了健康正常的状态。沉迷于幻想世界里的心智，因缺乏对于错误的控制能力故无法统合思想。它不可能专注于真实的事物（而未来一切专注都源于此）。这般被误称为"富想象力的生命"，会使其精神生活功能的器官萎缩。教师创造一个亲切而吸引人的现实环境，试着使儿童集中注意力于真实事物上，让我们说，她真的摆了一桌，提供了美食，成功地引起儿童的兴趣，并以大喇叭的声响唤起了远离正路的懵懂心智。"完美的协调动作"与"重新抓住那已脱离现实的注意力"就是有效治疗儿童所需的一切了。

我们并不须一一去纠正异常（偏态）的迹象；只要儿童获得了专注于真实事物的能力，他的心智就会回复到健康的状态，而且再次正常地发挥其功能。

3. 与前两者密切相连的第三个现象是模仿的倾向会变得更多、更快。那是一种病入膏肓的迹象，比 2 岁儿童正常的模仿更为过分些。（第十五章我们已经提过有关较年幼儿童的模仿，与此相当不同。）这种倾向是意志力尚未准备妥善其工具，没有适当的途径可遵循，只有跟在他人之后。这种儿童并不是走在通往完美的路上，而是随风漂流，像一条没有舵的船一般。任何人如果看过两岁的儿童由于有限的想法而以模仿来当作全部的知识，那么，他必定能够了解我所说的"退化的心智"是什么了。它是脱序的现象，是智能方面的不稳定。它使儿童退化，就像下楼梯一样。

一个儿童只要做错事或制造噪音；例如，他赖在地上，又笑又叫，许多儿童（或许是全体儿童）都会学他的样子，或做出一些更糟的事。团体中愚笨的行为层出不穷，甚至延伸至教室之外。这种"群居的本能"（gregarious instinct）产生了集体脱序现象，与建立在工作上和个体守秩序的行为上的社会生活完全相反。在群众中，模仿的风气会散布开来，而且会加重个体的病态；这一点是最抵挡不了的，也是退化所以产生的原因。

退化越严重，儿童就越难听从那个要改善他的人。但是，一旦将他们放回正轨，则凡是由此单一原因所造成的多方面脱序现象将马上消失。(3-313)

（四）课堂上，教师的能耐（人格感召）

课堂上、教师的能耐（人格感召）：（3-26章）
 （1）有力、坚定的呼唤 向心灵呼喊
   以想法 智慧
   知道 症状与救法
   把握 重点"枢纽" 不浪费时间在混乱上 "焦虑会传染"（3-318）
       全神贯注 基本需求（3-322）
 （2）方法 未专注前 可以打断（3-327）
   大声喊 小声引
   一个和弦
   安静活动
   教具，不了解用途前，不让任意使用
 （3）自我控制
   全面监督与个别指导（3-319）
   知道精神历程："合—分—合"
       使自己与世界分离（独立）
       以便重新得力，再与世界合一
   爱 使人事清醒了（3-321） 充满活力的宁静（3-313）
   工作 崇高的本能 远离骄傲与贪婪（3-323）
   意志 可以集体"服从"最优者（3-308）

"她必须帮助这些正在急速滑下悬崖的小生命，使他们调头，再度往上爬。她必须以她的声音和想法去呼唤他们、叫醒他们。有力、坚定的呼声才是唯一真正能帮助这些儿童的亲切行为。不要害怕毁灭邪恶；我们唯一所怕的是毁灭了善良。正如同我们应该先叫儿童的名字他才会回答，同样的，如果我们想唤醒儿童的心灵，我们必须先用力地向心灵呼喊。教师必须从学校除去她的教具，并且抛开她所学习的原则；她必须实际地、单独地面对这个呼唤的问题。唯有她的智慧才能解决各个不同情况的问题。教师知道基本的症状和一些补救的方法；她知道治疗的理论。而其他的一切则都得靠她自己了。"

"就像在第一阶段一样，她不能浪费时间在儿童许多混乱的行为上，而必须将全神贯注于儿童的基本需求。现在也是如此，她不能因为儿童所显示的不可胜数的道德上的财富与美丽而束手无策。她必须经常注意简单而且重要的事物，就像是门的枢纽之类的。当然，那个东西是看不见的，它独立运作，它控制门，但是它与门上的装饰毫不相干。"（3-322）

"她必须判断是对着一群喧闹的儿童大声地喊，还是小声地对少数儿童说，以引起其他儿童也好奇想听，因而使全体安静下来较好。在钢琴上用力地弹出一个和弦，也可以像用鞭打一样地终止嘈杂声。"（3-316）

"她镇静、坚定、有耐心的声音，经由赞美或劝诫而传达到儿童的心中。有一些特别有用的活动，例如，安安静静地把所有的桌椅放置在适当的位子；把椅子排成一排，坐好；踮起脚尖悄悄地从房间的这一头走到另一头。如果教师对自己真正有信心，这样做就已经足够了。在她说：'现在，小朋友，让我们大家保持安静。'之前，就已经鸦雀无声，好像变魔术一般。这个实际生活中最简单的活动将使得脱离现实的心智回到脚踏实地的工作上，因而拯救了他们。渐渐地，教师将提供各种教具，但是在他们了解其用途之前，她绝不会将这些教具随意放置任其使用。"（3-317）

"教师必须能了解儿童的情况：他们正值过渡时期，真正通往成长的门尚未为他们开启；他们正在外面敲门等候。事实上，几乎看不见任何进展。整个情况是较趋近于混乱而不是有秩序。这类儿童的表现必定是有缺陷的。他们的基本协调动作无力而且不优雅，他们的行为也反复无常。与第一个阶段（当时与现实毫无接触）比较起来，几乎没有什么进步。就像是病后复原期一样。现在是发展的极重要的时刻，教师必须发挥两种不同的功能：她必须监督所有儿童，也必须给他们个别指导。意思是说，她必须有系统地呈现各种材料（教具），向他们说明其确实的用法。严格地执行'全面的监督'与'个别的指导'，就是教师可以帮助儿童发展的两个方式。在这段期间，当她处理某一个儿童的问题时，绝不可以背对着其他的儿童。她必须让这些迷惘、寻求生命的儿童全都感觉到她的存在。她安排正确而且有趣的学习，亲切地为儿童作个别指导，因而触及了儿童的心灵深处。"（3-319）

"爱使他对人和事的看法清醒了，他对每个人都很友善，能够欣赏各样美丽的事物。这个精神历程相当清楚：他使自己与世界分离，以便重新得力，然后再与世界结合。"（3-321）

"这是教育的起点。如果教师无法认明'仅仅是冲动'和'能够使宁静的心境充满活力的自发性能量'之间的差异，那么，她的努力将徒劳无功。教师的工作效率的真正基础在于能够区别这两种活动，因为这两种活动都是出自儿童的自由意志，所以两者看起来都是自发性的，但是事实上却是恰恰相反的活动。唯有当教师能够区别时，她才能成为观察者和引导者。"（3-313）

"事实上，一旦儿童对自己有了信心，他就不再事事寻求权威的赞同了。他会继续完成许多事情而不为他人所知；他只想靠自己的努力把事情做好。他所感兴趣的是把工作完成，而不是要被人赞赏，或是将之据为己有。这股驱策他前进的崇高的本能使他远离骄傲与贪婪。"（3-323）

"他的服从转向一个他所认为优越的人格上。就好像他已经知道教师可以做他能力所不及的事，他对自己说：'这个人超越我甚多，她能够影响我的心思意念，能够使我和她一样聪明。她在我里面动工！'有了这种感觉似乎使儿童充满了喜乐。她突然发现，一个人居然可以从另一个更优越的生命中获得指导，这使得他产生了新的狂热，儿童变得渴望、迫不及待地想要服从对方。这真是奇妙却又自然的现象。"（3-308）

"她看到一个不断想超越困难，因而在做最大努力的人；因为他的内心有真正的仁爱，了解什么是尊重别人，也了解这份<u>对一个人在心理上的努力的尊重乃是滋润他的心灵根基的水</u>，所以，他是一个真正试着帮助弱者的人。"（3-332）

大的过错，都因小的偏差，一点一点累积形成，一种暗中用心，越偏越失常，"不知不觉，终难自我面对。"

失去理智的罪恶，背后总有一段不堪的过程，的确，及早预防，胜于痛苦治疗。

对于我们而言，了解幼儿工作的性质是重要的。幼儿工作并不是为了获得某种进一步的目的，他的<u>工作目的就是那个工作本身</u>。当他重复着一项练习而后结束他的活动时，这个结束与外在因素毫无关系。就幼儿个人的反应来说，他停止工作与<u>身体劳累毫无关联</u>，因为当幼儿离开工作时的特征是心情爽快，精力充沛。

这说明了幼儿和成人在工作的自然法则之间的一个最基本的差异。<u>幼儿并不顺从效益法则</u>，甚至与之正好相反。他为着没有目的的工作消耗大量的精力，并且为了完成每一项细节，运用了他所有的潜能。所有外在的目的和行动，每一件都有偶然的重要性而已。在环境与幼儿追求内在生命的完美之间存在着一个显著的关系。一个已经实现理想化的人是不会热衷于外在的事物，他仅仅只在适当的时刻为了自己内在生命的完美而利用它们而已。然而和这种人成对照的，则是过着一种平凡生活的成人，他们热衷于一些外在的目的，而不计代价去追寻它们，甚至有时候到了失去健康乃至丧失心灵的地步。

成人和幼儿的工作之间另一个明显的差异则是幼儿并不寻求获利或帮助。幼儿必须靠着自己来执行工作，而他必须完成工作。没有人能背起幼儿的负担而替代他成长，幼儿也不可能使自己的发展速度加快。成长中生物的特征之一就是他必须顺从一种不允许拖延或加速的预定计划。大自然是严格的，而一点点不服从都会受到功能上偏态的惩罚。这就是产生以"迟滞"的名词被人所知的不正常或疾病的状态之因由。（2-128）

"这是孩子应有的本来样貌：一个不知疲累的工作者、一个尽全心全力的平和工作者；会帮助弱小，同时懂得尊重别人的独立；事实上，这是个真正的孩子。"（6-108）

"工作既是极大满足的来源，又是健康和重获新生（对幼儿而言）的一项原理，为什么只因成人将它视为一种不为人所喜爱的需要，而一直受到拒绝呢？事实可能是因为社会已经失去了工作应有的动机。这种奥妙的工作本能依旧以隐性的特征藏在人心里——它已经因为占有欲、权力欲、漠不关心和依附而产生偏态。在这种情况下，工作仅能依赖外在环境或偶尔经由偏态的人竞相斗争而产生。如此，它成了强制性的劳动并因此形成强大的精神障碍。这便是为什么工作看起来艰苦而令人讨厌的原因。"（2-208）

"导引的规范将人类偏态行为的结果制定为社会原理，且在权利的伪装下成为方便的手段。如此一来，谬误胜利了，且成为人类生活和道德的一部分。所以在这样一种悲剧性的阴影底下，认不出其本身的真面目，所有事物都被扭曲，以为一切都是无法避免而必然的邪恶，于是全部被接受。"（2-213）

正直的环境能减少贪欲　　　　　　　　　　（贪）
　　不容易取得奢侈品，就能缓和浪费
　　别人的强烈反应能制止怒气　　　　　　　　（瞋）
　　为了生活而必须工作，就能克服偏见　　　　（痴）

　　尊重别人的意见，使我们克服骄傲　　　　　（慢）
　　因为必须保持人的尊严而能排除嫉妒　　　　（嫉）
　　社会习俗能对放荡行为加以制止　　　　　（2-191）

蒙特梭利　写于1949年

/ 社会的风气 规范 还是很重要！
/ 我们宁愿犯错，也不愿认错。

　　　宁愿痛苦，也不愿辛苦

愤怒、报复　　面对问题、事实
暴力、沮丧　　好，不认定，坏，不伤感；好坏过去，就接受
　　　　　　　能包容，就能重获自由，欣赏一切。

（五）蒙氏的经验心得：能让的老师

"使儿童成长的主要原动力是实物本身，而不是教师的指导。是儿童使用这些实物，是儿童在活动，而不是教师。

(1) 三不必

四必须　敏观
　　　　适助
　　　　语默
　　　　精神的警觉

然而，教师也有许多困难的任务。她并不是完全置身事外，而是要更谨慎、更细心地多方面协助儿童。她不必说什么话，不必花费太多力气，也不必很严厉；但是，她必须有敏锐的观察力，能够适时地上前去帮助儿童，或是离开他远一点，她也必须能够按照儿童的需求而说话或保持沉默。她必须具有其他教育体系所未曾要求的精神的警觉性（moral alertness），流露出镇静、耐性、慈爱和谦虚。要成为这样的教师，最重要的并不是口才，而是她的品德。（1-159）

（2）教具教法
①话少　效果好
②单纯 ／ 靠确实
　　简明

　　废话：
　　　强调语
　　　曲折语
　　　后设语
③客观让儿童体会

（3）兴趣的契合，引发
不强迫
不坚持
不说：你错了，你不懂
　　　你好笨，谁最棒

例：生动的实例

常犯毛病

1.
"话说得越少，教学效果越好。教师在做准备时应该慎选所要使用的提示语。

2.
教具指导的另一个特色是单纯性。教师的一字一句都应该绝对确实无误。在第一个特色中已经提到过，教师应该尽量避免说废话，在此再加上第二个特色。因此，提示语应该要简单明白而且确实。

3.
第三个特色是客观性。意思是说，教师应该轻忽自己的存在，而让儿童全神贯注于该物体上。一般而言，简短的提示语应该包括对该物体的解说以及儿童可以使用的方法。

教师将会发现儿童对该物体是否感兴趣，如何感兴趣，兴趣持续多久等，她会提醒自己不去强迫儿童对她所提供的事物感兴趣。如果教师简单、扼要、确实地解说了这样东西，而儿童却不了解，教师就必须注意两件事情。第一，她不可以坚持要反复这项活动。第二，她不必告诉儿童他做错了或是他没有听懂，以免他会有好长一段时间裹足不前，因而妨碍了发展。"

例如，让我们假想教师要让儿童分辨红、蓝两种颜色。为了吸引儿童的注意力，她说："注意看！"当她要指导儿童颜色的名称时，她会给他看红色的物体，然后提高嗓门说："这是红色"（很缓慢地说出"红"这个字）。接着，她给他看另一个颜色，说："这是蓝色"。为了看看儿童是否了解了，她说："给我红色的，给我蓝色的。"如果儿童做错了，教师不必再重复这个活动，也不必再说什么。她微笑着，把这些颜色置诸脑后。

通常一般教师都会对如此单纯的作法感到惊讶。她们通常会说："任何人都会做。"但是，我们却再度面临像哥伦布的蛋的故事。事实上，她们根本就做不来。一个人实际上很难评价自己的作为，对于那些接受过旧式教学法的教师而言，更是如此。她们对儿童说了一大堆废话，并且提供不正确的资讯。

就拿上述的例子来说，一般教师可能会过分强调这件简单的工

第七章　幼教老师的素养　133

作的重要性，并且强迫所有的儿童都要了解她的意思（也许有些儿童并不愿意）。她也许一开始就说："孩子们，你能猜到我手上拿的是什么吗？"她很清楚，儿童根本就猜不到，而她居然用这种虚假不实的话来吸引儿童的注意力。然后，她会说："孩子们，你们抬头看过天空吗？你们看过吗？你们曾经在满天星斗的夜晚看过天空吗？没有吗？看看我的围裙。你们知道这是什么颜色吗？它看起来是不是很像天空的颜色？好，现在看看我手上的东西的颜色，它和天空以及我的围裙的颜色相同。它是蓝色的。看看你的四周。你有没有看到任何其他蓝色的东西？你知道樱桃的颜色吗？炽热的煤炭呢？"等等。

于是，儿童被问得糊里糊涂，他的心中被塞进了一大堆观念——天空、围裙、樱桃等；他搞不清楚这个活动的目的是要辨别蓝、红两种颜色。而且，教师说了一大堆话，他都来不及听懂，怎么可能做选择呢！（1-117）

第八章 幼儿园设计

蒙氏幼教有三宝：主体、工作与环境。

"在一个不适合于他自己的精神环境中成长的人，他就像是一个被关在乐园之外的人，而这乐园本来应该是他的。"（2-64）

（一）蒙氏幼儿园设计的原则

（1）从幼儿行为导出空间形式与组织。幼儿乃"人格之原型"
（2）幼儿园之空间意象、氛围，以"家庭气氛"为基调
（3）人为空间应从自然环境长出来的，具有"自然生命之秩序"；也应充分了解自然内涵与幼儿主体的密切关系。
（4）都市、社区、周围等人为环境，应评估、掌握
（5）幼儿的尺度
（6）舒适（方便）；美观（快乐）

1. 我们教育体系中最突出的特质便是对环境的重视。

2. 在我们学校里，教师的角色一直是我们关心和讨论的对象。教师以被动的态度为幼儿除去那些由于教师本身的工作及权威所造成的阻碍。幼儿自己也因而变得主动起来。当教师见到幼儿能独立活动并且有所进步时，就感到满足。但教师并未将所有这一切的成果归功于自己，这可能是教师受了施洗约翰思想的灵感："他必兴旺，我必衰微"。

3. 我们的教育体系中另一个特色是：把对幼儿人格的尊重做到以往所不能做到的程度。

这三个原则至今都在原来以"儿童之家"（Casa dei Bambini）

(2) 为名所熟知的机构中竭力地实践着。"儿童之家"这个名称带有家庭含意。

这个教育的新体系一直受到广泛的讨论，尤其是关于幼儿和成人角色的颠倒——教师没有讲台、没有权威、几乎没有任何教学活动，而幼儿则是活动的中心。幼儿可随意愿自由地到处走动，并且可以选择他所喜欢的工作。有些人把这种情况看作是一种乌托邦，而另外一些人则完全将它视为夸张的陈述。

(5) 另一方面，其他一些改革的措施则获得共鸣并且为人所接受，如：适合幼儿身体比例的物体、明亮而光度足够的教室，装饰着花朵的低矮窗户，仿制现代家庭的小型家具、小桌子、有扶手的小椅子，漂亮的窗帘，以及装有供幼儿自由使用的各式物品并能容易打开的小橱柜。所有这些设备都被看作对幼儿发展具有实际贡献的改进。而且，我相信最大多数的儿童之家都慎重地保存这些令人感到快乐和方便的外表特色，并将它视为儿童之家的主要特征之一。（2-131）

她说："在我们的学校中，环境教育儿童。"

她还说："儿童透过利用环境中的事物铸造自己的精神肉体。"

她说，在发展过程中"各有不同的时期，无论在任何时期，环境皆负起重要的作用。然而，没有比出生之始的环境更为重要的。"她认为，教育的成功与否"在于以一切外在的对象，与内部的需求所相应的营养供给儿童的精神，并以最完全的方法尊重成长的自由。"（比-216）

(2) "一个家迷人之处，基本上是由于它干净、整洁，每样东西各归其所，是打扫过、发亮的、令人愉快的。她以此为她的首要之务。在学校的老师也是一样。所有的设备（教具）都应一丝不苟地放置整齐、漂亮、闪闪发亮，保持在最好的状况。没有任何东西会遗失，所以对儿童而言，这些东西看起来永远是新的、完整的，随时可以

取用的。"（3-326）

"今天，一切似乎都是显而易见的，但是，当初我提出这个想法时，人们都很惊讶。当我和我的助手为 3 到 6 岁的儿童准备一个环境，其中设置适合儿童尺寸的家具，让他们住在里面好像是住在自己的家时，这种做法被认为是完全不可思议的。小桌椅、小碗盘以利冲洗，'真实生活'中摆设餐桌、清理壁炉、打扫擦拭等活动，以及学习自己穿衣服的衣饰框，全都被誉为教育上惊人的改革。

（5）
（2）

于是，儿童就在此过着社会生活，他们表现出令人意外的行为倾向与嗜好。他们自己表示，他们喜欢彼此作伴胜过洋娃娃，他们喜欢这些小的'真实生活'用具胜过玩具。"（3-208）

"只要有一点点余地给幼儿时，他们便会立刻大声叫道：'我要做这个！'在我们的学校里提供了一个适合幼儿需要的环境，幼儿却说：'请帮助我，让我能自己做'，这句话就显示出幼儿内在的需求。

（3）
（1）

在这样自相矛盾的话背后含有一个深奥的真理啊！成人必须用这样的方式去帮助幼儿，让他在世上行动，执行他自己的工作。这不仅显现了幼儿真正的需要，并且显示出他必须要生活在一个富有蓬勃生命的环境的事实。这不是让幼儿去征服或去欣赏的环境，而是一个让其他各种不同的活动均能达成完美的环境。明显的，这个环境必须是由一个了解幼儿内在需求的成人来准备。"（2-219）

"与现代文明那种人工性格相比，我们可以回忆原始人类简朴和平静的生活，在那里幼儿可以找到一个自然的庇护所。在那样的一个社会里，幼儿可以和那些以平静安宁的方式从事简单工作的成人接触，幼儿的周遭就是家畜以及他可以随意触摸的其他东西。他可以做自己的工作而不必害怕遭到反对。当他觉得疲倦时，他就躺在树荫下沉沉地睡去。

(3) 但是文明却缓慢地从幼儿身上夺走了自然的环境。所有一切都规定得有条不紊，节奏迅速并且限制重重。不仅成人的生活在节奏加快之后成为幼儿生活的障碍，机器的发明也像一阵旋风卷走了幼儿最后一个庇护所。幼儿不能再进行他原本应该从事的一些自然活动。而对于幼儿那种过多的关照，主要是防止他的生存遭受危害，这种过多的关照不断地增加，反而增大幼儿的伤害。现在，幼儿就像世界上的流浪者一般，无依无靠而且被剥夺自由。没有人想到过要为他创造出一个适合的环境，或者是仔细考虑到他在工作和活动上的需要。"（2-211）

"长久以来，我们一直以为大自然只对儿童教育具有道德上的影响。我们努力地培养儿童对大自然的神奇，对花草、树木、动物、风景、风和光产生感性的反应。

(4) 后来，我们则给予儿童一小块田地去耕种，希望引起他对大自然的兴趣。而生活于大自然的观念则是最近才用于儿童教育上的。事实上，儿童需要自然地生活而不只是具有自然的知识。最重要的就是，如果可能的话，使儿童脱离城市不自然的生活的羁绊。"（1-74）

(3) "当儿童接触到大自然时，他们的能力就显现出来了。正常的儿童，如果他们有强壮的体格和充分的营养，即使是不足两岁的儿童也能走好几英里。他们毫不疲惫的小脚可以在太阳下爬好长的斜坡。我记得有一个大约6岁的儿童曾经失踪好几小时。他出发去爬一座山丘，以为只要到达山顶就能看到山的那一边。他不觉得累，但是却因为未能寻找到他所要的东西而感到失望。我曾经认识一对夫妻，他们有一个仅仅2岁的孩子。他们为了去远处的海滩，就试着轮流将他抱在怀里，但是这样做实在是太累了。无论如何，后来，这个孩子总算热爱自己走路了，而且天天如此。父母不再将他抱在怀里，不过得走得慢一点，而且，每当他停下来摘朵小花，或是看一只小驴子在草地上埋头苦干地吃草，然后煞有介事地坐下来

第八章 幼儿园设计

片刻，以便陪伴这只并不名贵却受到特别恩宠的动物时，他们也得跟着停下来。这对父母跟在孩子的后面而不是去抱他，如此解决了他们的问题。唯有诗人和幼儿才能感受到小河流过小圆石的迷人之处。儿童看到此景会关怀大笑，并且想要停下来用手摸一摸，就好像要去爱抚它一般。

我建议你把尚未开始走路的孩子抱在怀里。走到乡村道上，放眼一片宽阔美丽的景色，使他背对着风景，停下来！即使他尚未能用自己的脚站立，也不会开口要求你停下来，但是，他会转过头来享受这番美景。

你可曾看过儿童一本正经地站在那里，为一只从巢中掉下来的小鸟而难过，或看到他们跑来跑去，很关心地询问和报告所发生的事？然而，这些孩子很可能很快就堕落到去偷鸟巢里的蛋了。

和其他事情一样，对大自然的情感也是经由练习而增长的。我们当然不能使用陈腔滥调去劝诫一个被关在屋里，慵懒、无聊并且对于虐待动物之事耳濡目染、习以为常的孩子。但是，经验使人刻骨铭心。几乎所有的小孩都会因为第一次家里有人故意杀害了一只鸽子而在心中留下阴影。我们必须治疗这些在不自然的生活环境中，被沦为牺牲品的可爱孩子们，所遭受未曾料到的创伤以及精神上的伤害。"

大自然在教育上的地位

学校教育可以使儿童的注意力集中于某些特别的事物上，因而显现出他的内在对于大自然的感受有多深，或是引发他潜在的或失落的感情，正如其他活动一样，学校的功能就是在提供儿童有趣的资讯以及行为的动机。

儿童比其他人更能自动自发地去观察大自然，因此他当然需要有任其自由使用的材料。

照顾动、植物

儿童对于生物极表关怀，满足了这项本能会使他充满快乐。因此，我们很容易引起其照顾动、植物（尤其是动物）的兴趣。没有一件事能够像照顾动植物那样地使一个通常只顾眼前，而毫不在乎未来的孩子变得深谋远虑。当他知道动物需要他，幼苗会因为他不浇水而枯干时，今天眼前的片刻和未来的日子就因着他心中新生成的爱而连成一线了。

我们应该去看看那些小孩的，许多天来他们一直满怀爱心地送食物和水给正在孵蛋的鸽子，有一天早晨，他们看到了他们的劳力所获得的成果。另外有一天，他们看到许多小鸡从母鸡的翅膀覆盖了许久的蛋中破壳而出。儿童们充满了怜爱之情，心中油然生起继续帮助它们的欲望。他们捡起一小堆稻草、旧棉布中的棉线或是一把把的棉絮，帮助小鸟在屋檐下或是花园里的树上筑个巢。小鸟吱吱声不绝于耳，在向他们道谢呢！

昆虫的蜕变和母亲对子女的照顾都是儿童必须耐心观察才能看到的现象，而且它们往往引发令我们意想不到的兴趣。有一次，有一个小孩对于蝌蚪的演变太感兴趣了，居然能够描述它们的发展，并且像一个小科学家一样地报告青蛙一生的各个发展阶段。

儿童也会被植物所吸引。有一所儿童之家由于没有可以耕种的田地，所以在一大块平台的四周摆放着花盆。儿童绝不会忘记用小小的浇水罐去浇花。有一天早上，我发现他们全都坐在地上围成一圈，看着一朵昨晚刚开花的漂亮红玫瑰。他们很安静、安详，完全陷入沉思中。

又有一次，有一个小女孩在平台上一直看着下面，很兴奋的样子。过去，她的母亲和老师一直注意到她爱花和花园，但是现在她长大了，兴趣更广泛了。她告诉妈妈说："下面，那里有一个花园，种着可以吃的东西。"

那是一个果园，儿童的母亲丝毫也不觉得稀奇，但是她的小女儿却百看不厌。

有关花园的偏见

"我们甚至对大自然都存有偏见，这是非常难以了解的。我们对花的想法太过富于象征性，我们想要将儿童的反应也塑造得和我们相同，而不让儿童自己发展出他真正的嗜好和需求。这也就是为什么连在花园里都要强迫儿童模仿成人不自然的活动的原因了。他们觉得将种子埋进土里，然后等待幼苗长出，所需的时间太长了；而且，这项工作对他们而言太微不足道了。他们想做大事，并且要使其活动与大自然的产物产生直接的关系。

儿童的确爱花，但是他们并不想只是停留在花儿当中观赏五彩缤纷的花朵。他们甚至可以不管外在美的吸引力，他们在活动中、经验中、探索中找到了最大的乐趣。"（1-76）

（二）依学校建筑的架构

幼儿园的设计，可分规划与设计两部分：
1. 规划分：
   （1）教育目标　　人格的统合　　达到自由、独立、责任

"个体，即所谓的精神胚胎，与它的环境之间有一种互动的关系。个体经由环境的塑造而达到完美。幼儿被迫与他的环境达成某

种妥协，为了达到这个需要，导致幼儿<u>人格的统合</u>。"（2-53）

（2）人际关系与社会组织

    幼儿有天生的群性 关怀—有爱—信任

              敬天爱人、世界和平之磐石

    以自己独特的个性 主体—普遍—独特

（3）教学法与课程 天赋的

  ①人格成长之正常化过程：吸收性心智（觉知）与敏感期决定。

    吸收性心智：比大人所能想象的灵敏 ·水准高

        记忆力惊人   ·摆设等

    敏感期：秩序   ·工作中喜欢安静

       手的攀爬、抓握

       脚的走长路   ·走廊

        爬坡   ·小缓坡

       跳石、跑

                  ※ 本项与原则（1）（3）相通

  ②应采混龄制

  ③功课表：以自由 弹性为原则

（4）成员"时空之活动流程" 尤以幼儿为主 如幼儿一天之作习

      从不同使用者，检查空间的需求

（5）经费、法规等。

2. 设计分：

 （1）校区：即"原则（4）" 城市、社区、周围，从学校服务范围加以掌握。

 （2）校地：含"原则（3）" 大自然："平凡而丰富""适当而整体"

 （3）长期发展计划   规模 由社区人口成长算出发展极限

            分阶段实施项目

(4) 配置　①入口　　　接送，等候　　　　　　　┐地形稍有起伏
　　　　　②户外空间　游戏场　　　　自然环境　┤大树、草地、土地、水池、沙
　　　　　　　　　　　动植物养植　　　　　　　┤池、菜圃、花圃等
　　　　　③行政空间　办公室、讨论、休息空间　┘方便老师观察，不要有死角
　　　　　　　　　　　家长之会谈、观察、义工
　　　　　④学习空间　教室之间　有界线，但不分隔　→内外，连续感
　　　　　　　　　　　教室里　　1/2 面积空着　　·阳光、空气、视野
　　　　　　　　　　　　　　　　四个基本的学习区：放有教具
　　　　　　　　　　　　　　　　　　a. 日常生活　·附点心桌（近厨房）
　　　　　　　　　　　　　　　　　　b. 感官
　　　　　　　　　　　　　　　　　　c. 语言　　　·如有文化、史地、艺术
　　　　　　　　　　　　　　　　　　d. 数学　　　　之图书区可相邻
　　　　　　　　　　家具　桌椅、幼儿尺度、人体工学
　　　　　　　　　　　　　易搬动，浅色
　　　　　　　　　　　　　朴实、各地方艺术
　　　　　　　　　　器具　真实的，生活实际的
　　　　　　　　　　摆设　展示墙，及屏风等
　　　　　　　　　　　　　　　　　　　　　　·活动空间：唱游等动态
　　　　　⑤起居空间　对幼儿，也是学习空间　　·考虑雨天的活动空间
　　　　　　　　　　　厨房　方便参与或观察
　　　　　　　　　　　厕所　易照顾
　　　　　　　　　　　　　　　　　　　　　　·午睡 用餐 可与教室空间重叠，
　　　　　⑥服务空间　储藏、水电、设备等　　　　　即弹性考虑
　　　　　⑦交通空间　动线
　　　　　　　　　　　活动教室车、外出参观等
(5) 结构　危急时之避难中心，故需特别安全。

（三）一般幼儿园之缺点

（1）空间缺乏自信：明朗　　教育思想
　　　　　　　　　感情　　吸引人　　沉闷、刻板
（2）人为的大动作　框框、条条、成块的，人工的
　　　　　　　　　如：价值观　大人观点的豪华，华丽，如秀场
　　　　　　　　　　　　　　　　气派、洋味如贵族
　　　　　　　　　　　　　排场给父母看的
　　　　　　　　　行为　　没个别学习的空间，以班为重
　　　　　　　　　　　太重规范，桌椅　整齐
　　　　　　　　　　　形式化、城堡、鲸鱼……
（3）被现成产品　反影响　　（4）法规的问题

为儿童创造一个适宜的环境

　　不仅教师的职能需要改变，学校的环境也需要改变。学校应该成为儿童可以自由活动的地方，这种自由不仅仅是内部发育中潜在的、精神上的自由；儿童的整个生物体，从他的生理、生长部分到机体活动，都将在学校找到"于成长发育最为有利的条件"。没有哪个地方比学校更适宜于进行和普及儿童服装的改革，这种改革后的服装能够符合既整洁简朴又便于自由活动的要求；同时又能够使儿童学会自己穿戴。也没有任何地方比学校更适宜于实践和普及与营养有关的幼儿卫生学。这是一项社会性的革新，它可使广大民众相信，由于采取了节约原则，确实花费少而又优雅得体——没错，他们所要求的就是既花费少，又优雅得体。

　　以上原则尤其适用于设在住有学生父母的楼内的学校，如像最初的"儿童之家"。

适宜儿童发育的学校环境

B-4
配置

在自由学校的房间里，有一些特殊的要求：在这里，心理卫生学必须像生理卫生学曾经做过的那样发挥其作用。现代教室面积的增大就是由心理卫生学决定的；自由流通的空气以及所需的空间根据有关生理呼吸的"求容积法"计算出来；因为同样的原因，厕所必须增加，同时还要设置洗澡间；生理卫生学进一步要求修建混凝土的地板和可清洗的护壁板，并设有中央暖气系统，有饮食供应；同时花园和宽阔的阳台已被视为儿童身体健康必不可少的；宽大的窗户可保证光线自由进入；体育馆有宽敞的大厅以及各种各样结构复杂、价格昂贵的设备。最后最为复杂的是课桌，有时是名副其实的带有搁脚板的木制或铁制的器械；为了防止儿童过多的相同运动或固定不动而产生畸形，座位和桌子都是可以自动旋转的。所有这些都是由于"学校卫生学"的错误原则，从而导致了经济上的灾难。在现代学校，洁白的服装和每件东西的可洗性意味着一个时代的胜利；在这一时代中防御细菌似乎是人类生活唯一的关键。

心理卫生学正以崭新的姿态出现在学校。要实现它的新原则在经济上绝不会比生理卫生学第一次成功地进入学校耗费更多的钱。

总之，他们要求拓宽教室，不足遵从呼吸法则，因为空调系统不仅使窗户能适当打开，而且还使以立体空间度量为基础的测量受到忽略；他们要求拓宽教室完全是因为自由活动的儿童需要空间。由于儿童的行走练习一般是在室内进行，如果允许他们在家具之间自由活动，那就必须增加空间才够。当然，要达到理想的完美境地，"心理"教室必须比"生理"教室大两倍才行。大家都知道，我们认为的舒适感觉是房间的地面的一半必须空着，不放置任何东西，这似乎给我们提供了令人愉快的、自由活动的可能性。这种愉快的感觉比在一个塞满家具的中等大小的房间里呼吸要舒畅得多。

适宜儿童成长的生活环境

儿童需要运动,这已经成为人们普遍接受的卫生原则。

但是,如果儿童在运动中没有"智力目标",且缺乏指导,那么,运动就会使他厌倦。当许多人被迫去做'没有目的的动作'时,他们会感到可怕的空虚。为惩罚奴隶所发明的酷刑之一,就是强迫他们在地上挖深坑,然后又让他们把坑填平。换言之,就是使他们的工作没有自身的目的。

对疲劳的实验证实。伴随智力的有目的的工作与等量的无目的工作相比,较不易使人疲劳。因此,今天的精神病医生建议,不是通过"户外锻炼",而是通过"户外工作"来治愈神经衰弱。

所谓"重建"的工作,也就是说这种工作不仅仅是"动脑"的结果,而是趋向心理肌肉的协调。这些活动不是目的的直接结果,而是一种持续性的活动。比如掸掉灰尘或清洗一张小桌子、扫地、布置或清洁桌子、刷鞋子、铺地毯等。这些由仆人为保护属于他主人的物品所进行的工作,与技工的工作大不相同,技工是通过智力上的努力去生产产品。这两种工作是截然不同的。前者是一种简单劳动,它不需要更多的智力活动,因为它的目的只是指向那些简单的动作;后一种是生产性的工作,它需要一些初步的、智力上的准备,需要协调处理一系列伴随着感觉练习的非常复杂的肌肉运动。

最主要的是,这种简单工作适合于儿童,儿童必须"进行"自我训练,从而学会协调自己的动作。

真实生活

这种工作是由与"自由运动"的心理原则相一致的所谓的"日常生活训练"所构成的。因此,必须为它准备"一个适宜的环境",就像我们应该在鸟笼里放置树枝一样,让儿童自由地发挥自己的模仿和活动的本能。儿童的生活环境设施及用具应与儿童的身材和力量成比例；能搬动的轻便家具、手臂能够到的低矮食品柜、容易操作的锁、带轮子的柜子、易于开关的轻便门、墙上高度适中的衣夹、小手能握住的刷子、大小适度的肥皂块、大小合适的脸盆（适于儿童盛水与倒水）、轻巧的圆柄扫帚、容易穿脱的衣服。这些都是能够刺激其自发活动的环境。在这样的环境中，儿童可以逐步完善其协调动作而不会感到疲劳，并学会人类活动的优雅与灵巧，就像小猫完全在本能的引导下学会优雅和灵巧的动作一样。

为儿童提供自由活动的场所，有助于儿童自我训练和自我发展，它是形成一个人的重要条件。他的社会意识将在与其他自由活动的儿童共同建立的关系中形成，他的合作者是保护和帮助他成长发育的那些家务设计；儿童在学会满足自己、保护和控制自己的环境中获得崇高的意识——这些都是伴随"自由运动"的人类协同因素。儿童从这种个性意识的发展中获得了坚持履行其任务的冲动，并在兢兢业业地完成它的进程中表现出理性的快乐的冲动。在这样的环境中，儿童不仅毫无疑问地自觉地进行工作，而且还通过工作使自己的精神健全，恰如他的身体沐浴在新鲜空气中，他的四肢在草地上自由伸展一样。他的生理器官将在工作中成长发育并日益强壮。

A-1 人格

B.4.3 家具

家具的缺乏在卫生学中的确是一个强有力的因素；在我们的学校，我建议使用"轻便的家具"，这种家具既简单又经济。如果它很容易清洗，那就更好了。特别是对儿童来说，他们将"学会清洗它"，同时又进行了一种既愉快又极具教育意义的练习。以上所提到的"轻便"的家具，从根本上讲应该是"艺术的美"。在这种情况下，美不是产生于臃肿或奢华，而是家具的浅绿色的高雅、和谐与简单、轻便、洁净融为一体。就像儿童们的新式服装一样，比以前的更精致、更简单、更经济。位于帕利戴罗乡村的"儿童之家"是为纪念古尔瑞尔·贡冉嘎侯爵而建立的。在那里我们开始进行"艺术"室内装潢的研究。大家都知道，意大利的每个小城镇都有一个艺术陈列室。这是实用观念和艺术本能相结合的结果。在过去的年代里，意大利没有一个省不是容纳优雅和适宜东西的地方；今天，在所谓"卫生"的普遍暴戾之下，几乎所有的珍宝都已去向不明，有关它们的记忆正逐渐消失。玛瑞尔·玛瑞尼所从事的是一项令人愉快的事业，他对乡村过去的艺术珍品进行了仔细的调查，并通过再造赋予它新的生命。在那个"儿童之家"里，家具、桌子、椅子、餐具柜、陶器的形式和颜色、纺织品的图案以及各种装饰等，都带有古老的乡村艺术的风格——简单、淳朴、优雅、自然、美观，大方。这种乡村艺术的复活可能是一种节约措施的一种新发现，也许会成为一种新风尚。若能制造出如此简单、典雅而得体的家具以代替目前学校的桌椅，而且也不必用那样复杂而又昂贵的材料来制造家具，这岂不是又实用又富于革新精神？

B–4.3
地方艺术

如果有朝一日，意大利各地的乡村艺术都得到了同样的研究，我们将看到每一省区又具有其独特的艺术传统的"各种各样的家具"纷纷出现，它将会极大地提高我们的鉴赏力和改变我们的一些不良习惯，由此，人们现实的艺术情感与远古文明的结合，也许将给受到窒息的现代人注入新的生命。

（6）

<u>美既有助于集中思想，又可使疲乏的精力得以恢复。</u>

儿童的用具、桌子和椅子都应当是轻便的，不仅是为了使它易于搬动，同时更具教育性。出于同样的考虑，我们给儿童使用瓷碗、瓷板和玻璃杯、玻璃吸管，因为这些物体最易<u>打碎</u>，它们本身就意味着对粗鲁和漫不经心行为的警告。这样，儿童被引导自行纠正错误，训练自己行动小心、准确、不碰撞、打翻、摔坏东西；使自己的行动变得越来越文明和有节奏，并逐渐地成为各种器皿、用具的完全自由和沉着的管理者和爱护者。同样，孩子们将习惯于尽力做到<u>不弄脏</u>、弄坏他周围那些洁净、漂亮和常用的东西。于是，他便在自我完善方面向前跨出了一大步；他们的各种<u>动作将保持统一与协调</u>，他们的活动更加<u>灵活</u>自由。用同样的方法经常让儿童<u>享受恬静和音乐的乐趣</u>，他们受过这种熏陶和

训练之后，就会厌恶噪声和吵闹声，也避免自己随意发出这些不和谐的声音或同别人吵闹。

另一方面，在普通学校里，那些沉重的、坚固的，甚至连搬运工人都搬不动的课桌，即使碰撞上一百次，即使他在这样的黑色桌椅上洒上一千个墨迹，即使把这种金属盘掉落在地上一百次，它们既不会破损，也看不出污迹！然而，却使孩子们长期沉浸在自身缺点的海洋里而毫无觉察。因为他们的环境有利于隐藏自己的错误，且鼓励他们施展墨菲斯特魔鬼般的伪装伎俩。（河-256）

A-4

儿童透过对环境的学习而形成原来一无所有的人格。例如，学习秩序方面，就是在儿童之家度过有秩序的一日生活而不知不觉学习到。

我们首先考察一下儿童之家一天的生活。使用教具工作。每一个工作都有秩序。选择教具，在一定的场所工作，直至心满意足时才停止工作。然后将教具归放原处。一旦尽情地做完一个工作，便转向第二个工作。之后，上个厕所再到运动场与其他儿童一起玩。午餐的信号响了，便洗手准备吃饭。午餐后稍事休息，再重新进行工作，不久做完工作放学了。幼儿园里一天的生活大致是这样有一定的秩序。于是在儿童的生活中即可形成秩序，培养爱好秩序之心。人们为了过合理而且有益的生活，就必须拥有秩序。

A-3.1
秩序
B-2
安静

在儿童的环境之中，一切物品都有一定的放置场所，因此，良好的秩序才可维持。同时安静也是必要的。"为了有助于思考能力的发展，安静在预备好的环境"中是不可或缺的。也就是说为了思考必须得到安静。因此，蒙特梭利认为："安静的气氛是环境的基础"。她说："教具是将儿童的精神导向合乎逻辑的思考与抽象世界的"作用，"秩序与逻辑"尤为人们所必需。她期待儿童透过有秩序且合乎逻辑的宁静气氛的生活，不知不觉成为掌握秩序与逻辑的人。

预备好的环境的重点

蒙特梭利认为，儿童应该成为动脑、动手、动脚的人，不可沉溺于幻想中。必须在现实的自然与社会中首先能够自立，并以自己的力量来生存。因此，为儿童所提供的环境必须经过良好的预备才好。而且，尽量使儿童能自然而然地得到现实中的自然与社会的事物或有关现象的知识与了解。现在将准备环境应注意事项的列举如下。

（1）在幼儿园的活动室内要分：（a）日常生活的练习；（b）感觉教育；（c）语言教育；（d）算术教育；（e）文化艺术等各分野，而加以配置蒙特梭利教具。

B-4.2　（2）应使儿童爱护身边的动植物、亲近自然以及对周围的社会或自然的事物与现象产生兴趣与关心之事特别加以留意。

（3）对儿童之家的室内以及庭院与运动场的准备加以留意。要使儿童对各种家庭的备品、冰箱、火炉、梳理台、电话、炊事用具、扫除工具等与现实生活有密切关系的用具持有兴趣与关心。

（4）要培养儿童喜爱美好、厌恶丑陋的情感，对美与丑的敏锐感觉，以及美的情操的萌芽。要注意使儿童的视觉、听觉、触觉以及其他感觉更加敏锐。

（5）预备美好的生活环境。要备齐室内的必备物品、日用器具，桌椅和运动场内的滑梯、秋千、沙坑、花坛、树木以及饲养箱、水池等的小动物（小鸟、昆虫、鱼、家畜等）。

（6）A-3.1　（6）又，幼儿园的教职员也要对自己仪容的优美、和蔼的态度与心情、服装等加以留意。（比 -220）

3到6岁儿童的教室，甚至也不是严格地与7到9岁儿童的教室分隔开来。如此，6岁儿童也可以从高年龄的班级获得一些想法。我们的分隔墙只高及腰部，两班彼此很容易接近，儿童可以自由地穿梭于教室之间。如果一个3岁的儿童进入了7、8、9岁儿童的教室，他不会停留太久，因为，他马上就会发觉，那里的东西对他而言都没有什么用处。我们有<u>分界线，但不是分隔</u>，所有的班级都可以彼此相通。

B-4.4　教室之间

每一个班级都有一个指定的教室，但是并非将他们隔离；每个人都可以经常地出去走走，为他的智能充电（智性的散步intellectual walk）！一个3岁的儿童也许看到另一个9岁的儿童使用珠子演算算术的开平方。他可能问他在做什么。如果他的回答不能增长他的智慧，他就会回到自己的教室（这里的东西有趣多了）。不过，一个6岁的儿童可能稍微了解这个9岁儿童所做的事，并且可能留下来观看，因而从中学习。如此将使得观察者能够注意到每个年龄的了解限度。事实上，我们也就是这样才明白，8、9岁的儿童可以了解平方根，乃是由于他们在观看12岁到14岁的儿童时所学会的。同样地，我们也注意到，8岁的儿童对代数产生兴趣。儿童的进步并不全赖于年龄的大小，也要看他们是否可以自由地<u>放眼观四方</u>。

A-3.2　混龄

"我们的学校充满了活泼的气息。幼小儿童很<u>热衷</u>于了解较年长的儿童的所作所为，而较年长的儿童则很<u>高兴</u>能将自己所知道的教给幼童。<u>没有自卑感作祟</u>，大家彼此有<u>心灵的交流</u>，每个人都健康、正常地发展。"（3-272）

"一开始，我们在儿童的环境中，每样东西都放置一点，然后让他们选择他们所喜爱的东西。当我们看到他们只选择某些东西时，我们就把其他未被使用的东西淘汰掉。目前，我们的学校里所使用的所有东西，并非只是经过少数几次局部的淘汰的结果，而是在世界各地试验多次的结果。所以，我们可以确切地说，这些东西都是儿童自己选出来的。我们发现有一些东西是所有儿童都喜欢的，我们认为这些东西就是最基本的。也有一些东西与大多数成人的想法不同，是儿童很少使用的，而这也是世界各国共有的现象。当我们让那些已经正常化的儿童也去做自由选择时，我们也总是获得相同的结果。这使我想起那些只是（而且总是）选择某些适合它们的花朵的昆虫。很显然，儿童需要这些东西。儿童选择那些能帮助他做自我建构的东西。最初，我们有许多玩具，但是，儿童却一直视而不见。我们也有许多呈现颜色的装置，但是，儿童只选择其中一种，就是目前我们在各处所使用的扁平的缠丝线轴（flat silk-wound spools）[1]。这在世界各国都获得了证实。甚至连形状及色彩的明暗度，我们也是根据儿童的喜好来的选用。如此谨慎地安排这一切的东西，也考虑到了班级的社会生活。因为，如果东西太多，或是比<u>一群三四十位儿童所需的一整套</u>还要多，就会乱七八糟。所以，即使有许多儿童，我们也不提供很多的东西。

B-4.4　人数　教具

每一种东西都只有一件，如果某一种东西有人使用，而另外也有人想要时，后者——如果他已经正常化了——就会等到使用者让出来时再用。于是，重要的社会特质就因此而衍生出来了。儿童终于了解，他必须尊重别人的工作，这并非由于有人告诉他必须如此，而是因为这是他在日常生活中的实际经验。在这么多儿童当中只有这一个东西，所以，他除了等待之外别无他法。这种事随时都可能发生，而且日复一日，年复一年，儿童尊重别人与等待轮换的想法愈趋成熟，成为日常生活中的一部分了。

社会群性

如此就发生了一种改变或说是<u>适应</u>，如果说这不是<u>社会生活的起源</u>，那是什么呢！<u>社会并非建立在个人的愿望之上，而是建立在各项活动和谐共存的基础上</u>。从这些经验，儿童又发展出另一项美德：<u>忍耐——以抑制来打消冲动</u>。所以，我们称之为美德的性格特质乃是自发地出现的。我们无法将这种道德教给3岁的儿童，而靠儿童本身的经验却是可能的。"（3-267）

第八章　幼儿园设计　153

环境

观察的唯一基础就是：儿童必须能够<u>自由地自我表现</u>，以显示出那些在无法自由活动的环境中所被隐藏或压抑的需求与态度。显然地，观察者需要观察的对象，而且如果观察者必须接受训练以期能看见和觉察到客观的真相，则他必须能够随心所欲地让儿童处于一个<u>能表现其自然特质的环境</u>中。

（1）A–3.1

这部分乃是教育学者尚未注意到的问题，而我却认为这是教学上最重要、最贴切的问题，直接关系儿童的生命活动。

因此，我着手制造适合儿童身材的学校设备，便能满足儿童敏捷地四处走动之需求。

B–4.4　家具

"我制造了各种不同形状的<u>桌子</u>。这些坚固而轻的桌子，只要两个 4 岁大的儿童就能轻易地搬动它们。<u>椅子</u>也很轻但很漂亮，有些<u>座位</u>是木制的，有些则是稻草制的。这些椅子并非根据成人座椅缩小后制成的，而是根据儿童的身材量制的。此外，我还订制了宽臂的扶手椅，有些是木制的，有些则是柳条制的。也有供一位儿童坐的小方桌，以及各种不同大小、形状的桌子。桌上都铺着小桌布，并且有插花或植物的花瓶做装饰。各项设备中还有很矮的<u>洗手台</u>，可供三四岁儿童使用。放置肥皂、刷子和毛巾的平坦台面洁白而易于清洗。<u>橱柜</u>则又矮又轻，而且非常简单；有的只用简单的帘子遮住，有的则有门，并可用不同的钥匙上锁。保险锁放在儿童可以触及的地方，以便儿童能自行开关，并将东西放回架子上。橱柜的狭长顶部上摆着一个装有活鱼的鱼缸，或是其他装饰品。<u>墙壁四周</u>，在儿童的手可以触及的高度，则挂有<u>黑板</u>和描绘快乐的家庭或动物、花草等自然景物的小<u>图片</u>。或者也挂着可以每天更换的<u>历史或宗教的图片</u>。"（1–51）

B–4.4　家具　器具

"学校，是一个专门为孩子建立的地方，因此学校里的桌椅和用具都应该依照孩子的身材和孩子的力气来制作，这样孩子才能够像我们在家移动家具一样，轻松的移动、使用它们。"

以下，是一些环境摆设基本的原则：家具必须要轻巧，摆设的位置要让孩子能够方便移动，照片要张贴在孩子的视线高度，让孩子能够轻易观看。这些原则适用于所有环绕在孩子四周的东西，从地毯到花瓶、盘子和其他类似物品。家里面的每一样东西，都必须要能让孩子使用，日常家事也要让孩子参与——像是扫地、吸地毯、自己穿衣服和梳洗等。在孩子周遭的东西，应该要让孩子觉得坚固而且看起来有吸引力，"儿童之家"里面应该是可爱又舒适的；因为一个美观的学校，才能让孩子乐于活动和工作，就像大人知道一个环境优美的住家，有助于家庭和谐融洽的道理是一样的。我们几乎可以肯定地说，环境的舒适美观和孩子的学习活动力，有必然的关联；在一处优美的环境下，孩子主动探索发现的意愿要比在一个丑陋的环境下来得强。

(6) 舒适、美观

美感

孩子对环境美丑的直觉，是非常敏锐的。旧金山蒙特梭利学校的一个小女孩，有一天到公立学校里参观，她一进教室立刻就发现桌椅布满了灰尘。她对那里的老师说："你知不知道为什么你的孩子都不打扫，宁愿让教室脏兮兮的吗？因为他们没有漂亮的抹布可以用。假如没有漂亮抹布，我也不会想打扫。"

孩子用的家具一定要可以清洗。原因并不只是因为这样比较合乎卫生；真正的理由在于，这些可以清洗的家具，提供孩子乐意去做的工作机会。孩子学会注意环境，学习把污点洗干净，久而久之，孩子就会养成保持干净的好习惯，会把他身边的东西刷洗干净。

行为调整之机会太多方便

很多人建议我在桌脚和椅脚下贴一层塑胶防滑垫，来减少移动时的噪声；我倒觉得会发出噪声比较好，这样我们才知道自己的动作是不是太粗鲁了。孩子一动起来，通常没有什么秩序可言，他们也不太懂得如何去控制自己的行动；这完全是因为孩子的大小肌肉还没有发展到可以控制自如的地步，这点和大人是

第八章 幼儿园设计 155

不一样的。

在儿童之家里，孩子的每一个粗鲁动作，都会被椅子和桌子发出的噪声揭发出来，孩子最后就会变得非常注意自己的身体动作。儿童之家里面也应该要摆设一些易碎物——像是玻璃、盘子、花瓶等。有些大人可能会说："为什么？这些玻璃制品一旦到了三四岁孩子的手上，一定会被打破！"有这种想法的人，似乎把几片玻璃看得比孩子还重要；难道值不了多少钱的东西会比孩子的身体训练还珍贵吗？

太多安全

"在一个真正属于孩子的地方里，孩子会尽力去注意自己的举止，控制自己的行为；在这种情况下，孩子不需要外来的激励就能够改进。我们可以从孩子的脸上看出全新的喜悦和骄傲，偶尔还会看到一种无以名状的正经样，这些都说明了孩子天生就能够改进自己的行为，而且他们也喜欢如此。因为说真的，在一个3岁孩子的人生道路上有些什么呢？唯有成长。我们一定要尽一切所能来帮助孩子自我精进，这样，孩子日后才能成为一个有用的人。换句话说，我们必须给孩子机会练习他必须会做的事，因为发展就是靠不断的练习而来。孩子喜欢洗手，并不完全因为他觉得洗手很好玩，而是因为洗手让孩子觉得自己能够做到一件事；在生活中能自己动手，这是他所有能力的根源。"（5-80）

B-4.4　器具

"创造一个适合儿童的环境，使儿童能追求一连串有趣的目标，因而将漫无目的之精力转变为有秩序、守规矩的行为。

在上述愉快的环境中，一切设备均按儿童的尺寸来设计，并且有供儿童使用以达成既定目标之各种东西。例如，简单的衣饰框可让儿童学习如何扣扣子、系鞋带、扣钩子或绑东西等。也有脸盆供儿童洗手，扫帚可供扫地之用，掸子可供清理家具，刷子则可用来擦亮皮鞋或清理衣服。这些东西都可激发儿童做一些事情以完成可达到实际目标的工作。铺开地毯并且于使用后再卷起来；铺桌布吃晚餐并且在用餐后折叠起来，小心地放回原位；摆设餐桌，遵照餐桌礼仪用餐，并于餐后收拾碗盘、加以清洗，然后再放置于碗柜中的适当位置。这些工作不仅需要与日俱增的技能，同时由于需要耐心与责任感去完成，所以，儿童的品格也逐渐地发展。

（2）B-4.4
日常生活

我所描述的上述活动在儿童之家称为'日常生活的练习'。因为，这些儿童是过着实际的生活，以专心与精确的精神做一般的家务事，故能发展出惊人的平静与良好的品格。"（1-69）

"当儿童来到学校时，他就脱去外套和帽子。墙上钉有钩子，高度低到足以让3岁儿童方便使用，他可以随意挂上去。洗脸盆则低过成人的膝盖，并备有小肥皂、清理指甲的小刷子、小毛巾，全都放在儿童可以拿得到的地方。如果没有正规的洗脸盆，至少也可以把脸盆放在小桌子上，旁边放置水罐和装脏水的容器。此外还有装着两把刷子的盒子，墙上则挂着几个袋子，其中有便于小手使用的小衣刷。如果可能，再放一个小镜台，不过必须低到不至于照到高过成人的膝盖的高度。让儿童可以坐着照镜子，如果他的头发由于脱下帽子，或是被街上的风吹得散乱不堪，他就可以把它梳理好。镜台上放置有小发刷和小梳子。接着，儿童可以穿上围裙以及工作的上衣，然后准备进教室了。

如果教室有任何不妥，就有工作可做了。也许花瓶里的花凋谢了必须要丢掉，或是该换水了。墙上的钩子挂着各种颜色的抹布，其中还有一枝颜色鲜艳的鸡毛掸子。儿童可以选择最适当的工具，然后开始清洁工作。有一张桌子上有个污点！必须用肥皂和水来刷洗。如果有一点水滴在地上，就必须马上擦干。如果面包屑或枯叶掉在地上，随手就可以拿起一只白色的小扫帚来扫。其柄上美丽的色彩以及带有光泽的图案诱惑儿童去使用它。有什么会比一个布满红色斑点的绿色畚斗更令人赏心悦目的？有什么会比毛巾更白的？只要一有机会，儿童会从事类似的工作，没有上午或下午的时间表。儿童经常检查他的周遭，他的'家'；当椅子没有放好，使得教室看起来乱七八糟时，我们可以肯定是最小的儿童会注意到。儿童在三岁以前所能做的最高深、最伟大的工作就是<u>排排家具</u>、把东西排列整齐，这也是需要最大活动量的工作。"（1-90）

※

婴儿空间

"环境的价值与重要性何其大，且在同时它也对人具有危险性。因此，我们必须精心安排新生婴儿的四周环境，勿使其被冷落而产生退化的倾向。相反的，要使他对新的环境产生兴趣，如此才能有助于他所进行的伟大的吸收——他的进步、成长与发展全有赖于此。

人生的第一年又可细分为几个不同的时期，各需要不同的照顾。首先是婴儿刚出生时，这是一段富戏剧性的插曲，为时非常短暂。在此我们只提出一些大原则而不详加赘述。最初几天，婴儿应尽可能留在母亲身边。无论是温度、灯光、声音，应尽量与出生前在母亲子宫内的情况相似——寂静无声、漆黑一片、温度不变。现代的小儿科诊所内则将母子同置于一个有玻璃围墙和温度控制的房间，以便将温度渐渐调整为室外的正常温度，而玻璃则为蓝色，用以减弱光线。"（3-131）

"我们<u>触摸</u>和<u>移动</u>婴儿的方式及当时所产生的<u>微妙感受</u>，使我们联想到神父在祭坛前的姿势。他的手是洁净的，他的行动慎重且经深思熟虑，他的一举一动全是在寂静和一丝透过染色玻璃窗的微暗光线中进行。一种充满盼望和<u>庄严肃穆</u>的气氛洋溢着圣所。一个新生儿应该居住在类似这样的环境。"（2-42）

"对一个婴儿来说，一间没有街道噪声，<u>平和、安静</u>，<u>灯光与温度能够调节</u>和控制的房间，远比一间豪华的房间好得多。"（2-42）

第九章 蒙氏幼教的议题与过失

（一）议题

（1）吸收性心智，有无选择性或取舍？
（2）敏感期未满足的缺陷，能否调整，改正？
（3）自然与超自然的问题。
（4）宗教介入的问题。

（1）取舍？

非镜子

有取舍

"我们坚信幼儿有内在的知觉。幼儿的敏感期一直持续到5岁的时候，在这段时间中，他能够以极为惊人的方式由环境中吸收各种形象。他是一个借由感官，主动接受这些形象的观察者。但这并<u>不意味着他像镜子一样接受形象</u>，他是一个由<u>一种内在冲动、一种感觉或特别兴趣</u>所推动的<u>真正观察者</u>，因此他对于形象是<u>有所取舍</u>的。"（2-79）

一般人是透过自己的<u>情绪</u>和<u>兴趣</u>去看它。

※ 回应空间：
正影响　反影响
童心逻辑　颇偶然
个人性之成分？

青出于蓝

"人性的善良有赖于他们的以身作则。母亲也一样，必须是完美的。但是大自然的想法并非如此。她并不关心成人的完美性。重要的是，在儿童会<u>模仿以前</u>，他必定已经准备好要这么做，而这个准备乃是源自他一直所做的努力。每一个人都是如此。成人所树立的榜样只是提供了模仿的目标或动机。它并不保证有成功的结果。事实上，儿童一旦开始自己尝试，他通常会<u>青出于蓝而胜于蓝</u>。只要他有灵感，每件事他都能做得更完美、更精确。就某些行为而言，

这是不证自明的事实。"（3-198）

全吸收
有编

"儿童是中立的，他并不在乎吸收些什么，只要是在他周遭的一切他都将之接受、编织成自己的人格。这是一个极大的震撼，证明了人类的统一性（unity）。"（3-86）

有塑

"他的语言不是来自母亲，而是儿童自己学习的，正如同他学会了周遭那些与他生活在一起的人们的风俗习惯一般。因此，这些全都是后天学来的，没有一样是遗传而来的。是儿童吸收了周遭世界的材料；是儿童将这些材料塑造成未来的成人。"（3-41）

偏见、习惯
也同

"'吸收性的心智'包容一切，它对每件事都抱着希望，它接受贫穷也接受财富，它接纳任何宗教，也拥有其同胞的偏见与习惯，它将这一切都肉体化成自身的一部分。'"（3-342）

"教师告诉我：'他们完全照我告诉他们的话去做，因此我开始觉得我所说的每一句话我都负有责任。'"（2-150）

酷似环境

"儿童所形成的印象是如此深刻，以至于发生了生物与心理化学的变化，他的心智因而酷似其环境。儿童渐渐变得像他所喜爱的对象。在每一种生命形态中，我们都可以发现此种吸收外界环境因而酷似其环境的能力存在。

儿童并不像我们那样子看世界。我们可能看到某个东西说：'好美喔！'然后就继续走马看花，留下来的只是模糊的记忆。但是儿童却是从他所获得的深刻印象中建立起他内心深处的自我。特别是在生命的初期，婴儿仅仅借着他自己幼小的能力就能形成持续一辈子的个人特征——包括语言、宗教、种族等。在他适应这个世界的过程中，他找到了自己。他乐于其中，他的心智也因而成熟。

适应

除此之外，他也会不断地适应往后所面临的各种环境。在此，'适应'是指什么而言呢？我们指的是：个体会不断地改变自我以适合所处的环境，也因而使这个新的环境又成为他的自我的一部

第九章 蒙氏幼教的议题与过失 161

分。所以我们必须自问，如果我们想帮助儿童，我们该做些什么，我们应该创造出什么样的环境呢？"（3-135）

"语言的追求乃是一段艰辛的旅程，通往由说话能力所带来的更独立的境界，但是，一路上也潜伏着退化的危机。

永记

这一段创造的时期还有另一个特色是读者应该要注意的，那就是，无论是儿童心智中所获得的印象，或是这些印象所引起的情绪反应，他们都将永远铭记在儿童的心中。对于学习说话的声音与文法而言，这当然是非常有用的，但是，因为儿童会将这个阶段所学习的保留到一辈子，所以他们也会保留障碍所造成的不幸影响。创造性生命的每一个阶段皆有双重的性质。因为这些障碍也会被吸收，正如同进步的正面影响被吸收一般，所以，挣扎、恐惧或其他的伤害都会造成无法估计的后果。我们可想一想，由于漏光所造成的底板上的痕迹，将会出现在接下来的每一张照片上。所以，这个时期，我们不仅能发展出正常的人格，也可能形成一些畸形或是'偏态'的人格，严重地影响下一阶段的发展。"（3-167）

"成人的话语和行动深深吸引幼儿，并且几乎使幼儿着迷。因为幼儿对成人的一举一动十分敏感，所以成人能因此多少支配幼儿的生活和行为。我们可以回想起幼儿把鞋子放在床罩上的情景，他后来的行为显示出自然的服从和成人暗示的力量。就像是刻在大理石一样，幼儿把成人对他说的话，铭记在心里。"（2-123）

如刻石

生活在一起
"身教""环教"
（经常性学习）

"如果他要获得某种特殊的心智能力，他必须和那些经常使用该种能力的人生活在一起。举凡礼仪、习惯、风俗、他都必须与拥有这些特征的人相处才能获得。"（3-136）

（2）改善？
3—6岁是调整期

"六岁以后，儿童不再能自发性地发展性格及其特质了。因此，那些自身也非完人的传道者，面临了相当大的困难。他们好像是在面对烟工作，而不是面对火而工作。

6岁之后：
1.延后
但多久止？

教导青年人的教师常常抱怨，虽然他们可以教科学、文学等科

蒙特梭利的幼教体系

目，但是在他们面前的学生却不能学习。这并不是因智力不足，而是性格有缺陷。性格有缺陷就缺乏'驱力'。唯有那些保有基本天赋的部分或全部性格者（不管他们先前是否脾气暴躁或是受不当的待遇），才有一些人格可言。通常大多数的儿童都没有性格可言。

※2. 由意志练习（青年自觉时）

要叫这些儿童集中精神是没有用的，因为，那是超出了他们的能力范围之外。如果他们缺乏细心与耐心，我们怎能期待他们细心而且耐心地做他们的工作呢？这就好像对没有脚的人说：'好好走！'一样。这一类的特质只能经由练习而获得，不可能经由命令而产生。"

那么，该怎么做呢？社会人士经常这样回答：

"对青年人要有耐心，我们只能以身作则，以善意与榜样去影响他们。'我们希望借着时间和耐心去完成某些事情，但是，事实上都一事无成。随着时间的逝去，我们也变老了，但是仍然毫无所获。时间与耐心本身于事无补。我们必须把握这段具有创造性期间的机会，才能从中获益。

自求改善！

如果我们把人类当成一个整体来考虑，我们会看到另外一个明显的事实。成人之间的差异就和儿童彼此的差异一样，主要是缺陷上的不同，而在他们的内心深处，则有一些共同点。所有的人都有自我提升的倾向（不论多么模糊不清或是潜意识的）；他们都有精神方面的渴望。这些倾向对于性格缺陷的影响力无论多么微小，迟早都会产生一股自求改善的压力的。个体与社会在这方面都相同：不断地求进步。无论从外在或是内在的水平来看，人类的潜意识中总有一丝亮光引导着人类走向更美好的境界。换句话说，人类的行为并非像动物一样地一成不变，它是会进步的，人们很自然会感受到这股向前的驱策力量。"（3-252）

"在现实的社会里，我们是记住：教育可提供明确的指引，而孩子的个性是可以经由教育重新塑造的。

第九章 蒙氏幼教的议题与过失

人的个性应该被教育成能面对不可测的未来，而不只是能应付可预期的状况"（4-79）

"假使幼儿无法按照敏感期的引导去进行某些动作，他将丧失自然克服困难的机会，且是永远的失去。"（2-57）

人格特征永久不变

"6岁以前是具决定性的时间。无论这段期间儿童建构了什么能力，它都将一辈子存留在儿童身上。儿童的举止动作成为永久不变的人格特征，代表着他是属于低阶层或高阶层的社会。人格特征的差异区分了不同的社会阶层，正如同语言的差异可分别不同的国家一样。"（3-221）

"每一个成人在生命的初期就烙下不可磨灭的个性。

无功

因此，要想改变成人是徒劳无功的。当我们说：'这个人没有教养'，或是我们评论另外一个人风度欠佳时，我们很容易伤害或羞辱他们；让他们察觉到自己的缺陷。但是，因为这些缺点已经是根深蒂固无法改变了，所以缺点仍然会继续存在。"（3-95）

成人的改变

"……儿童必须被视为一个联结点，一个联结不同时代、不同文明水准的环。幼儿期的确是不寻常的阶段，当我们想对一个民族灌输新的思想，改善其风俗习惯，并且为其国民特质注入新血液时，我们必须以儿童为我们的媒介；成人所能达成的效果就微乎其微了。如果我们真的渴望更美好的事物，那么，当我们要使文明在一般大众中更广为发扬光大时，我们应该以儿童为主要对象，才能达成此目的。"（3-95）

（3）自然、超自然

"所以理论应和实务相配合，才能使孩子懂得如何去运用理论，并从中获得乐趣。

※ 不解"自主心"

学校也应当是个'机械博物馆'。机器尺寸的大小必须方便孩子拿取、拼制、使用和修理。在此所引申的哲理值得我们深思的是，机器能给予人类的力量远超过人类与生俱有的能力，而人类唯有透过文明的进化过程才会进步。具有'超自然'能力的人，经由透镜可以观察到和计算出极微小和罕见的生物。此外，不管人脑的发展是'超自然'或是人为的，许多事物真正的本质，对尚未进化的人类而言，是难以探知和想象的。因此，经由现代资讯沟通的便利，我们能听到远在天边的声音和测量通信的波路，而不引以为奇。

机器能够使人发挥无穷尽的力量，就好似神话故事中的英雄般。人类借由机器的力量，能够增加其旅游的速率。可以在天空翱翔，也能神游海底世界。因此，现代的文明人变得更加地超自然，相对地，其生存的社会环境也会不断地进步，如果教育无法帮助人参与这所谓'超自然的'世界，那么可想而知，这样的人一定是'社交性过强'。所谓'超自然的'人类，是大地上所有可见和隐形事物的主宰，他能看透生命的奥秘，如花朵的绽放、动物的新生、和土地因化学成分不断地衍生制造，这些事物的转变恍如是奇迹般的美妙。这些都足以证明人类是万物之灵，而且每个人都有其独特之处。但唯有离群索居的天才，其天性具有优于一般人的资质，才能够从事艺术创作。

科学乐观主义

唤醒我们对人类力量和对文明伟大有所认知的这些观念，将会被真挚地表现出来，这样的情感应当与宗教信仰和爱国心并存。在我们这个时代，科学创造了一个全人类共同迈进的全球科技文化纪元。因此，在教育的过程中，孩子们应当养成使用机器的习惯。"（4-98）

"文明的第一个阶段，是自然界中的一切转变为更加完美和有用的过程，也是善于运用自然界的神奇力量的结果。这是真正由人类创造出来的'超自然'（super-nature）。此一'超自然'包括在生物学和化学方面的进步，以及世代相传、绵延不绝的进化，令人不禁要对人和神的伟大赞叹不已。"（4-88）

"文明的理想典型是：从自然环境中开展出来的文明，应该能提升这些'社会新鲜人'的品质。就好比自然界能经由人的劳动达

到美好实用的较高层次，因此人也必能将自己提升到自我更高的层次。"（4-88）

"人类有一种天赋的工作本能，透过工作其环境方得完美。工作是人类的特性，文明的进步与想要创造一个更轻松、舒适生活环境的多种能力息息相关。

在这样的环境中，人类开拓了一条生活的自然途径。然而这个新创的环境却不能被称为人工的环境。因为它超越而不是代替自然，将它描写为'超自然的'可能最贴切。人类日益习惯这种超自然的秩序以致它成了人类维持生命所必需的要素。

在博物学中，我们留意到一个缓慢进化的过程，这过程导致新的'种'的产生。这类例子可在动物经由两栖类从海生到陆生的演变过程中发现。有点类似的情形是，人类开始了一种自然的生活而且逐渐地为自己创造了一个超自然的环境。今天人类再也不只依照自然而生活，但是仍然充分地利用了自然中可见与不可见的力量。

人类不单是从一个维持生命的环境进入另一个环境——他为自己建构了新的环境，而现在是如此依赖它，以致无法脱离如此了不起的创造环境而活。因此，人类是依赖他人而生活的。

> 与自然隔离
> 依赖人为

尽管人类是依赖他人的，至少他是自己生存的主人，而且可依其所好去指挥、处置自己。他并不立即受制于大自然的变化。他与大自然的变化是隔离的，完全地依赖人类的变化，如果他周围的人其人格遭受扭曲，他整个生命也将处于危险中。

> 也知危险

人类工作的完美并非依个人自身的需求来衡量，而是依工作本能的神秘计划而定。由于一种致命的偏态，人类已经与他生活的目的脱节了。如果幼儿将要成为他应该变成的那种人，他的发展应与自己的导引本能紧密契合。正常的幼儿教育也当因此导致人类超越自然。"（2-209）

科学家

"科学家是在实验过程中能有所觉知，因而对深奥的<u>生命真谛</u>做更进一步的探究，并且揭开了其中奥秘的人，而他在此知识的追求当中，对大自然的神秘是如此的<u>热爱</u>，以至到了忘我的境界。科学家并不是能使用各种仪器的人，<u>而是能认识大自然的人</u>。这位卓越的大自然爱好者，其外在的表现就像僧侣一般。我们可以将科学描述为一位住在他的实验室中，忘记了外面的世界，而且偶尔会<u>表现古怪</u>的人。因为他不再想到自己，所以他毫不在意自己的穿着。由于不断地透过显微镜看东西，以至于他失明了；由于迫切地想知道疾病传播的方式，他故意感染了结核病或是霍乱；明知道某种化学混合物可能具有爆炸性，他仍然如法调配，因而被炸死。

大自然向这种人显现出她的奥妙，并且为他加上了'发现的荣耀'的冠冕。

精神
爱智　哲理
智性
（心智结构）

因此，科学家拥有一种超越任何机械技巧的'精神'。当他的<u>心智态度胜过他的机械能力</u>时，他就已经修行到家了。科学所以更为发达，不只是由于他对大自然的新发现，也是由于他综合所得的<u>新哲理</u>。

我个人相信，我们应该更注重对教师的'精神'传授，甚于科学技术，也就是说，我们的目标是朝向<u>智性</u>而非<u>物性</u>。"（1-7）

（4）宗教的介入

中性

"但是所有人都受到召唤，而且如果他们能克服困境，所有人就能回应这个召唤。因此，'彻底的改变'（Conversion）是属于幼年时期的现象。重点在于这是一种迅速的，有时几乎是<u>瞬间</u>的变化，它通常都来自同一根源。<u>我无法举出一个发生彻底改变的实例是与幼儿因对工作产生兴趣而专心于活动无关的</u>。相当多种不同的改变都是在这种情形下发生；神经质的幼儿变得平静，沮丧不振的幼儿又重新有了精神，所有的人都经由纪律性的工作而向前迈进。<u>由于内在能量已经发现对外表现的方法，因此也就不断地进步</u>。"（2-168）

介入　　　　　"从远古时候，人类的双重本性就已经被认识了。第一次本性是他在被造之时就有的，是天赋的，第二种是他第一次犯罪，违背上帝的律法后所得的结果。由于这种堕落，人被剥夺了较早时期的祝福状态，只能任由其环境和心智的幻觉所摆布。这种原罪教义有助于我们了解发生在幼儿身上的一些现象。"（2-275）

不管原罪　　　"教师必须接受启迪，他必须开始研究自己的缺点以及邪恶的倾向，而不是过度专注于'幼儿的倾向'以及'纠正幼儿错误的方法'，或甚至是'原罪造成的影响'。"（2-170）

"我们与生俱有精神上的财富、审美的感情以及纯净的良心，那么，它们不是只为了我们自己而存在，它们也是要用来造福世上的万物，在精神生活的宇宙理法中占有一席之地。

不信轮回　　　精神能力也是一种财富。它必须进入循环圈中，其他万物才能享受到；它们必须被表达出来，被利用，才能完成人类关系的循环圈。即使是追求属灵的崇高境界，如果只是为了其自身的缘故，也就毫无价值了，而且，如果我们只追求这些，我们将会忽略了人生更重要的部分以及其目的。如果我们相信轮回说，告诉自己：'现在生活得好，下次再生才能活得更好。'这只不过是自私心在我们里面作祟，我们早就把精神的层面降至植物性生命的层面了。如果我们总是想到自己，甚至想到自己的永生，我们将永远地自私下去。相反地，我们应该采取另一个观点……唯有透过行动才有可能达成更高的精神境界。这使得行动……动作的真正目的，并不只是产生胃口或是增强肺脏而已；它是为了贡献存在的目的——大自然的宇宙性及精神上的理法。"（3-178）

直接用神　　　"儿童在3岁与6岁之间所完成的一切并不赖于教条，而是有赖于一种神的指令，祂引导儿童去建构他的精神。这些乃是人类行为发生的根源，它们唯有在适当的自由与有序的环境中才有可能发展出来的。"（3-289）

	"这就是要从儿童的内在建立起纪律的计划蓝图。所采用的方式可以说是间接的，因为，我们所需要的不是会批评、会发号施令的老师，而是精心设计的工作和儿童的自由。它是立足于一个宗教
上帝	的生命观，承认上帝和上帝的代理者的权威，其现实的基础则是工作和自由，而这一切又将成为文明进步的基石。"（1-328）
知宗教偏见	"成人发现自己常带着感情与偏见，尤其是宗教方面，以客观理性来讲应该拒绝，可是他们很难摆脱，因为它已成为自己的一部分、在自己的血轮里面。"（6-36）

"现在，道德是社会生活的一种理论形态。社会生活使道德固定成某一确定的形式。而我们不应该忘记，这些形式也是由人们一致同意所建立的，以便造成普遍的影响力。

宗教问题

宗教上也是如此；甚至连偶像都是征得社会上的同意。宗教不仅是以人与人之间对某些概念有了相同的想法为基础，毫无疑问地，它也是来自人类精神上的需要——崇拜的需要所产生，并不只是在理智上接受某些信念而已。原始人由于惊异于大自然的奇妙，所以就崇拜大自然中较感人的某些现象，而且，除了惊异之外，他们也心存感激与畏惧。最后的结果就是大家一致地对于团体所认为神圣的事物产生了强烈的情感。

事物本质抽象？

不仅这些神圣的事物刺激了想象力，心智也会将这些神圣的事物综合起来（就如同心智从感官的印象中获得抽象的概念一样）；从一个基本的心智活动，就可以识别出事物的本质。但是，在此，由于潜意识的作用（正如导致崇拜的所有经验一样），我们以抽象的方式将事物的本质表达出来，也就是利用象征来表示它们的人格化。这些象征必须被公众所接受才能成为社会的象征。于是，我们看到了象征性的表达方式，即崇拜行为、仪式、它们在团体生活中扮演了固定的角色。"（3-228）

上帝与良知二分？

"一直要到后来，儿童的社会意识才会觉醒，他才会对自己的

第九章 蒙氏幼教的议题与过失

行为产生责任感。到那个时候，儿童才须要有人引导他走世上的路，帮助他建立个人良知。"（1-309）

圣母

"墙上也挂了一幅巨大的拉斐尔之'坐式圣母像'（Raphael's Madonna of the Chair）以供人瞻仰。我们选择了这幅画作为儿童之家的象征和标志。事实上，这些儿童之家所代表的不只是社会的进步，也是人类进步。儿童之家与母亲地位的提升、女性的抬头与子女的保护息息相关。拉斐尔理想化的圣母与圣子像不仅可爱美丽，而且在这个完美的母性表征的旁边有立式的施洗约翰的画像。这个

基督

约翰画像犹如象征一位美丽的幼儿正开始要过着为基督所预备之路的严谨生活。这就是意大利最伟大的艺术家的作品。如果有朝一日儿童之家遍布全世界，拉斐尔的圣母像将强有力地述说意大利儿童之家的起源。

儿童无法了解圣母像的象征性意义，但是他们了解其中具有比在其他母亲、父亲、祖父母和婴儿的图画中更伟大的东西，因而内心产生纯洁之虔诚心。"（1-52）

（二）过失

(1) 想借助独裁者或专制政体推行
(2) 自然科学类比到人类自身，非常不妥，科学家爱智
(3) 蒙氏思想与语言之偏失　　　　　科学主义者，不同

(1) 灌输媒介

"今天，儿童必须被视为一个联结点，一个联结不同时代、不同文明水准的环。幼儿期的确是非常重要的阶段，当我们想对一个民族灌输新的思想，改善其风俗习惯，并且为其国民特质注入新血液时，我们必须以儿童为我们的媒介；成人所能达成的效果就微乎其微了。如果我们真的渴望更美好的事物，那么，当我们要使文明在一般大众中更广为发扬光大时，我们应该以儿童为主要对象，才

能达成此目的。"（3-95）

"最近的历史上还有一个例子，墨索里尼和希特勒最先领会到，如果统治者想要建立新的社会秩序，就必须从婴儿期训练起。他们花了几年的时间训练儿童与青年，强使他们接受一个统一的理想。不论你认为道德性如何，这是一个合理而且科学的方法。这些国家的领袖认为他们需要一个'具有团结力的社会'作为建国的基础，因此，他们从根本做起。"（3-284）

"如果我们要改变一个国家的风俗习惯，或希望加强某一民族的某些性格，我们必须以孩子为凭借、从小孩开始，因为在成人身上所能做的太有限了。要改变一个世代或一个国家，变好也罢，变坏也罢，要唤醒宗教或提升文化，我们都必须仰赖孩子，他们才有无比的能力。这个真理已由晚近的法西斯与纳粹加以证实，他们从儿童做起，改变了整个民族的性格。"（6-37）

未平衡
与破坏性

"如果在今天自由、民主盛行的时代来思考这个态度，我们必定会发现，当前的教育谴责教师为独裁者。不过，当然，独裁者（其本身必定是远比教师聪明）通常在发布命令的同时，也会展现些许的独创性与想象力，而老古板的教师则紧紧地守住那些不合理的原则，除了错觉与偏见之外，没有什么可以当作他们的指南的。在专制独裁者与专制教师之间有一项真正的差别，前者可以使用苛刻的方法做建设性的工作，而后者使用了苛刻的方法只会导致毁灭。"（3-303）

（2）类比

细胞分化之类比

科学信仰
另一思想特性"抽象"
（思3）

"所有的细胞原本都相同，但是，当器官开始形成时，它们就开始改变、分化为各种不同的形态，以配合各器官所负责的功能。因此，分化是使细胞成为适合负责某种功能的器官，是为了某种特定的功能而发生，但是，在各功能尚未运作之前，精细的分化就已经开始了。……人类社会不也是如此吗？人类的分工专精就如同身体器官的分化。在原始时代，每个人做许多种工作；一个人可能同时搞建筑、作木工、当医生，简单地说就是什么都做。当社会渐渐发

第九章　蒙氏幼教的议题与过失　171

展时，工作也就慢慢分工专门化。每个人选择了一种工作，在心理上就变得不再适合其他的工作。从事某种职业不再只是指学习一项技术而已；致力于某种工作会导致内在的改变，以便成功地完成工作。所以，形成一个适合于某工作的特殊人格比学习某种技术更为重要。这就是一个人所追求的理想，也是他一生所努力的目标。"（3-68）

类比问题

"至于神经系统中经过分化后的细胞，至今在人类社会中尚无与之对应的现象。从今天世界的混乱状态，我们可以推知，人类尚未发展出社会整体的神经系统。因此，我们缺乏一个足以影响全体，导向世界大同的中枢。民主政治是人类文明所产生的最好的政府形态，允许每个人有投票权，以便选择各种职务的领导者。如果在胚胎学的领域也发生这样的情形，那真是荒谬得太不可思议了。因为如果细胞必须经过分化，那么居于领导地位的细胞必得经过更进一步的分化；支配全身各部门的工作是最困难的，因此，这些细胞最需要高度的分化。所以，并不是选举的问题，而是需要训练使适合该工作的问题。大凡领导者，必定先改造自己。没有事前为此做准备的人，绝不可能成为领导者。细胞的分化与其所司功能之间互相关联的原则特别值得我们注意，这似乎是大自然运行的法则；大自然的一切都按此蓝图而行。我们可以看到这个原则在生物个体上所造成的奇迹。"（3-92）

理性之抽象
偏形上

"在幼小儿童的普通环境中，并没有这些引发数学精确性的东西。大自然为幼儿预备了树木、花朵和动物，但是却没有'数学精确性的'东西。儿童的数学倾向因缺乏机会，必然会妨害了后来的发展。因此，我们认为我们的感官教具是抽象具体化的系统（system of materialized abstractions）或者是基本数学系统。我所准备的数学教育方法，详细地记载在我的另外两本书里，它们也是有关学习数学的专门的心理学论文。"（3-227）

"不过，这些团体的特色并非完全由想象力所略述、接受和固定的。想象力与伴随出现的精神需要共同为这些特色收集资料，正

|理性所呈现之"精神、心智、数学"三者的关系| 如同感官在另一层面所做的一样。而抽象能力接着将之简化、整合，所以心智才能以很确定的形式去表达无数的事物。

"这些正确与稳定的形式，简化成可以代表一切事物的象征来具体表现。从这些象征可以获得行为的稳定度，几乎像数学上一样的精确。因此，想象的和精神的印象都因为引导的心智具有数学的能力而得以把握和具体化。"（3-229）

|星云凝聚之类比| "正如同星云经过一段时间后会变得更坚实，所以，我们也可以想象，遗传而来的本能倾向是如何慢慢地产生出非遗传性的行为的。例如，儿童从语言的星云获得了适当的刺激与引导，因而形成了他的母语——它不是与生俱来的，而儿童在环境中所经验到，并且根据不变的法则而吸收进来的。由于语言的星云能量，儿童才能在一片混淆声中分辨出说话的声音与其他的声音或噪声。由于语言的星云能量，他才能将所听到的语言完美地化为自己的肉体（incarnate），就好像它是一项种族的特征一般。以同样的方式，儿童也吸收了他所处的环境中的社会性格与习俗。

|自然天赋与人文差异 { 有分辨 群性 异同 | 语言的星云并不是包含了某一种儿童所要发展的特定语言；全世界的所有儿童都能从语言的星云建构出他在出生的环境中所经验到的每一种语言，而且，发展的时间相同，发展的历程也相同。"（3-110）

（3）思与言

主宰·
对自主心
太乐观（思1）
伊塔教狼童

"今天的文明所欠缺的，便是人类的精神力量和对责任感的知觉。但在所有人类主宰宇宙的知觉中，他必须明白自己是所有创造物之主、是地球的改造者、自然的创立者和创造宇宙的贡献者。"（4-112）

征服

"他几乎融入了同化他的大自然中。他喜欢雨、雪、暴风雨和一望无际的景色，因为这些就是他所看到的，是他的伴侣、他所爱的。文明生活意味着这一切都要舍弃，但是，它也使人类不断地征服而进步。"（1-72）

"人类生存在这个世界就必须要征服地球上的动物植物和矿物，人类征服世界的智慧就如同孩子征服环境的才智。"（4-31）

"儿童精神抖擞而且泰然自若，就好像古罗马的征服者驾着马车浩浩荡荡地向前进。他所征服的智能四大成就在前方，就像凯旋马车的四匹马，朝着学习的终极目标直冲。"（1-333）

"随着知识的累积与意志力的发展，个体势必需要一个井井有条的心智，以便区分必要与非必要的感官印象。此时，儿童已经准备就绪，想再次去探索其外在的环境以及内在的印象世界。因此，他需要像我们的教具与活动所提供给儿童的那种正确而且科学的引导。此时的儿童好比是一位不清楚自己所继承的财富，却又希望能透过专家的协助来了解其价值，并且加以编目、分类，以便能立即、完全控制这些财富的人。"（1-109）

控制

"母亲和父亲制造了他们的孩子的说法是不对的，我们宁可说：'幼儿是成人之父。'"（2-54）

说反语（有负作用）

"我们必须考虑到那至今尚隐而未现、被人忽略，凝聚起来却强大无比的精神实体、社会人格，也就是一股更新世界的力量。如果援助和拯救将来到，那必定是来自儿童，因为儿童才是人类的创造者。"（3-28）

说反语
特殊脉络可
常态不可

"教育透过儿童所产生的巨大影响力是以环境作为其工具。儿童吸收了他的环境，从环境中吸取了一切，并且将之化为自己身上的一部分。儿童拥有无限的潜能，他是人类的创造者，也是人类（人性）的改革者。儿童带给我们伟大的希望和新的异象。"（3-96）

"儿童学习如何四处走动，不再固定于一个地方，并非为了过学校生活，而是要过有秩序的生活。所以儿童不仅能遵守学校的纪律，也能遵守整个社会的纪律。"（1-55）

非……乃

"'乖'对他而言不再是安静无所事事，而是完全以行动来证明。

事实上，我们所谓的'乖巧'，乃是那些'力争上游'的人凭着自己的努力，透过有条理、有效益的外在活动，所表现出来的成果。

外在活动是内在成长的媒介，也是内在成长的指标，两者交互影响。工作使儿童的内在更加成熟，而内在的成熟则可以使儿童的工作表现更佳。当儿童看到自己有了进步时，他就会越想工作。于是，儿童就因此而继续不断地使内在的自我更趋完美。

不直指、直说

因此，纪律并不是一项事实，而是使儿童很科学地、确确实实地了解乖巧概念的一种方法。"（1-317）

光澤，溫潤。

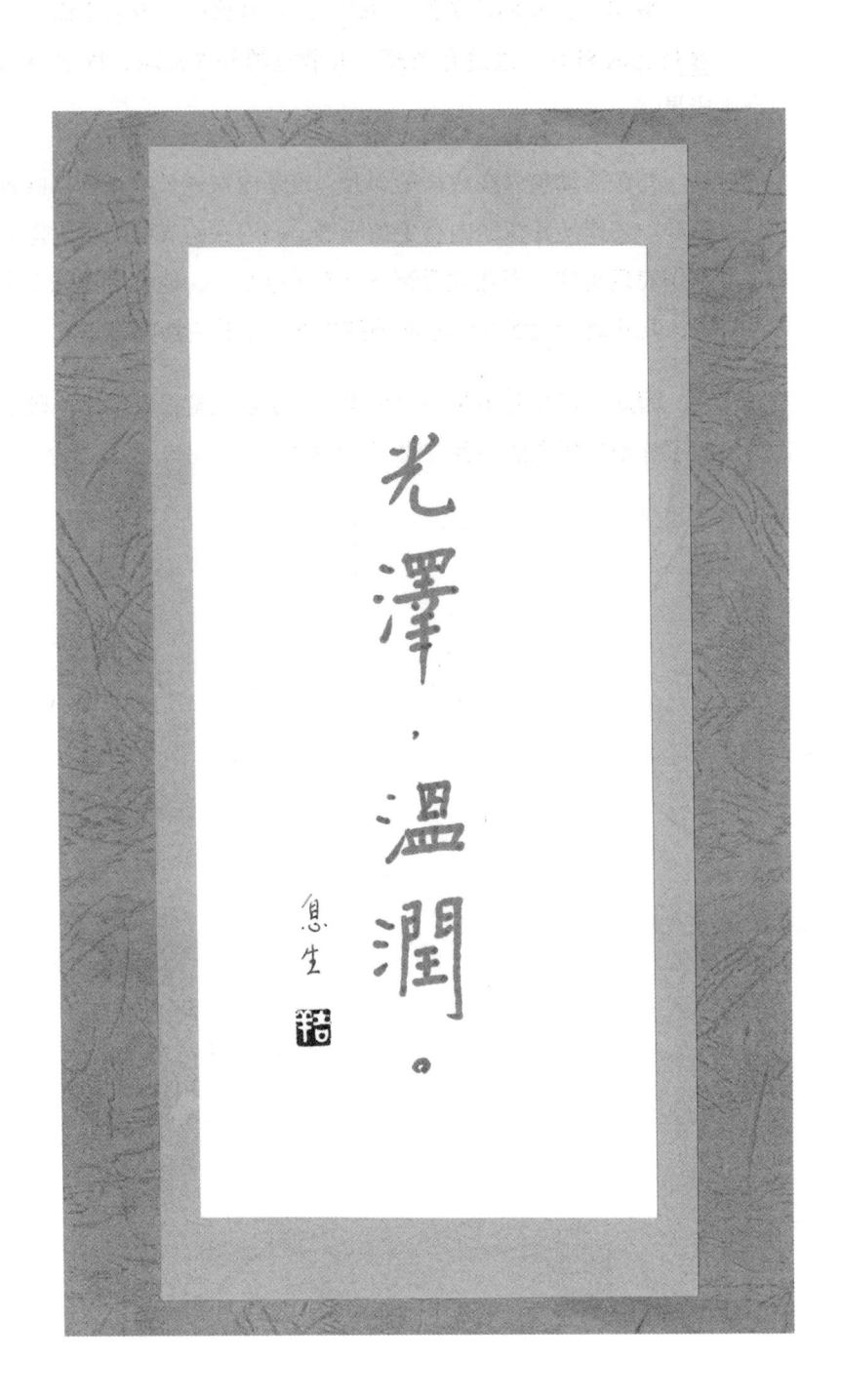

息生

第十章　结语：跟她学习"真正的希望"

（一）蒙特梭利人格特质

蒙特梭利　　灵性、进取、工作　　"干嘛休息？"　　帕贴尔　亲近如亲人
　　　　　　毅力、不偶俗（14）　　　　　　　　　卡隆　　17年每天做记录
　　　　　　相信生命的人：对样样事情，兴致勃勃　　杰克　　非方法，是一种生活态度

　自信、独立　　会生气、时模糊　　专横"我每次推理，每次都错"
　直觉的天分　　矫情、私情　　　　"应将恩情回报我儿"
　　　　　　　　　　　　　　　　　"我从不想成名"　　瑕不掩瑜！
　严肃、热情、唯美
　　　　　　　蒙氏协会　　　　　　"以控制来避免误用？"应正视！

蒙氏　个性
强调幼学与阶层
不妥

　　"6岁以前是具决定性的时间。无论这段期间儿童建构了什么能力，它都将一辈子存留在儿童身上。儿童的<u>举止动作</u>成为<u>永久不变的人格特征</u>，<u>代表着他是属于低阶层或高阶层的社会</u>。人格特征的差异区分了不同的社会阶层，正如同语言的差异可分别不同的国家一样。

　　因此，一个出身低微的人，如果因为环境的变迁，使他转入较高的社会圈子，他仍然无法摆脱他的出身标记。如果一个贵族想伪装成工人，他的仪态、习惯必定会使他露出马脚。"（3-221）

初心

　　"马利欧蒙特梭利经过二十年的观察，提供我们这些儿童智能的真相，他的作品堪称教育上真正不朽的著作。"（1-270）

（二）承续与开启的子题

承续与开启　　承先启后、继往开来"没延续的开展是假的"：扎实的承续才有
　　　　　　　　　　　　　　　　　　　　　　　　　　　稳健的开启！

A. 整合　　　　B. 延伸／深入　　　C. 增益／扩充　　　D. 成功／实践

1. 幼教体系　　1. 吸收性心智　　　1. 觉／良知　　　　1. 幼儿的实际问题
　　　　　　　　　之取舍？　　　　　宗教之介入

2. 自由、独立、2. 敏感期　　　　　2. 道体／良能　　　2. 本地经验之建立
　　负责　　　　　之延后、停止？　　教具多偏室内　　　《传统中国的襁褓之道》（取经）

3. 主体、工作　3. 用意识去教育无意识？　　　　　　　　　《童年忆往》（麦田）
　　与环境　　　　精神？　　　　　3. 现实之偏差与偏态　《另一种童年的告别》（商务）

4. 成熟　　　　　成长？　　　　　　蒙氏对政治之排斥
　　自我完成　　4. 幼儿的思想与认知　　　　　　　　　　《幼儿教育与文化》（丽文文化）
　　与成德有道　　皮雅杰幼儿认知　　4. 家族重建与幼教　　《易经第一爻中的幼教思想》
　　　　　　　　5. 自然与超自然　　　　　　　　　　　　《历代启蒙教材初探》（万卷楼）
　　　　　　　　　"诺贝尔奖获得者　　　　　　　　　　　《中国童玩》（汉声）
　　　　　　　　　与儿童对话"（三联）

可深入研究之子题　　"最后，值得一提的是，我们的感官教具以及其练习活动可
早疗　　　　　　　以帮助我们及早发现儿童感官功能的障碍而加以矫治。"（1-109）

　　　　　　　　　　"透过感官教育可以及早发现或矫正一些可能被忽略了或是病
　　　　　　　　　情恶化到儿童无法适应环境时才显现出来的病症，例如，耳聋或是
　　　　　　　　　弱视。"（1-153）

"道隐于小成，言隐于荣华"　　　　　　　　附录：《史宾塞的快乐教育》（新手父母）
我喜欢自由，我纵身无限！　　　　　　　　　　　《了解孩子的天生气质》（新迪）
　　　　　　　　　　　　　　　　　　　　　　　《赏识你的孩子》（上游）

（三）经验谈记

2003 年 2 月 21 日

教育是帮助生命 ① 开展其"心智"，纾解其"情绪"　　　　　⎫
　　　　　　　　② 建立、感动"群性之美"　　　　　　　　⎬ 以达不同程度的独立发展
　　　　　　　　③ 适应各种生命问题、未来问题　　　　　　⎭

（1）提醒　　足够的工作示范　　"成功有路"
　　　　　　然后，让他独立自己做，顺其个别需要
　　　　　　日常生活　感官练习——身心合一。
　　　　　　工作非教会他　乃发展　孩子自己思考过程　目的
　　　　　　　　　　　　　　　　不怕犯错，认识错的机制

（2）社会礼仪与社群互动　　是必要的基础法则
　　　　　① 不干扰，不伤害别人　　　　　　　　　⎫
　　　　　② 完成工作的流程　　归位、等待……　　⎬ 一次"没关系"，就不听了，
　　　　　③ 尊重：人与教具才是自由工作　　　　　⎭ 建立却需长久培养

（3）适应的钥匙　　在秩序与找到秩序的能力
　　　　　秩序不只环境的
　　　　　　　　　动作的
　　　　　　　　　工作中的

　　　　　景象、气氛会让人产生信心
　　　　　自己保持自觉　不容易　　　情绪一上来　　　　氛围：不骂但严肃
　　　　　　　　　　　　　　　　　　疲累淹没一切　　　　　　把自己丢掉（收敛）
　　　　　　　　　　　　　　　　　　不自觉的合理化　　　　　像练功

　　师资　需要：蒙氏的体系与精神
　　　　　　　　资深良师的带　　　　完全了解、信任体会　　小孩不用对付
　　　　　　　　正常化教室的洗礼　　　　　　　　　　　　　只须信任

（四）振奋的献身

振奋的献身

我是一个灵魂蛰伏，沉睡的人？

无知，常常伴随着偏见
　　　以固执防卫：习气夹杂了偏执

教育是自我活动的过程，"我寻求心理化的人类教育"裴氏

哲学—人性本质　　残酷
　　　　　　　　有限　令人心灰意冷
世上的天国，只好延期（在英募款）

任何理念，必须在特定现实架构下，才能付诸实施

教育的失败，使人类的本性，未能赶上科技成就
　　　　　　　　　　毁灭性的可能

奢侈的自虐　　指意大利公文，生命的浪费
难解的孤单　　　　　　"月几望，马匹亡，无咎"（中孚）
　　　　　　　　　心神有独知、独上之时
　　　　　　　　　绝对的孤独，绝对的一体感。
献身　　在舞蹈中，燃烧自己
　　　　蒙氏小时说她永远不做老师，却做了一辈子
人生的准备，是迂回而来的（蒙氏）
生活的艺术，在于学习如何顺应天命（蒙氏）

"只要有勇气面对挫折，就会发现新事物"（皮雅杰）

错误反而是真理的最好验证

从不预设，才能发现新东西，发现最不能预料的内容

谨慎是无知老妇被无能所困的产物（W. Blake）

最慎重，就是最不慎重（艾略特）　活、活、活！不能以谨慎学会

释放熟悉的执着—不保留的敞开—融入婴幼儿的主体精神世界

　　　心灵生活，精神提升　需要的元素：振奋、勇气、就真做

　　※ 小心　　正常化经验
　　　　　　　　偏差经验　　我们已习惯 将大人的偏差经验当正常

自由：正是造成自发纪律的管道："给他自由，就会有纪律"
独立：并不影响对权威的尊重"自律，是个人崇高自由的产物"

无意识的吸收状态，却用意识学习法去带；如何发挥良知、良能！

自己心浮气躁，却不敢承认"一股宁静的磁力，可使平常的事物
　　　　　　　　　　　　　　　　　　　　　　平添光彩与魅力"

在引导孩子的成长中，治疗自己，开展自己，
　　　不要忘了结婚生子，体会大自然，欣赏大自然，甚至人生

投入、努力，不自伤感的无限学、思、行
　　　——早日见到恩典光临教室！

附录一　蒙特梭利幼教读书会

主办：中国台湾地区蒙特梭利教师协会　　　　时间：1999年6月—12月
主持：德简书院王镇华先生　　　　　　　　　地点：台北德简书院
　　　　　　　　　　　　　　　　　　　　　　　　台南文化中心

内心的声音说是，即将是，说不是，即不是。

蒙特梭利的幼儿教育，将在两岸更为推广。

在协会的理事会中，苏碧珠老师的一通电话，王镇华先生的太太，亲自送来十套"幼儿成长的敏感期与偏态——蒙特梭利幼儿教育的精华"录音带，良缘于是启动了。李理事长听了很感动，故邀请王先生在大会演讲，两个半小时一下子过去了，下面是公开听到的几则响应：

"比国外老师讲的还清楚、透彻。也许因文化的贴切，能深入打到内心。"
（吴玥玢老师的话，刘淑青老师类似）
"这是我听过最纯、最原始的蒙氏理论，直如蒙氏的原音代言。"（胡兰校长）
"十几年的幼教经验，王老师的话帮我浓缩、整合起来，有切实的反省，也有如一盏明灯。我很震撼。"（卓志惠园长）
"王老师，就像小孩的代言人。"（爱儿园林园长）

会后，大家燃起的热心，经吴玥玢老师提议，遂有了这次的密集读书会。读蒙氏的书，大家都有"感动而不好消化"的经验，王老师在演讲中说，"蒙氏的话与《论语》

一样，都是在说道——生命的过程；人这颗心老是在生命外缘绕，大人或太现实（目的性、功利性）、或太概念化，所以切不进去；了解生命的话语，要有生命实践的心得（有德），才能充分饱满的契合。这也因此有不同年龄不同体会的现象。"郑小慧老师认为王老师是以深厚的生命体会去了解的。

有了整合性的了解，再看书就比较容易懂，实务经验也就可以有所累积、有所提升。现在，王老师在推动书院文化理想之余，发愿推广蒙氏幼教的理念，接受本会邀请，于南北两地举办密集读书会，希望让老师们对蒙氏伟大的发现有通达的了解。王老师衷心希望：这件事早一天做，少一点为两代而哭的父母，多一点不为不当趋势所动的正常化人格。

蒙氏的幼教信念，的确是人类和平的真正希望。

为了孩子人格的正常化，大人做什么都愿意，付出时间、代价都愿意，但改变自己人格的偏差呢？当你如实看到婴幼儿人格正常化的动人，你也会愿意！大人与大人之间的歧见、成见、利益冲突、已经一再重复的僵化心结，也将在孩子的眼神中融化。从孩子柔和的眼睛（童心），我们看到"令人厌恶的人与事，背后总有一段不堪的辛酸"，我们懂得"为人父母者，只有更关心有问题的孩子，而无所谓放弃"大人之间，不也应该如此！谁不是父母的孩子？谁没有童年的遗痛？

希望老师们、父母们为幼儿教养来参加这意义鲜明的读书会；更希望为自己而来！自己人格变了，工作自然质变。

附录二 人格的形成与正常化

主办：中国台湾地区蒙特梭利教师协会、德简书院　　　　时间：2003 年 9 月 12 日
主讲：王镇华先生

为什么德简书院的经典课，这学期改上蒙特梭利的幼儿教育课？近因，蒙特梭利教师协会邀请我开此课。远因，上次帮协会主持读书会结束时，跟留下学员深谈的心愿。其实，蒙氏在 1907 年发现的幼儿成长之秘，本身就与中国经典成人之道是通的；幼儿的吸收性心智（觉知）就是"德"，而几种重要敏感期的开展就是"道"，0 到 6 岁正是人格建立的时机。所以，开这课是德简书院最应做、最想做的事。

蒙氏这个发现，至今未被世界各国正视。以美国为例，蒙氏 1914 年访美演讲，在卡内基大厅当场五千听众有数百人离席，一直到 1949 年在联合国演讲，才受到真正的重视。据友人告知，美国近年对各种幼教做比较研究，发现蒙氏之整体效果最好，因此以拨款鼓励蒙氏幼教的推动。

蒙氏幼教为何这么难懂？她自己也不愿建立理论体系，而坚持直接以幼儿为师，观察幼儿、引导幼儿。原来，人类使用生命虽然厉害，对生命本身却无知得可怕；也就是外在成就惊人，内在成熟堪忧。这跟《论语》《老子》等经典，读起来似懂非懂，原因相同：都涉及生命本身的主体性，也就是"通天人之际"。

生我们的是父母，但真正创造人类的是造化者（即天）。人类在母亲肚子里，还需经历所有"物种的起源"，再以人身呱呱坠地，而 0 到 3 岁我们意识还未产生时，无意识的觉（即吸收性心智），配合身体的成长本能（敏感期），天或神早已带每一幼儿走

过一遍"人格的建立",我们人类却不知道这一时期的重要,而干扰、强制、伤害多不可数,否则,每一幼儿都应是人格稳定的天才。人格的主体,关系到良知、良能;人格的建立,关系到天赋的天命,也就是德跟道。若懂得不割裂、不混淆幼儿的成长,让生命自己充分的开展,"生命的韧性与兴致"应是每个正常化人格都有的。

为什么现代人的个性这么强烈而脆弱?这么多"嗨"而无聊?新一代所谓"不想长大与长不大",原因如:"传统式微,缺乏人文教养""不必为生存而辛苦""消费生活方式的庸俗化"……都对,但根源则在"人格未正常化"。蒙氏永远只用"未正常化",而不说任何人"不正常",曾让我感动良久,不能自已。这触及生命的本质——谁不想正常的活?"只会认定而不能帮助"的人不适合当老师,做父母也会有遗憾(我从北到南的幼教演讲,会场常见落泪的母亲)。

蒙特梭利的幼教老师,常常都有种类似宗教的"信仰与传教精神",一位教师说,每次放下一切成见走进教室,经一天用心的教学,下课走出教室,心里都有新的启发。显然,这不是知识教育、不是能力教育、不是专业教育、不是竞争力教育,而是生命的"人格主体的建立过程";这是上述教育的基础,以及善用或恶用上述知能的主体。不久前,"中研院"李远哲院长鼓励学英语,一窝蜂的台湾,使幼教界受伤严重。幼儿吸收性心智,学双语不是问题,0到2岁语言的敏感期以及4到5岁写读的敏感期,足可胜任,问题是:教不好的话,双语变成"两副假牙"(蒙氏语),更且用英语课打乱了其他敏感期或价值观(有小朋友回家会说,中文很难听),这下就算学好英文,若坏了人格,这是家长、学校要的结果吗?

有些事,一股冲动,憨得可爱。偏偏幼儿教育是最精微、最伟大的生命课题,无法拼、无法硬来。硬拼会拼出悲剧的!教育行政单位本来就不甚明白(连幼教系的师生,都常说蒙氏幼教只是一学派),这下真是雪上加霜。

台湾地区或许还未开过蒙氏幼教的理论课,我非幼教老师,我只是读懂了蒙氏主要四本书的内容,并整理出体系的架构,当然,我也尊重蒙氏不想把幼教理论化的深意,所以这体系一定是依附幼儿而变动的。上课每一章节,都以蒙氏书中原句为归依,我只是加以生命的诠释与组织,希望这堂课,能弥补台湾蒙氏幼教的部分欠缺,放好一块坚实的基石。

谁适合上这堂课？除了教育工作者，准备当父母的青年，正须带幼儿的父母，以及想了解人格形成与正常化的人，都可以。坦白说，我真的觉得：人人都需要为自己、为下一代读读蒙氏的书。书不好读、不好消化，那听听我用心整理的课，也是一件有意义的事。

> 每触及生命的核心或文化的主轴，
> 我心中会油然升起一股无畏的兴奋。
> 在乱世开幼教课？
> 是的，不以乱世废学，不因景气丧志。
> 若对人心失望，不要对生命失望。
> 一个有主体的人，不对自己放弃，所以永不放弃。
> 他怀天抱地在人间做舒通的事，
> 人世再乱，依然看得到：人心背后的天心，乱象四周的生趣。
> 尤其，下一代新生命涌泉般的希望，
> 只要我们正确认知，真挚实践，幼儿会站在德与道的一边。
> 父母观念的偏差，社会市场的误导，正是真金的炼火！

附："人格的形成与正常化"期中报告

2003 年 12 月 4 日

有人问，或许也有人在心里问："面对蒙氏幼教，知道还有这么多不足，这么多自己的缺点，再来该怎么教？老师们会不会怯步？"不知道问题在哪里，不知道做了什么错事，因循环境与自己的旧习才是可怕的。清楚明白后，不再花力气制造干扰、限制、伤害，值得庆幸。

不再为自己的欠缺、错误隐藏，讲话做事不再有阴影，生命的潜力就能充分用在正面的开展上，可以准备起飞了。

婴幼儿的吸收性心智与敏感期，在大人就是德与道，就是自明的觉与自然的生命整体，自明与自然是人类天赋的人格，是每个人的主体，以祂，我们就能和婴幼儿感应、觉知、沟通。人心的意识与天命的主体之间，是有一"天堑"的，我们一辈子要完成的正事，就是靠德行一步一步缩短这个落差。但是，奇妙的是，婴幼儿有"觉知"，大人却因自我意识太强而模糊了，大人必须自觉主体，重新确认自明与自然。以觉觉觉，是生命的起点；心与觉合，是生命的终点。觉，本有；觉觉属顿法；心接近觉，属渐法。婴幼儿天生就顿渐兼备，且双行，大人只能尽量以主体去了解他。我们教了主体。

不会教了？那就跟婴幼儿学吧！正好把态度调整过来。那老师要做什么？准备适当环境，具备服侍幼儿的需要。

总之，真实使人轻松，主体使人上道，这是生命的英雄之旅啊！

"英雄巅峰之旅，

在于发掘心灵的不同层次，

让它开放、开放、开放，

直到揭开你自性的奥秘为止。

这就是英雄之旅。

找出你心中那个宁静所在，

在那里，

世俗的承诺烟消云散。"

——神话学大师，乔瑟夫·坎伯（Joseph Campbell，1904—1987）。

附录三 "蒙特梭利的幼教体系"学员听课回应

施丽菁　李光慈　徐燕玉　陈秀玲　郑玉兰　阿律　2003 年 12 月 19 日

王老师：

感谢您这段日子以来的心灵导引。您认真不懈的研究精神与智慧分享，就像蒙特梭利博士有力、坚定的呼唤着幼儿心灵一样，您也敲醒我们身为指导者的觉知。虽然我们悟性不高，但愿再多一点努力。感谢您的教导。

刘安玲　2004 年 1 月 5 日

刚开始上课时，对于老师所用的名词感到很陌生，虽然每个字都听懂了，可是整体思考起来却感到浑沌不明，想发问，却又不清楚问题何在。上了数周的课后，逐渐熟悉了老师所讲的中国思想体系，之前感到陌生的名词也变得具体切实，可以理解了，这和以前刚上蒙特梭利的课时情况很像。对我而言，最大的困难在于一开始就要将蒙特梭利理论和中国思想体系做比较，但这样的比较对我有机会从另一个角度思考蒙特梭利教育，也为我开启中国思想体系之门，让我想对中国思想更进一步了解。

汤鼎美　2004 年 2 月 10 日

"心智没有形状，它与大小无关，它只有清明与不清明。宇宙包容一切有形状、有大小的东西，再也没有一个东西比宇宙大，偏偏心智可以想见整个宇宙"。——鹿桥，《人子·浑沌篇》

觉

觉，就是照见，如真的照见。

当心田的那一池水是清澈宁静时，可以照见。照见念头升起，照见念头放下，或照见念头化成了行动，产生了动能，改变了身边的人、事、物的氛围，再又回头改变了身心的状态。

曾有位长辈对不杀生的定义是"不恼他人他物"，这定义很有智慧，而且更宽广。

吸收性心智与敏感期

吸收性心智好比视觉的状态，如实的照见一切，并反应一切。敏感期的示现，是爱的示现，每个生命本是一个完整的主体，有着源源不绝来自宇宙亘古的能量，帮助生命一路茁壮，醒觉。

良知

有一种比喻可以证明良知随时在侧。在自己的言行举止之间，良知常常化作声音或语言或能量，当一切合宜时，自然而自在，良知甚至发出温暖的轻叹；当浑身不舒服时，是良知以静默释放出警示的能量，她虽不一定言语，但态度却坚定。只是，大多时候，我们选择迷迷糊糊隐隐约约的与她共处，她倒也慈祥，耐心等待，她相信你终究会自觉到，由自己告诉自己更好，而她扮演的角色就只是一面镜，尽可能地保持清澈，好让你照见自己。可是修为这件事并不是理解就可以做到了，理智常常抵挡不住冲动的浪潮。

意志

当给幼儿建议时，要感受并思考，他将启动的是自身的意志力，或是我们带着控制的能量，将自己的意志强加诸在他的身上，果真是后者，那么坚强的孩子会敏感的抗拒，或也难产生明确的动机；个性还弱的孩子，可能就依赖性更强了，因为是控制造成的。而且不论任何一者，都无法帮助他们发展真正的意志。玛丽亚·蒙特梭利提醒我们，"许多教育者控制的行为是在摧残幼儿意志的。"深深感谢王老师的启发和付出。

黄慧娴　2003年12月5日

孩子是我们最好的老师，刚开始不解为什么？经过观察，再对照老师的说法，真的觉得孩子们真的很棒，也学得好快喔！

孩子工作时是很用心的，不希望被别人打断，他们认真工作时是很喜欢安静，且很有耐性一定会把它完成才想停止。孩子要学一件新事物，会不断重复，有时达到42次以上，大人学习新事物应向孩子学习这种不断努力的精神，不要不好意思喔！

每回来到王老师的课堂上，有时会不经意的打从心里受感动，这真的是一门好棒的课，每次都有说不出来的感触，真的好喜欢这种愉快气氛的上课方式，每次感觉都不一样的赞！

詹美玲　2003 年 12 月 21 日

最近我觉得老天爷对我十分厚爱，让我在迷惘最需要时，恰好有机会、福气上到协会举办"人格形成与正常化"的课，以往读幼儿的书总是零零散散的概念知识，常执着于表面字义，少了统整与融会贯通。今日上了课，觉得内容有系统、脉络清楚，有整体性了解和认识，觉得很棒。

接下来我很期待，能有实务经验讨论，当面对活生生的人时，那环境如何预备、引导，让更多的孩子确实受惠。

佚名　2004 年 1 月 5 日

透过王老师的读书会，每堂课都是残酷、充满震撼，无法遁形，但却收益良多。

残酷！活生生地面对自己的心，无法找任何借口来掩饰自己的行为。

震撼！在自己的无知、自以为是之中，伤害到他人，犯错。

收益！勇于面对自己的对与错，而不自伤，继续往前。

以中国的思想诠释蒙氏的精神。感谢王老师的引读，感谢虽无法以文字表达，但却在心中泛起涟漪，久久不去。

官家莉　2004 年 1 月 5 日

　　我真的好感动，除了感动还是感动。我没有蒙特梭利的证书，并跃身踏入蒙特梭利体系托儿所至今已三年有余，来上了王老师的课之后，让我对蒙特梭利的了解更加深入，王老师提及人生课题更是让我受益匪浅，相信在人生的道路上会更踏实平顺，内心充满了感激，并亦盼更多的人，因王老师而获益良多。

袁卿文　2004 年 1 月 5 日

　　走在蒙特梭利领域中已十二个年头了，其中的苦与乐，也只有身在其中的人才能体会，此非一般常态性工作，安逸其中把自己分内工作完成，规规矩矩往前走即可。若你在幼教领域保持此态度，不进则退，耽误了孩子的学习敏感期，那可是罪加一等，不可原谅。相对在其他工作享受的快乐，也仅限于劳资的平衡，即乐不可支，唯面对孩子的工作尝到的甜果非金钱而已，真正是看到孩子的成长、进步、正常化、可爱的生活点滴，才真正是心头的满足与欣慰。

　　上了王老师的课，把主、体、心、台与蒙特梭利理论结合，再层层剖析，似乎把自己剖白，从小到大做了一次深刻的回顾与省思，每一环节、每一个理论、每一个观念无不一次又一次的套用在自己成长的过程背景中，知道自己性格的形成，除了先天气质，后天环境的影响更是不可忽略，偏态发自原生家庭，成人的教养态度，奠定孩子往后的人格品德发展，而为人师的我们怎可轻率。

　　王老师是学者，饱读诗书、圣人经典、佛学，当王老师看到蒙特梭利书籍视为至宝，一遍又一遍地融会贯通，并与主、体、人性做了一个统整，把一些精句、典故标示出自蒙特梭利哪一本书中的哪一页，真是细腻又讲求根据，能上到王老师十六讲课真是我的福气，再一次地统整蒙特梭利理论架构，在我的工作职场上扎下更稳定的基础，时时提醒自己每天面对的是主、是神，放开自己的胸怀，好好向孩子学习吧！

陈淑惠 2004 年 1 月 5 日

王老师在台上带我们阅读、解读蒙特梭利，在台下的我，常常是解读自己。

我们的成长过程，少有不跌跌撞撞的一路走来，面对蒙特梭利，也是面对自己一路走来的伤痛与疮疤，每一次的上课，每一次的提醒——千万不要在孩子心上再烙下疤痕，当然也不要在自己心上，这也是继续往前走的功课了！

蒋笃慧 2004 年 1 月 7 日

前年，我刚生了一个小宝宝，正好有幸上了王老师的课（关于主体），让我大为振奋！好几次内心在呐喊："是啊！人就是应该这样活着！"在现今这个价值观错乱的时代，一个人好好活着已是件不容易的事了，而自己又刚生了一个女儿，如何教育下一代更是令我戒慎恐惧，如履薄冰！可以说我是为女儿来上课的。

转眼女儿已两岁半了，由于自己是单亲妈妈，所以面临了很大的压力，似乎女儿一生的基础，人格的养成都全看我一个人怎么教育她！面对实际的状况有许多令我不知如何着手的疑虑，该强硬到什么程度？该耐心到什么程度？而周遭亲友的意见有时又让我觉得"真是这样吗？"我相信身教胜于一切，我也相信因材施教，所以多半的时间我总是在观察她，可这样似乎不够，我需要更清楚正确的知识，正好，幸好，王老师又开课了！！

每个星期五成了我充电与真正放松的时刻，说放松是因为集中精神专注在学习上，外界的一切包括工作，育儿的烦琐，情感的纠缠……都可以暂时放下，下了课在回家的路上心是满满的，有温暖也有力量！

对我而言，生命的意义就是超越自己，朋友常常觉得我太严肃，但生命是不会跟你开玩笑的，它就是这么活生生、血淋淋的开展在你面前，只有越过重重的障碍，攻克难关，学会每一门功课，才能达到幸福的彼岸。我不寄望来生，我只希望在阖眼的那一刹那，能"心安理得"，无愧、无怨、无悔！

的确，养儿如事天，在孩子面前自己一下就成了透明人，好的坏的无所遁形，知道自己的一切都将深深影响她，怎不更深刻的反省与改过呢？一个健全喜好智慧的灵魂才能带领另一个灵魂往更光明的境地去啊！不过话说回来，到底是谁带谁还不知道呢！我想，谦卑是很重要的吧！当我们对天地万物怀着谦卑之心时，应该离光明不远了。

我希望我们都能培育出勇敢、正直、敦厚、慈悲、诚实的下一代！谢谢老师！！

陈素华　2004年1月9日

"学海无涯"这句话在一群蒙特梭利的老师身上真是完全地展现，为了让自己的教学和学习能臻于完美，看到很多的前辈放下身段，谦卑努力的学习，似乎永远都觉得不够，那种爱的精神，我真的觉得除了爱之外，没有办法形容怎样的力量，可以让这些人用其一生，或在人生的转弯处下定决心毅然进入，一定是因为爱人类的心，学得勤、用得多的人，想必是付出满满，而不那么在乎收获的人吧！

看到这么多前辈在身边，尽管面对家长时有些惶恐，还不那么有自信，但上一次课就能澄清一些心中的混乱，拨开一些云雾让自己有走下去的力气，面对这么多的商业环境，常让自己动摇，但现在真的有一种独立又不孤单的勇气，真的希望有更多的家长能更了解蒙特梭利教学，让孩子在成长的路上能慢慢地走向幸福的方向……

吴玥玢　2004年1月9日

在蒙特梭利环境工作已近20年，经验够丰富了吧！也深以为在工作上、与孩子的相处中，越来越自在而自得。然而，我是真的"敞开心胸面对孩子吗？"有一天在晨曦的那抹红蓝中，猛然被"心""台""主""体""位"踢了一下，很痛，但却很"恍惚"，我真知晓吗？当见到孩子清明不浊的眼睛时，自己的心眼也真的打开了吗？常常被人称誉为用心投入工作中，但有多少是包装的糖衣与粉饰？毋宁孩子静静的一句"你好漂亮，我爱你。"来得令人喜乐。

"儿教如事天"，岂可轻忽，经常看看自己是否用敬天的心，诚实地面对孩子。因为他们面对成人时是真诚的敞开自己，把热腾腾的心献给成人。

课程告一段落了，但重新面对孩子的布幔才正要揭开……

萧爱思 2004 年 1 月 9 日

如何在这急功近利，只求结果不问过程的教育环境下，坚定自己"幼教老师"的定位与价值？王老师给了大家检视自己的方法，要我们先看到自己的问题，正视自己要克服的课题，再用心中的觉知来面对孩子。

当一个蒙特梭利老师是件相当不容易却伟大而深具意义的工作。要先将自己预备好，摒弃对孩子根深蒂固的偏见，而不再以威权说一套做一套。用身教取代言教，由自己亲身的实践，谦虚地为孩子服务。为他们排除那些自以为是的帮助，预备好环境协助他们走回自然学习的"道"。

黄慧娴 2003 年 12 月 26 日

我只是一个美语学校的幼儿园导师，学校有固定要达成阶段性目标，如听、说、读、写，到背单词、句子等，我应如何让我身边的孩子也尽可能地快乐学习呢？

每每听了老师的课，有时常会感觉自己对不起这些可爱的孩子们，星期五上完课总会自我检讨一番，星期一到校也会，但经过几天较多的状况产生，或其他事务性工作增加，自己似乎情绪也容易烦躁起来，每个星期五自己就算迟到了，还是想来课堂上心灵沉淀一下喔！

附录四　蒙特梭利生平大事记

每个年代都可找到"代表人物",以特殊的方式来表现他那个时代的精神。这些代表人物结合个人才智,点燃天分的火苗,就像凸透镜聚集光线而形成燃烧的焦点一样。

蒙特梭利正是这样一个世纪性人物。因此我们特别在她的年表中,罗列出当代的代表性人物,读者可见夙昔典型。

年份	年龄	生平大事	世界大事
1870		蒙特梭利生于意大利安科那省奇纳瓦里	意大利统一
1872	2		电话发明人贝尔在波士顿开办培养聋人教师的学校
1882	12	蒙特梭利举家迁往罗马	
1886	16	就读当时仅收男生的技术学院	
1890	20	在罗马大学攻读数学、物理、生物、化学等课程	荷兰画家凡高逝世
1892	22	开始攻读医学课程	
1895	25		弗洛伊德之幼女安娜·弗洛伊德出生（1895—1982）,她是儿童精神分析法的创始人
1896	26	获医学博士学位／代表意大利参加在柏林举办之国际妇女会议	儿童心理学家皮亚杰出生（1896—1980）
1898	28	参加国际智障教育联盟／在米兰、威尼斯、日内瓦等地演说"新妇女"及"现代慈善事业"等讲题	1. 聋·耳科,依塔（Itand） 2. 智障儿童,塞根（E. Seguin）

续表

年份	年龄	生平大事	世界大事
1899	29	参加在杜林举办之教育会议，针对"精神教育"发表演说／受聘担任女子教育学院讲师，与罗马国立启智学校指导	
1901	31	蒙特梭利的儿子诞生／她重回罗马大学当心理、教育及卫生学之学生	
1902	32		爱迪生（1847—1931）发明新型蓄电池
1903	33		英王就任印度王位／法国画家高更逝世／居里夫妇荣获诺贝尔物理学奖／莱特兄弟改良的"飞行一号"起飞
1904	34	在罗马大学主讲四年人类学，并任医学及科学讲学	日俄战争爆发／海伦凯勒克服生理障碍，完成大学学业（24岁）
1906	36		中国女子教育初订规范／外国传教士在中国倡办女校／法国画家塞尚逝世／美国总统罗斯福获诺贝尔和平奖
1907	37	第一所儿童之家在圣罗伦斯成立	慈禧太后逝世（享年73岁）／毕加索开创新画风／意大利西西里岛墨西拿发生大地震，十余万人丧生
1909	39	第四所儿童之家成立，收容墨西拿地震的受害者	
1910	40	《蒙特梭利法》出版／美国麦克劳杂志用很长的篇幅来介绍蒙特梭利	马克·吐温去世／南丁格尔以90岁高龄去世／国际红十字会创始人亨利·杜南去世／大文豪托尔斯泰过世
1911	41		武昌起义成功／居里夫人二度获诺贝尔奖
1912	42	《蒙特梭利法》第一本英译本出版	明治天皇病逝／威尔逊当选美国总统
1913	43	生平第一次赴美访问／西班牙第一所蒙特梭利学校成立	袁世凯当选大总统
1914	44	《蒙特梭利手册》出版	第一次世界大战（1914—1918）爆发／爱因斯坦发表广义"相对论"
1919	49	首度正式拜访英国，并在英国创办国际训练课程	

续表

年份	年龄	生平大事	世界大事
1921	51	结识史坦丁	中国共产党产生/世界第一条高速公路通车（德国）/意大利独裁者墨索里尼自封"统裁"
1922	52	奥地利第一所儿童之家成立	甘地被捕，判刑6年/贝尔逝世（76岁）
1923	53		X射线发现者伦琴逝世/希特勒武装游行
1924	54		苏联领袖列宁逝世
1925	55		墨索里尼建立独裁政权/希特勒重组纳粹党/中国革命之父孙中山逝世
1927	57		林白独立飞越大西洋
1928	58		佛雷明发现青霉素
1929	59	国际蒙特梭利学会（简称AMI）成立/第一届国际蒙特梭利会议在丹麦举行	
1930	60	AMI英国分会成立	甘地被捕，引发印度动乱/世界经济大恐慌
1931	61		甘地获释，受到群众热烈欢迎/爱迪生去世
1932	62		溥仪就任满洲国执政
1933	63	"幼儿之秘"意文本，1966年英译，1993年中译	希特勒就任德国总理
1934	64	意大利所有蒙特梭利学校遭墨索里尼政权下令关闭，蒙特梭利遂至西班牙定居	
1935	65	AMI总会迁至荷兰阿姆斯特丹	
1936	66	蒙特梭利离开西班牙，前往荷兰定居	英王爱德华八世不爱江山爱美人，终于签字逊位/西班牙内战爆发
1937	67		七七事变爆发，日军在南京大屠杀

续表

年份	年龄	生平大事	世界大事
1939	69	蒙特梭利偕其子马里奥一同离开荷兰，前往印度开办训练课程。战争期间，会晤甘地、泰戈尔、尼赫鲁等人	第二次世界大战爆发（1939—1945）／奥地利心理学家弗洛伊德逝世（83岁），他最伟大的贡献就是首创精神分析治疗法，并建立"潜意识动机支配人类许多行为"的理论
1941	71		日军偷袭珍珠港／泰戈尔逝世（1861—1941）
1942	72		甘地第六度入狱／意大利投降，墨索里尼另组共和国
1944	74	蒙特梭利前往斯里兰卡授课	
1945	75		墨索里尼伏法／希特勒自杀身亡／德国投降／美国在日本投下原子弹，日本投降
1946	76	蒙特梭利回到阿姆斯特丹	
1947	77	应意大利政府邀请，返回祖国，重建被法西斯政权摧毁的蒙特梭利学会	
1948	78	《What You Should Know About Your Child》以及《The Discovery of the Child》出版，并重回印度继续教学课程	甘地遇刺身亡 《你应该了解你的孩子什么》 《发现儿童》新解本，自序
1949	79	首次在巴基斯坦讲课／应邀至联合国教育科学文化组织演讲／接受法国政府颁授荣誉勋章／《吸收性心智》一书出版／蒙特梭利被提名角逐诺贝尔和平奖	1958年英译 1989年中译
1950	80	至挪威及瑞典演讲／在意大利佛罗伦萨的联合国教育会议上演说有关"国际儿童年"的主题／再度获诺贝尔和平奖提名	韩战爆发，成为近代空战史上的转折点
1951	81	在奥地利主持一项训练课程／最后一次出席国际蒙特梭利大会（在伦敦）／三获诺贝尔和平奖提名	
1952	82	逝世于荷兰诺地威克	据《蒙特梭利与儿童教育》（及幼）

参考书目：

A. 蒙特梭利著作：

（1）《发现儿童》1909 年、1948 年（光华、及幼）

（2）《幼儿之秘》1933 年（光华、及幼、五南）

（3）《幼儿的心智》1949 年（光华、及幼、桂冠）

（4）《从儿童迈向青春期》1939 年（及幼）

（5）《家庭与孩子》1936 年（及幼）

（6）《新世纪的教育》1946 年（及幼）

（7）《了解孩子》1948 年（及幼）

（8）《教育与和平》1949 年（及幼）

（9）《人的成长》1955 年（及幼）

（10）蒙特梭利论文四篇

B. 教学方法：

（1）《蒙特梭利教学法》1912 年、1964 年（桂冠、崇文）

（2）《蒙特梭利幼儿教育手册》1914 年（桂冠、远流）

（3）《高级蒙特梭利教学法》1912 年

C. 相关著作：

（1）《玛丽亚·蒙特梭利》（及幼）代号"住"

（2）《蒙特梭利与儿童教育》（及幼）代号"生"

（3）《0—3 生命重要的前三年》（及幼）

（4）《全人》（及幼）

（5）《蒙特梭利教学的新视野》（及幼、光华）

（6）《细论蒙特梭利教育》（及幼）

（7）《蒙特梭利与幼儿教育》（光华）

附录五　儿童读经的实行

读经的三个目的：
1. 善用孩子的"吸收性心智"（蒙氏语），吸收传统圣贤经典的智慧
   使具有文化深度与广度，不被庸俗化，打好真正的底子。

2. 孩子是用自己的觉知，慢慢自己从内心深处，建立人生的信念
   在经典的熏习陶冶下，孩子会慢慢变得贴心、懂事、上进，家里就会出好子弟。
   1.2. 这就是主体的建立

3. 至于语文（作文）能力、学习能力、欣赏能力、独立思想与判断等能力自然随之提升，
   学校功课、专业能力也会提升。

教材与教法　　　　　　　　　　　　　　　　　　　※ "不要放弃，给小孩
　（1）教材　　只要千百年锤炼下来的经典　　　　　最好的文化精华"
　　　　　　　如：《论语》《老子》《大学》《中庸》《坛经》……都可以　难的《易经》《庄子》
　　　　　　　对他都一样背，先从唐诗、《弟子规》《千字文》入手也可。

　（2）教法　　六个字"小朋友，跟我念"　　　　　※ 排除两个教育的障碍：
　　　　　　　注意：千万不可要求他背　　　　　　（1）"不同就否定打倒"以"兼
　　　　　　　　　　强迫、压力是障碍成长的主因　　　融并蓄"，代替"入主出奴"
　　　　　　　　　　也不要解释，不做章句选择　　（2）"能懂时才能教"其实不
　　　　　　　　　　你希望他自己解释，你只从旁回应，　懂也能教
　　　　　　　　　　家长的身教，带动，兴致，气氛很重要！

一根主轴的了解：
　　　　　　　　　　（非割裂）
　　　"选书 —— 吸收 —— 全面开展 —— 成就感 —— 惊人风气"
　　　经书、常也　本能的　　主：觉　　　　内在成长　　两岸同步
　　　主体性　　　觉知　　　体：整体、有格　非外在成就　300万学子

附录六　幼教：三个心得

（一）意识（心）　　无意识 ⟶ 意识 ⟶ 无意识　　　（16章）
　　　 之大方向

　　　　　　　　　三岁成全人，主体完成　　　成德，有道者（成熟）
　　　　　　　　　　　　形成个性　　身心接近主体

（二）引导　　　合、分、合（第321页）
　　　 原则

　　　　　　　分　以便重新得力 → 游走 → 兴趣点 → 正常化 → 合
　　　　　　　需正常照顾他，　自由　　工作　　　专注　　　和谐
　　　　　　　但不在意　　　 环境　　　　　　　纪律

（三）九钥　　　　　　　　　　　　○ 假同 — 真异—真同—真正异
　　（1）在婴幼儿身上　特别清楚　　　　资本一套　私心　心神　德位（个性）
　　（2）吸收性心智之取舍／异同
　　　　　　　①自主心　"精神"心之心神　　（神）
　　　　　　　　　　　　万物之生气神韵（精）┐
　　　　　　　　　　　　　　生意盎然　　　 ┘清晰有劲　　非力、用力

　　　　　　　②正影响
　　　　　　　　 逆影响　　回应空间　 觉知之外，大人需坦承、担当　⑦
　　　　　　　③执→释然 ≒ 成长　　　　　　　即精神
　　　　　　　　 压抑　　　　　　　　　　　　即人之尊严
　　　　　　　　 退化　　　　　　　　 精神 1.人的内在　　没精神随人起倒
"卓然精神（主一）"　　　　　③　　　　　　2.一个人之主　　没精神与人苟合
放下的勇气　即提起的精神　　⑦　　　　　　3.相信人的主体（精神）存在"气质"
"精神自提撕"　　　　　　　　④　　　　　　4.人之格由精神定（P115页）┐勇气
活出　　　　　　　　　　　　⑤　　　　　　5.心神所活出的　　　　　　│自信
　　　　　　　　　　　　　　　　　　　　　　6.万物精神　　　　　　　　│理想热情（活力）
　　　　　　　　　　　　　　　　　　　　　　　　　　　　　　　　　　┘道德

附录七　朝闻道，夕死可矣！
——生命的九把钥匙

⟨内　　外⟩

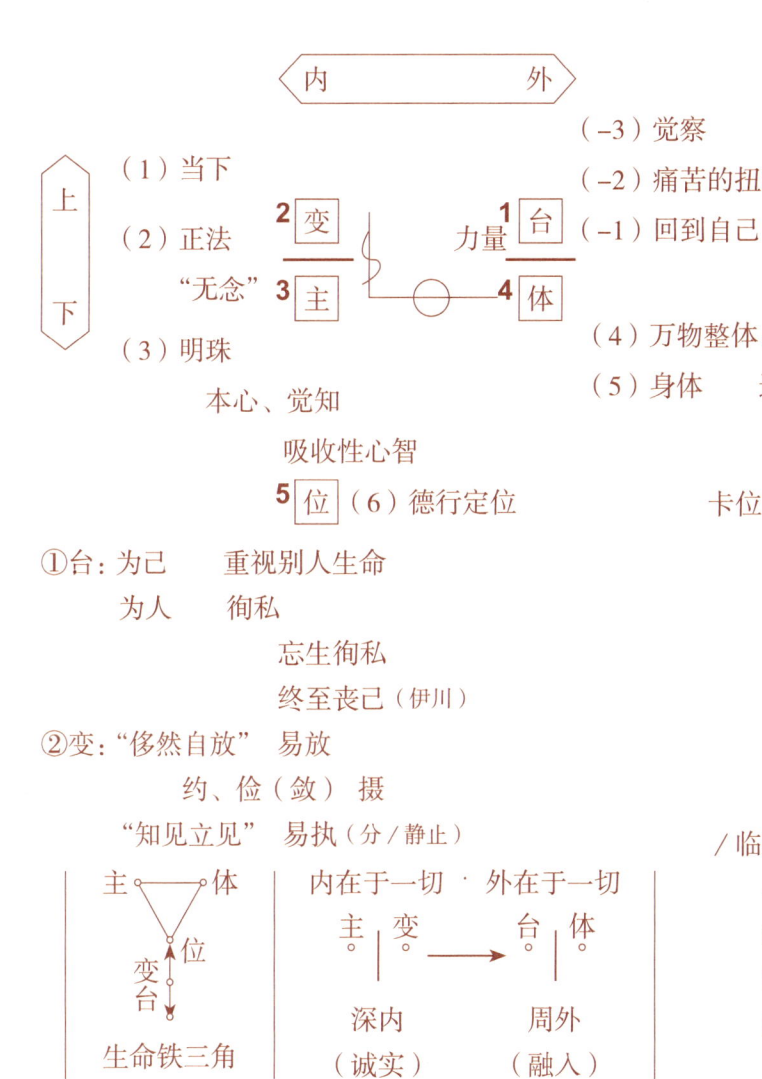

　　　　　　　　　　　　　　　　　　　／放下的勇气
　　　　　　　　　　　　　　　　　　　　提起的精神
　　　　　　　　　　　　　（-3）觉察
　　　（1）当下　　　　　　（-2）痛苦的扭转力
上下　（2）正法　②变　　力量　①台　（-1）回到自己
　　　　"无念"　③主　　　　　④体
　　　（3）明珠　　　　　　　（4）万物整体：个、群、大自然、历史
　　　　本心、觉知　　　　　（5）身体　　道在肉身
　　　　吸收性心智
　　　　　　⑤位（6）德行定位　　卡位／童年　未正常化　（大卡）
①台：为己　　重视别人生命　　　人际关系 ⟩情绪　（小卡）
　　　为人　徇私　　　　　　　力量牵制
　　　　　　忘生徇私　　　　　心理辅导：倾听
　　　　　　终至丧己（伊川）　　　　　　抒发
②变："傲然自放"　易放　　　　　　　　诉说　多次
　　　　约、俭（敛）摄　　　　　　　　调释　重生
　　　"知见立见"　易执（分／静止）
　　　　　　　　　　　　　　　　／临终三步：
　　主———体　　内在于一切・外在于一切　　　在人形白光前
　　 ＼ ／　　　　主　变　　　台　体　　（1）无限包容
　　　位　　　　　｜　｜　　　｜　｜　　（2）一刹那回顾一生
　　变→台　　　　深内　　　　周外　　　（3）意念：不用此心
　　生命铁三角　（诚实）　　（融入）　　　　　　　融入、归主